비교사회복지론

이상일

KNOWLEDGE COMMUNITY 공동체

머리말

세계화가 심화되는 오늘날의 국제적 맥락에서 선진 복지국가들의 사회보장 및 복지제도를 비교검토하고, 그 발전과정과 현황을 분석하여 문제점과 전망을 소개하는 것은 매우 필요한 과제이다.

비교연구의 목적은 한 사회에 대한 이해를 높이기 위해서이며, 동시에 하나의 일반화된 이론으로 설명하려는 데 있다. 따라서 한국 사회의 전체적 삶의 질을 높이기 위한 사회복지의 거시적 연구 목표는, 우리의 사회복지 제도가 외국의 영향하에 발전해 왔다는 역사적 배경에서뿐만 아니라, 향후 복지 발전의 방향성을 전망하고 우리의 위치를 반성하는 데에도 반드시 필요하다.

그러한 맥락하에서 본 연구는 비교사회복지에 대한 방법론과 비교사회복지의 각 분야별 쟁점의 논의를 통해 빈곤정책, 사회보장, 보건의료와 가족 정책, 근로연계 복지 정책 등으로 나누어 비교사회복지적 방법론을 적용하고 분석할 구조와 전망을 제시하고자 한다.

한국의 사회복지 제도가 많은 부분 외국의 영향을 받아왔고, 또한 앞으로 세계화되어 가는 추세에 발맞추어 한국의 복지가 외국에도 영향을 충분히 줄 수 있으리라고 생각되므로, 국제적인 맥락에서의 비교사회복지연구는 향후에 인간의 삶의 질 향상에 기여하는 연구 분야로서 지속적인 관심을 필요로 한다.

비교사회복지 관련 연구는 국내에서 여러 복지 분야별 선행연구(빈곤정책, 노인복지, 복지국가, 지역복지 등에 관한)가 논문의 형태나 단행본 연구로 다수 출간되었으나, 비교사회복지의 방법론과 총괄적인 연구서는 드문 실정이다. "비교사회복지론"을 알아보고자 하는 학생들에게 안내서가 될 만한 교재가 필요하다고 생각된다. 본 연구를 통해 "비교사회복지론"의 교과서로서도 활용될 수 있고, 안내서가 될 만한 저술을 펴내고자 한다.

비교사회복지연구에 관해 방법론을 다룬 총괄적인 소개서로서, 본 연구는 향후 사회복지 비교연구와 그에 관련된 쟁점의 논의에 참고자료로서 유용하게 활용되기를 기대한다. 또한 본 저술을 통해 "비교사회복지론" 과목의 교재로서도 유용한 참고사료가 될 수 있을 것이다.

본서의 다음 장들은 아래의 제목으로 학술지에 게재되었던 논문들을 수정 · 보완한 것이다.

제8장의 각국의 근로연계복지의 비교연구는 2013년도 논문 "신자유주의 시대의 사회정책(사회과학연구, 25(2), 2013)"을 수정한 내용이고, 제9장 각국의 보건의료정책 비교연구는 한국사회학회지에 게재되었던 "복지국가 의료개혁의 보건 관련 성과와 의료 탈상품화의 정치(한국사회학, 43집 5호, 2009)"와 "복지국가의 발전과 정부-의사집단의 관계에 관한 연구(경제와사회, 66호, 2005)"를 수정 · 보완하였으며, 제10장 복지국가의 정치 비교연구는 "복지국가의 정치 비교연구-영국과 미국의 복지정치와 사회적 시민권 비교연구(사회이론, 통권 51호, 2017)" 내용을 다루고 있다. 그리고 제11장의 사회적 포용 정책의 비교연구는 2020년에 게재된 "사회적 포용을 위한 거버넌스(사회이론, 제57호, 2020)"의 내용을 담고 있다.

2023년 9월

저자

차 례

CONTENTS

CHAPTER 09 각국의 보건의료정책 비교연구

CHAPTER 10 복지국가의 정치 비교연구–영국과 미국의 복지정치와 사회적 시민권 비교연구

CHAPTER 11 사회적 포용 정책의 비교연구

CHAPTER

01

비교사회복지란 무엇인가

1. 비교연구의 필요성과 목적
2. 복지의 비교 : 비교를 통하여 사회복지정책과 복지국가를 분석하기
3. 비교사회복지 연구의 의의 및 중요성
4. 맺음말

CHAPTER

01 비교사회복지란 무엇인가

본 장에서는 비교연구의 필요성과 목적, 비교연구의 방법이란 왜 필요한가를 논의하며, 사회정책의 의미와 비교사회정책의 중요성에 관해 논의한다.

세계화(globalization)가 심화되고 있는 오늘의 정세 속에서 선진 주요국들의 사회보장제도 및 복지국가를 비교 검토하고, 그 발전과정과 현황을 분석하여 문제점과 전망을 소개하는 것은 매우 필수적인 과제이다.

비교연구의 목적은 한 사회에 대한 이해를 높이기 위해서이며, 동시에 하나의 일반화된 이론으로 설명하려는 데 있다. 따라서 한국 사회의 전체적 삶의 질을 높이기 위한 사회복지의 거시적 연구 목표는, 우리의 사회복지 제도가 외국의 영향하에 발전해 왔다는 역사적 배경에서뿐만 아니라, 향후 복지 발전의 방향성을 전망하고 우리의 위치를 반성하는 데에도 반드시 필요하다.

그러한 맥락하에서 본 연구는 비교사회복지에 대한 방법론(총론, 1~5장)과 비교사회복지의 각 분야별 쟁점(각론, 6~11장)의 논의를 통해 빈곤정책, 보건의료와 노인복지, 가족복지, 사회복지 서비스와 노동시장 정책 등으로 나누어 비교사회복지적 방법론을 적용하고 분석할 구조와 전망을 다루고자 한다.

1. 비교연구의 필요성과 목적

왜 비교연구의 방법이 필요할까? 만약 누군가 '한국의 복지수준이 뒤쳐져 있다'라든지 '한국사회는 권위적인 사회이다'라고 주장한다면, 그러한 주장이 한국에 관한 것이라고 해서 한국 사회만을 연구해서는 타당한 근거를 도출할 수가 없다. 다른 사회와 비교해야만 그 근거와 내용을 설명할 수가 있는 것이다. 즉, 타 국가에 대해 아는 것이 필요하다. 우리의 경험적 인식이란 대부분 비교를 통해 이루어진다. 우리의 인생은 비교하는 삶이라고 할 수 있을 정도로 우리의 인식은 많은 부분 비교에 의존한다. 예컨대, A라는 브랜드 회사의 제품보다 B라는 회사 제품이 써보니 이러이러한 점이 좋다든지 누구네 집 딸이 그 옆집 아들보다 무엇을 잘한다 등등.

예컨대, 최근 경향신문 2021년 2월 25일자 기사를 살펴보면, 국회예산정책처의 보고서를 인용하여 경제협력개발기구(OECD) 국가들 중에서 2019년 기준 한국의 국내총생산(GDP) 대비 사회복지부문 지출은 조사 대상국가 38개국 가운데 35위로 낮았다고 보도하였다. OECD 국가들의 평균은 20%에 이르는데, 한국은 12%에 불과해 평균에 많이 못 미쳤고, 한국이 멕시코, 칠레, 터키와 더불어 사회안전망이 충분히 성숙하지 못한 나라라고 지적했다. 회원국 중에서는 프랑스가 31%로 가장 높았고, 핀란드와 벨기에 29%, 덴마크와 이탈리아가 28%, 오스트리아 27%, 독일 26% 등으로 나타났다. 한국은 소득격차가 많이 벌어지고 상대 빈곤율이 높아지는 상황에서 사회복지지출은 낮은 수준에 머물러 우려할 만하다고 보고하였다. 노인빈곤율과 자살률은 높으며, 사회복지 혜택과 공적 복지지출은 낮은 우리나라는 과연 어떤 나라라고 할 수 있을까?

위에서 살펴본 바와 같이, 비교연구방법을 통한 탐구의 목적은, 크게 보아 다음의 두 가지라고 볼 수 있다(김용학, 임현진, 2000 : 28).

① 한 사회에 대하여 더 깊은 이해를 위해 다른 사회와 비교한다.

② 비교를 통하여 일반화된 이론을 도출하여 모든 사회를 보편적으로 설명할 수가 있다.

따라서 본서는 사회정책이라는 맥락에서 국가 간 비교연구의 중요성과 가치를 설명하고자 한다. 한국의 사회정책과 복지국가의 장점과 단점, 향후의 발전방향을 외국의 사례와 비교한다면 유용한 시사점을 모색해 볼 수 있을 것이다. 결국 비교의 방법은 한국의 사회복지를 비추는 거울처럼 우리 복지의 모습을 다른 각도에서 보여주고 성찰해 볼 수 있게 해주는 사회과학적 방법론이라고 하겠다.

2. 복지의 비교 : 비교를 통하여 사회복지정책과 복지국가를 분석하기

'정책(policy)'에 관해 길버트와 스펙트(Gilbert & Specht)는 "공사의 기관에 있어서 행동의 방향이나 계획의 기초를 이루는 제 결정과 선택(decisions and choices which inform the course or plan of action in public and private voluntary agencies)"이라고 정의하였고, 티트머스(Richard Titmuss)는 "주어진 목적을 지향하는 행동을 좌우하는 원리에 관한 것"이라 규정한 바 있다. 즉, 정책이란, 여러 경쟁대안 중에서 하나를 선택하는 의사결정(意思決定)을 포함하여, 관심 있는 사안에 관해 다양한 행위자들이 행하는 목적지향적 행동과정(目的指向的 行動過程)을 총칭하는 개념이라고 폭넓게 정의해 볼 수 있을 것이다.

이에 비하여, 맥비드(Macbeath)는 최광의의 의미로서 사회정책을 일컬어, "사회에 더불어 살아가는 인간 간의 올바른 관계에 관한 학문(the right ordering of the network of relationships between men and women who live together in societies)", 혹은 "개인과 집단이 서로 생활과 이해관계에 영향을 미치는 활동에 대한 원칙(with the principles which should govern the activities of individuals and groups so far as they affect the lives and interests of other people)"에 관한 것이라고 정의하고 있다.

정책분석은 세 가지 차원(3P), 즉 과정(process), 산출물(product), 성과(performance)를 분석한다. "과정"이란 정책이 형성된 역사적 배경과 정치적 상황을 연구하는 분야이고, "산출물"은 그러한 정책의 프로그램(정책의 설계에서 어떤 선택, 가치, 대안 등이 고려되고 영향을 주었나)에 관한 것이며, "성과" 분석은 그러한 정책 선택의 결과를 평가하는 것이다. 이때 프로그램이 얼마나 잘 수행되었나를 평가(영향평가)한다. 이때에 정책적 분석은 가치문제와 무관할 수 없으며, 정책분석가의 가치판단과 필연적으로 연관될 수밖에 없다. 즉 그러한 정책의 결과로 산출된 비용과 효과의 분석에 있어서 그 평가기준이 무엇인가에 관해서는 가치관에 따른 판단이 반드시 뒤따르는 것이다.

또한 하겐부흐(Hagenbuch)는, 사회정책이 "공동체의 모든 구성원에게 최소한의 기회나 생계를 보장하려고 하는 욕구(Desire to ensure every member of the community certain minimum standards and certain opportunities)"에 기초한다고 전제한 후, 이러한 학문 영역의 세 가지 원칙을 규정하고 있다. 즉, 첫째로 사회정책은, 사회의 모든 시민에게 복지를 제공하여 이익이 되도록 하는 데 관심이 있고(aim to beneficent, policy is directed to provide welfare for citizens), 둘째로 최저임금, 최저생계비 등 경제적 이익뿐 아니라 의료서비스의 형평적인 공급 등 비경제적 서비스에 대한 목표를 동시에 지향하며(include economic as well as non-economic objectives), 셋째로는 부자로부터 빈곤한 계층으로의 부의 재분배에 관계한다(involve some measure of progressive redistribution in command over resources from rich to poor)고 밝히고 있다.

브라운과 페인(Brown & Payne) 역시, 사회정책(social policy)이나 사회행정(social administration)이 사회적으로 야기된 문제에 대해 정부가 개입하여 개개인의 복지(welfare)를 향상시키기 위해 제공하는 서비스에 대한 연구라고 전제한 후, 이들이 공공정책(public policy)과 대비하여 어떻게 다른지를 설명하였다.

즉, 공공정책의 결정 대상이며 공공서비스의 주요 항목이라고 할 수 있는 교통이라는 영역을 예로 들자면, 하나의 도로가 지역에 건설될 때, 이 도로가 직간접적으로 미치는 상업적 · 경제적 효과는 그 지역사회 전체에 미치게 된다. 여기서 나타나는 긍정적 및 부정적 비용과 효과는 그 지역사회의 구성원이 가지고 있는 각자의 경제 · 지리적 위치에 따라 다양할 것이며, 이처럼 각 개인이 그러한 공공사업으로부터 각자 취하게 되는 이익은 그 공공정책이 원래 의도한 목적과는 전혀 다를 수가 있다(이처럼 공공자금으로 지원받는 사업의 대상은 국방, 교통이나 도로에 대한 투자, 항공우주기술의 개발 등 다양할 수 있다).

한편, 사회정책의 중요한 영역으로서 퇴직자에게 주어지는 공적 연금을 살펴보자면, 그 효과는 사뭇 다르다고 할 수 있다. 사회정책의 대상이 되는 연금이라는 서비스는 대단히 특정한 니드(여기서는 은퇴 후의 생계)를 가진 특수한 개인과 관련되는 급여인 것이다. 또 이 연금의 수급자는 자신이 수급한 연금을 가지고 다른 사람과 함께 소비하는 것이 아니라, 자신만의 개인적 용도를 위해 소비하게 된다(action having a direct impact on the welfare of citizens by providing them with services or income). 바로 이러한 특징, 즉 개인의 니드를 만족시키기 위해 서비스를 공동으로 제공하는 것(collective provision to meet individual need)이 바로 사회정책이라는 용어에서 사용되는 '사회적(social)'이라는 단어의 의미라고 할 수 있다(이러한 영역에 속하는 것으로 사회보험, 공공부조, 보건의료, 사회복지서비스, 주거, 교육 등이 있다).

사회정책의 출발점은 사회적 문제라고 규정되는 것으로부터 시작된다. 하지만 사회학적 관심이 자살이나 빈곤, 범죄 등의 사회문제를 단지 규정하고 기술하는 데 그치는 반면, 사회정책은 의사결정과 행동의 문제와 연관된다. 이는 사회병리에서 출발하여 사회입법, 사회정책으로 나아가며 실천적 행동연구로 이어진다. 예컨대, 빈곤은 사회정책 영역의 핵심적인 부분이라 할 수 있다. 이때 빈곤을 문제 삼고, 빈곤에 대응한 정책을 마련한다는 것은 곧 빈곤이 자연스러운 상태가 아니라는 것을 인정하는 것이다. 현대복지국가의 발전과 함께, 빈곤이 낭비나 게으름의 탓이라는 빈곤의 귀인설로부터, 점차 국가가 대책을 마련해야 할 사회구조적 문제라는 관념으로 바뀌기 시작하였다. 마지막으로 사회정책은, 결국 욕구를 가진 일반시민들이 어떻게 사회 서비스를 통해 영향을 받는가 하는 (정책의) 혜택 혹은 편의(benefit)에 대한 조사와 평가로 끝을 맺는다.

이상과 같은 사회정책 분야에 있어서 비교연구적 관점을 가짐으로써 얻을 수 있는 이점은 무엇일까? 다른 나라의 복지 프로그램과 복지국가를 조사함으로써 교훈을 얻고자 한 사례는 역사적으로 매우 오래된 전통을 가지고 있다. 예를 들어, 1908년 영국의 로이드 조지(Lloyd George) 재무장관은 베를린을 직접 방문하여 독일의 연금체계를 연구하여 영국에 연금제도를 도입하였고, 미국의 사회보장법(1935) 성립 역시 유럽의 복지국가 성립에 영향을 미친 대표적 사례로서 국가 간 교차 연구(cross-national analysis)의 전형이라 할 만하다. 사회복지와 사회정책의 역사적 전개와 발전과정은 각 국가별로 독특한 경로로 발전해 왔지만, 동시에 서로 간에 영향을 주고받으면서도 발전해 왔다. 이러한 점 때문에 특히 사회정책과 복지국가의 비교는 흥미롭고 의미 있는 시사점을 발견토록 해준다. 참고로 '사회정책(Social Policy)'이라는 용어는 유럽의 복지국가적 맥락에서 많이 쓰이는 용어이고, '복지정책(Welfare Policy)'은 미국에서 사회사업 및 복지서비스 전반에 대한 정책이라는 의미로 많이 쓰인다. 이 두 용어를 자주 혼용해서 쓰는 한국의 맥락에서는 편의상 유사한 용어로서 이해해도 무방할 것이다.

3. 비교사회복지 연구의 의의 및 중요성

최근 들어 사회문화적 맥락이 중요해짐에 따라 비교연구의 필요성이 더욱 증대하고 있다. 즉, 서로 다른 사회문화적 장(setting)에서 제도, 관습, 전통, 가치체계 및 생활양식(lifestyle), 사고방식(thought patterns)을 비교하기 위해 동일한 연구도구를 이용하여 그 유사점과 차이점을 연구하는 방법이 많이 적용되고 있다. 또한 국제적 교류와 세계화가 일상화된 요즘의 시대적 상황에서 비교사회정책을 통해서 우리는 왜 어떤 정부가 유사한 사회적 문제들에 대처하는 데 있어 다른 정부보다 나은가를 배울 수 있는 것이다. 유사한 문제들에 대한 정치적 대처와 관리운영을 비교함으로써 무엇을 해야 하고, 무엇을 해서는 안 되는지 유익한 교훈을 배울 수 있다.

비교연구방법이란 여러 사회 간의 유사점과 차이점을 이해하고, 분석하고, 설명하는 연구의 분야이다. 비교연구의 의의 및 중요성을 살펴보면 다음과 같다.

① 비교연구는 사회적 현상의 분류방법을 발전시키는 유용한 도구(a tool for developing classifications of social phenomena)이다.

② 비교를 통해 사회문화적 공통점과 차이점을 설명하는 분석틀을 제공한다(comparisons provide an analytical framework for examining(and explaining social and cultural differences and establish whether shared phenomena can be explained by the same causes).

③ 비교연구는 국가 간 비교(cross-national comparisons)를 통해 서로 다른 사회의 구조와 제도를 더 잘 이해할 수 있도록 하는 맥락화(contextualization)를 가능케 한다(예컨대 세계화 속에서 각 국가의 맥락을 이해한다).

반면, 사회정책의 비교연구에는 비교자료의 한계로 인한 문제점도 존재한다. 즉, 서로 동일한 비교의 표준을 적용하기가 어려운 경우가 존재하기 때문이다. 예컨대, 빈곤율을 국가 간 비교한다고 할 때, 아프리카의 국가에서 빈곤율이 15%라는 것과 유럽국가에서 빈곤율이 15%라는 것은 동일한 수준에서 비교가 가능하지 않다는 것이다.

뿐만 아니라, 한국은 국내총생산(GDP) 대비 사회복지지출이 12%에 불과하지만, 프랑스는 31%, 독일은 26%, 일본은 18%에 이르며, 또한 이들 나라의 국내총생산이 우리의 2~3배임을 감안해야 한다는 점에서 비교가능성은 재고해보아야 한다. 그리고 국민총생산의 30~40%가 공공부문(정부예산)이고, 그 중에서 40~50%를 복지지출에 사용하고 있는 선진국에 비해, 우리나라는 정부예산이 그보다 낮은 편이다. 이러한 맥락에서 정부예산의 절반 가까이에 이르는 선진국의 복지지출과 단순 비교하는 것은 신중을 기해야 할 상황이라고 볼 수 있다. 따라서 정책 발전과 과정이 실제로 일어나는 복잡하고 모호한 정치적 상호작용에 집중하여 나라별 맥락을 다양한 구조로써 파악해야 할 것이다.

4. 맺음말

본 장은 비교연구, 특히 사회복지 분야에서 비교의 의미를 소개하였다. 비교연구는 한 사회에 대한 이해를 한층 더 높이기 위해서이며, 동시에 하나의 일반화된 이론으로 설명하고자 한다. 따라서 한국 사회의 전체적 삶의 질을 높이기 위한 사회복지의 거시적 연구 목표는 향후 복지 발전의 방향성을 전망하고 우리의 위치를 반성하는 데에도 반드시 필요하다.

뿐만 아니라 사회문화적 맥락이 중요해짐에 따라 비교연구의 필요성은 더욱 증대하고 있는데, 서로 다른 사회문화적 장에서 제도, 가치체계 및 생활양식 사고방식을 비교하기 위해 비교라는 연구의 틀을 이용하여 그 유사점과 차이점을 연구하는 방법이 많이 적용되고 있다. 또한 국제적 교류와 세계화가 일상화된 요즘의 시대적 상황에서 비교사회정책을 통해서 우리는 왜 어떤 정부가 유사한 사회적 문제들에 대처하는 데 있어 다른 정부보다 나은가를 배울 수 있는 것이다. 이처럼 비교연구는 하나의 반면 거울로서 우리가 사회복지 및 사회정책의 더 나은 방향으로의 발전을 제시하는 데 반성의 도구로 활용될 수 있다.

CHAPTER

02

비교분석의 틀(Framework)과 유형

1. 사회과학적 비교연구의 발전
2. 비교의 분류
3. 비교분석의 접근방법(무엇을 어떻게 비교할 것인가?)
4. 맺음말

CHAPTER

02 비교분석의 틀(Framework)과 유형

최근 들어 사회정책의 분야에서는 사회정책을 연구하는 데 비교연구적 관점의 유용성이 더욱 빈번히 강조되고 있다 할 정도로, 비교는 사회정책과 복지국가의 연구방법으로써 매우 중요해지고 있다. 복지국가들은 실업이나 빈곤, 고령화 및 저출산 등 비슷한 사회적 문제와 사회경제적 도전을 겪고 있으며, 이에 대하여 사회보장제도 및 공적 연금의 재정적 문제점을 풀어야 한다는 유사한 문제에 봉착해 있다. 이처럼 국제적으로 유사한 사회경제적 도전에 직면하고 있다는 사실로 인해, 일국의 사회정책을 고립적으로 연구한다는 것의 실효성에 대한 의문이 점증하고 있는 것이 오늘날의 현실이다. 본 장에서는 사회정책을 국가 간 비교연구하려 할 때 어떤 비교가 가능할 것인가? 비교연구의 패턴을 통해 어떠한 국가별 차이점과 유사점을 도출해 낼 것인가? 라는 관점에서, 비교분석에서 무엇을 분석하며, 어떠한 비교연구의 유형과 접근방법이 활용되는지를 살펴보고자 한다.

사회정책에서 비교연구의 가치는 우선 현재 우리가 처한 사회정책적 문제에 대한 대안을 고려해 볼 수 있게 한다는 점에 있다. 예를 들면, 한국의 연금재정 문제나 건강보험 전달체계의 문제에 대한 해외 선진국의 사례는 어떠한 정책적 시사점을 주는가? 또한 비교연구는 현재 특별히 우리의 복지 현실이 마주한 위기나 문제점을 국제적 맥락의 관점에서 이해하고, 그러한 해외의 다양한 사례경험을 한국의 상황과 비교할 수 있게 해주기도 한다. 일례로, 우리의 국민기초생활보장제도가 가진 개혁의 성격이나 근로조건 기준의 도입이 외국의 공적부조개혁이나 워크페어(workfare) 혹은 근로연계복지 제도로부터 어떤 시사점을 얻을 수 있을지 고찰해 볼 수 있다.

1. 사회과학적 비교연구의 발전

비교연구의 방법은 사회학, 정치학, 인류학, 역사학과 행정학 등 다양한 사회과학 분야로부터 발전되어 왔다. 이러한 비교방법은 사회과학의 탄생에도 큰 영향을 미쳤을 뿐만 아니라, 오늘날에도 광범위한 영역에서 비교연구가 적용되고 발전하고 있다.

우선 기능주의 인류학자로서 널리 알려진 문화인류학자 말리노프스키(Malinowski)는, 모든 인류사회에 지속적으로 존속하는 기능적 필수성이 존재한다고 주장하였다(김용학, 임현진, 2000 : 35-38). 즉, 다양한 사회들의 비교를 통해, 존재하는 모든 인간사회를 지속시키는 구조적 기능의 보편성 개념을 발견하였다. 인간 사회의 문화발전에는 보편적인 규칙이 존재하고, 사회체계로서 발전하기 위해 총체적 체계로서 하위체계들이 화합을 이루면서 기능을 수행해야 한다는 것이다. 이러한 발견은 인류학자들의 서구와 비서구 사회, 다양한 민족들과의 비교연구를 통하여 가능하였다.

또한 대표적인 고전사회학자로 알려진 막스 베버(Max Weber)도 역시 '자본주의가 왜 유럽에서만 발전했을까'라는 질문을 가지고 광범한 비교연구를 수행하였다. 그는 서구에서 자본주의적 기업가 정신을 증진시키는 데 프로테스탄트 종교개혁의 역할을 중요하게 인식하였다(앨런, 2010 : 93-125). 즉, 인도나 중국의 종교가 명상이나 이 세상으로부터의 탈출을 갈망한 반면에, 서구의 프로테스탄트 종교개혁은 실질적 행동과 세속적 세계에 대한 지배 욕구와 밀접한 관계를 가지게 되었다고 주장하였다. 이는 자본주의 정신의 긍정적 평가와 그에 대한 반증으로서 아시아 종교를 사용한 대표적 연구가 되었다. 이러한 베버의 관심은 자연을 정복하라(World Mastery)는 기독교 가르침이 과학과 기술의 발전을 촉진시킨 반면, 자연과 화합하라(World Adaptation)는 유교의 가르침은 자연을 해치지 않는 범위 내에서만 과학을 활용하도록 만들었다는 주장을 하게 만들었다.

하지만 이러한 베버의 비교연구는 부정적 비교의 오류와 관련된다고 비판할 수 있다(김용학, 임현진, 2000 : 71). 가령 중국에서 왜 자본주의가 발전하지 않았는지 부정적 질문으로부터 시작하여 이미 결론을 내린 상태에서 연구를 진행해 간다면, 이는 중국사회에 다른 형태의 자본주의적 요소가 나름대로 발전해 왔다 할지라도 이를 포착하지 못하게 작용할 수 있다는 것이다. 예컨대, 조셉 니덤(Needham)이라는 중국학자는 "중국의 과학과 문명"이라는 과학역사서에서 중국이 시계나 화약 등을 서구보다 먼저 발명하였고, 근대 이전 과학기술은 서유럽에 비해 훨씬 발전해 있었다는 점을 밝혀내기도 하였다(Ibid. : 30-31). 이는 서구의 발전된 과학기술이라는 신입견이 산입혁명 이후에나 성립된 역사적 관념이라는 사실을 밝힌 중요한 비교역사적 연구로서 알려져 있다. 뿐만 아니라 비서구사회의 후진적 자본주의 발전에 미친 식민지 지배의 영향을 무시한다면, 서구열강의 제국주의적 지배를 정당화하는 중요한 오류를 범할 수도 있을 것이다(앨런, 2010: 125). 오늘날 동아시아의 비약적인 자본주의 발전이나 글로벌 자본주의의 형성은 비교연구를 새로운 관점에서 보아야 할 필요성을 제기하고 있다 할 것이다.

2. 비교의 분류

콘(Melvin Kohn)은, 적어도 2개 이상 국가 간의 비교를 연구의 대상으로 하는 비교 방법으로서 비교를 다음의 네 가지로 분류한다(김용학, 임현진, 2000 : 52-54).

〈표 2-1〉

1) 연구대상으로서 국가비교	예 한국과 일본의 복지정책비교
2) 연구맥락으로서 국가설정	미국과 중국의 외교정책비교 > 자본주의와 사회주의 국가, 서구/동아시아 국가라는 맥락에서 국가들을 비교
3) 분석의 단위로서 국가를 설정한 경우	국가는 여러 변수 데이터를 제공하는 하나의 사례에 불과함
4) 초국가적 성격으로서의 국가를 설정한 경우	국가를 세계체계의 한 구성원으로 다룸 복지체제의 국제적 비교

우선 첫 번째의 경우, 연구자의 주된 관심은 주로 연구되는 나라 자체에 있으며, 예를 들어 한국의 복지정책이 일본의 복지정책과 어떻게 다른가를 알기 위해 일본과 비교하는 경우로 개별적 특정 국가들의 복지정책 특성(역사, 제도, 개별적 나라 특성)을 이해하고자 하는 데 주된 관심이 있는 비교연구가 된다.

두 번째로, 연구맥락으로서의 국가를 설정한 비교연구에서는, 미국과 중국이라는 특정한 각 나라의 외교정책의 특성을 관심의 초점에 두는 것이 아니라, 자본주의와 사회주의 혹은 서구와 동아시아 국가라는 맥락이 어떻게 작용하는지에 연구의 관심을 둔 것이다.

셋째로, 국가가 바로 분석 단위가 되는 경우, 국가는 여러 변수에 데이터를 제공하는 하나의 사례로 다루어진다. 이 경우에 국가는 고유명사(한국, 일본, 중국, 미국 등)를 지닌 주된 연구대상으로서가 아니라, 교육수준, 불평등 정도, 산업화 정도, 사회복지지출 정도 등의 변수에 구체적인 자료(숫자)를 제공하는 단위가 된다.

넷째로, 국가를 거대한 체계의 한 구성원으로 다루는 것이다. 각 국가들은 서로 개별적으로 독립된 것으로서가 아니라 체계적으로 상호 연관된 연결망[즉 세계체계(world system)라는 구조 내에서 국가들의 관계망]의 한 연결점으로 인식된다. 혹은 에스핑-앤더슨의 연구처럼 여러 국가를 묶어서 자유주의적, 보수주의적, 사민주의적 복지체제(welfare regime)라는 집합적 비교대상으로 본다(영국, 미국, 호주 등의 영미 국가들은 자유주의적 복지체제의 구성원으로서 비교된다).

3. 비교분석의 접근방법(무엇을 어떻게 비교할 것인가?)

세계가 점점 더 정치경제적으로 긴밀해지고 있는 오늘날 상황에서는, 한 나라에 이루어지는 정책적 변화나 개혁은 그 나라의 내부적 조건만으로는 온전히 이해되지 않는 경우가 빈번해지고 있다. 세계화는 정책적 영향이나 전파와 학습이 더욱 급속히 일어나는 경향으로 나타난다. 비교방법은 어떻게 분석할 것인가를 의미하는 방법론이며, 무엇을 다룰 것인가를 연구자에게 구체적으로 알려주지는 않는다.

사회정책적 비교연구를 실행할 때는 교육, 의료, 사회보장, 경제, 인구학적 변수 등 다양한 측면을 고려해야 하고, 정책적 결정요인에 영향을 미치는 역사문화와 정치적 이해관계자들(정치인, 관료, 이익집단, 여론, 수혜자와 그들 간의 상호작용 등)에 관해서도 다양하게 검토하여야 할 것이다.

그렇다면 주로 어떤 영역에서 어떠한 문제 질문을 가지고 분석하는 것이 좋을 것인가? 사회정책과 복지국가의 선행적 비교연구에서는 다음과 같은 변수 혹은 분야의 비교 분석들이 많이 발견된다.

〈표 2-2〉

특정한 정책 분야의 비교	의료부문의 비교, 사회보장의 국가 간 비교 : 총체적 비교)
투입(input)의 비교	사회복지지출수준(복지노력), 국민총생산(GDP)에 대한 복지지출의 비교 등
산출(outcomo, output)의 비교	사람들이 어떤 혜택을 받는가(Do people benefit)? (예 정부 서비스에 대한 국가별 만족도의 비교 등)
과정/운영(operation)의 비교	어떻게 서비스가 전달되는가(How are services delivered)?

물론 우리는 다양한 분야에서 복지국가와 사회정책의 비교연구를 수행해야 하고, 그 주제에 대한 선행연구와 주요한 고전적 연구를 검토하는 것은 필수적인 과정일 것이다. 각 분야별 연구에서 위의 부문별, 투입, 산출, 운영의 측면에 대한 분석은 그 연구 각각의 맥락에서 세밀히 검토되어야 할 것이다.

비교분석이 방법론으로서 가진 강점은, 변량(variation)[1)]이 인과관계를 분석해주는 가장 강력한 요소라는 점일 것이다. 즉, 변량이 없다면, 우리는 변수들 간의 연관성을 확립할 수 없을 것이며, 그러한 연관성이 없다면 사회적 현상의 원인, 과정 및 결과는 불명료해질 뿐이기 때문이다.

비교연구에 있어 조사 설계 접근방법으로 많이 쓰이는 것으로는 다음의 네 가지가 있으며, 그 방법들은 아래의 표에 나타난 바와 같다(Jacint and Levi-Faur, 2003 : 4-12).

〈표 2-3〉

접근방법	비교되는 사례의 단위	분석의 내용 및 사례
1) 국가의 패턴비교 (National Patterns Approach)	국가(Nations)	복지국가 정치경제, 복지문화 특성 비교연구 예 복지국가의 국제적 비교
2) 정책 영역 비교 (Policy Sector Approach)	정책 영역(Sectors)	정책결정의 스타일, 정치적 갈등의 영향 등 영역 간 비교(예 보건의료체제의 영역 비교)
3) 국제적 체제 비교 (International Regime Approach)	국제적 체제 (International Regime)	예 에스핑-앤더슨의 복지체제연구
4) 시간적 패턴비교 (Temporal Patterns Approach)	주요한 사건 이전과 이후의 정치 및 정책	서로 다른 시간상 변화비교(예 세계대전 전후의 미국과 일본의 정치적 정세 변화의 비교)

출처 : Jacint and Levi-Faur(2003). p. 4.

① 국가의 패턴비교 접근방법에서는 국가별의 변량의 비교가 주요한 결정 요인이라고 예측해 볼 수 있는 경우이다. 이 경우 국가 간 특성의 다양성이 뚜렷해서 정책의 과정과 결과를 국가별 변이로 설명할 여지가 매우 크다고 판단되면 이러한 접근을 채택할 수 있을 것이다. 국가들은 매우 특정한 역사적 개성을 가지고 있어 그 국가별 특성이 정책적 차이를 설명하는 요인으로 작용한다.

② 정책 영역 비교 방법에서는 정책 영역 수준에서의 변수가 주요 결정요인인 경우에 활용해 볼 수 있을 것이다. 이러한 경우는 한 나라 내에서 각

1) 변량(variation)은 평균에 대한 제곱편차의 합으로서, 변산도(variability)의 측도로 유용하다. 변산도는 변수의 값들 사이에 차이가 나는 정도이며, 변산도의 측정은 값의 분포를 서술한다.

정책의 영역이 서로 다르게 고유한 정책결정과 정치적 갈등을 가지고 있는 경우 정책 영역을 구분하여 비교할 필요가 있다. 이때 각 정책 영역의 정책결정 방식이 독특한 고유의 스타일과 패턴이 있어서 그 맥락에서 유사점과 차이점을 따로 비교하는 것이 국가별 패턴의 비교보다 효과적일 것이다.

③ 국제적 체제 비교 접근법에서는 주요 결정요인이 체제 수준의 역량 및 범위라고 보는 관점에서 분석하는 것이다. 국제적 수준에서의 체제적 영향력, 예컨대 신자유주의적 글로벌한 영향력을 개별국가가 아니라 유형별 국가의 대응과 정치적 관리작용 측면에서 비교연구하려는 시도로 이러한 비교연구가 가능하다.

④ 시간적 패턴비교의 관점에서는 특정한 시간의 과거 역사적 사건에 의해 형성된 주요 변량을 설명 변수로 놓고 분석하는 방법이다. 예컨대, 새로운 정치적 리더, 새로운 기술, 새로운 국제 정세나 국내 정권 변화 등 특기할 만한 변화의 도입 전과 후에 서로 다른 국가들의 대응을 시간적으로 비교한다.

4. 맺음말

본 장에서는 사회과학에서 비교방법의 간략한 발전의 역사와 함께, 비교의 분류 방법 및 그 논리, 무엇을 어떻게 비교할 것인지 정책 비교에서 정책 투입, 산출, 과정 등 정책 분야의 특성과 내용을 적용가능 지표와 더불어 설명하였다. 또한 비교의 접근방법을 국가의 패턴, 정책의 영역, 국제적 체제, 시간적 패턴 등으로 구분하여 각 특성과 사례를 통해 설명하였다.

수 세기에 걸쳐 사회학, 정치학, 인류학 등 다양한 분야와 광범위한 영역에 걸쳐 발달해 온 비교연구의 방법은 시행착오와 현실 적용 방안의 정교화를 통하여 활용의 범위를 넓혀 왔다. 사회복지와 사회정책 분야에서도 마찬가지로 복지국가의 발달, 사회정책의 다양한 분야, 사회복지행정이나 정책의 각종 사례에 비교연구의 방법은 활용 가능성이 매우 높다. 사회복지 분야의 다양한 국제적 교류와 세계화하는 복지의 맥락에서 비교연구의 방법을 유용하게 적용하기 위해 새로운 분야를 개척하고 활용하려는 시도가 필요할 것이다.

CHAPTER

03

고전적 비교연구들

1. 양적 비교연구와 질적 비교연구
2. 고전적 비교연구들
3. 비교사 방법에 의한 연구들
4. 맺음말

CHAPTER

03 고전적 비교연구들

이 장에서는 비교연구에서 양적 비교와 질적 비교의 방법, 설계, 논리를 검토한다. 그리고 양적 및 질적 비교연구방법의 전통에 영향을 준 고전적 비교연구들과 역사적 비교방법을 살펴본다. 정치학자 토크빌의 고전적인 미국 민주주의 연구, 사회학자 뒤르켕의 자살에 관한 비교연구, 사회복지학자 티트머스의 헌혈과 의료시스템에 관한 비교연구는 오늘날까지 정치학, 사회학, 사회정책 분야에 큰 영향을 끼친 주요한 고전적 연구들이다. 그리고 비교사의 연구방법은 거시적인 사회현상의 연구방법으로써, 역시 고전적 비교연구에 널리 활용된 비교의 방법론으로 잘 알려져 있다.

1. 양적 비교연구와 질적 비교연구

양적 연구방법과 질적 연구방법은 사회과학의 가장 잘 알려지고 대표적인 양대 방법론이라 할 수 있다. 양적 연구는 사회과학적 현상을 계량적이고 통계적인 분석을 통해 그 논리를 밝히려는 연구방법이고, 질적 연구는 사회적 의미에 관한 이해와 해석을 통해 사회현상의 본질을 탐구하는 연구방법이다. 이때 양적 방법과 질적 방법은 또한 비교연구방법의 일반화된 이론 추구와 더 깊은 이해의 추구라는 두 가지 연구의 목적과도 상응한다고 볼 수 있다. 즉, 질적 연구는 한 사회에 대한 이해를 더욱 높이기 위해 다른 사회나 국가를 비교한다는 첫째 비교연구의 목적에 더 잘 부합하고, 양적 연구는 모든 사회를 보편적인 일반이론으로 설명하려는 둘째 비교연구의 목적에 더 잘 일치한다. 고전적인 비교연구의 역사도 양적 연구와 질적 연구의 양방향으로 모두 발전해 왔다.

1) 양적 비교방법

양적 비교의 방법이란 일반화된 이론을 도출하기 위하여 여러 사회의 자료를 분석하여 통계적 규칙성을 밝히는 법칙 정립적, 변수 중심적 연구방법이다(김용학, 임현진, 2000 : 159-179). 양적인 비교분석의 방법은 일반적인 통계적 분석의 방법과 매우 유사하며, 다만 비교가 다루는 사례의 숫자가 상대적으로 적다는 제한점을 가진다. 또 다른 한편 비교의 방법은 자극에 노출시킨 실험집단과 조작을 가하지 않은 통제집단을 비교하는 실험방법과도 유사하다.

(1) 양적 비교방법의 논리적 형태

① 일차적 단순비교는 체계의 속성을 비교하는 방법이다. 예를 들어, A국가가 저출산의 특징을 가지고 있으며, B국가는 고출산의 특성을 가진다면, 두 나라의 출산율을 일차적으로 단순비교해 볼 수 있을 것이다.

② 인과관계 크기의 비교는 비교국가들 간의 양적 변수 사이에 존재하는 인과관계의 크기를 비교하는 방법이다. 예를 들어, A나라(저출산 → 고령화) ⟷ B나라(고출산 → 인구과밀)가 될 것이다.

③ 체계의 속성으로 인과관계를 설명하는 비교방법이다. 예를 들어, 영국의 속성이 높은 산업화, 가나의 속성이 낮은 산업화라면, 체계 내 관계성(출산율)이 체계차원의 속성(산업화 정도)에 의하여 설명된다.

④ 다차원 효과비교란 체계의 속성과 체계 내의 관계성이 서로 상호작용하는 경우를 비교하는 것이다. 예를 들어, 개인적인 속성인 학업 능력과 학급의 분위기가 상호작용하기에 우수 학급에서 공부하면 대학에 들어갈

확률이 높다고 생각하는 것이 하나의 예가 될 수 있을 것이다.

⑤ 연결망(network)의 구조비교란 체계연결망의 구조 그 자체를 비교대상으로 하는 비교방법론이다. 예를 들어, 연결망의 밀도에 의한 결속력이나 동원 능력이 강한 A 노인집단이 그보다 약한 B 노인집단에 비해 건강이나 사회적 지지에서 차이를 나타낼 것으로 예상해 볼 수 있을 것이다.

(2) 양적 연구 설계의 논리

모든 연구는 분석대상으로서 모집단을 규정하고 그로부터 표본을 추출하는 작업이 수반된다. 그리고 비교연구의 방법은 항상 다룰 수 있는 사례의 과소와 분석하고자 하는 변수의 과다라는 문제에 항상 시달리게 되므로, 비교연구 분석의 설계에서는 가장 합당한 국가의 사례들을 어떻게 적절히 찾아낼 것인가를 해결하는 과정이라고 볼 수 있다. 국가, 민족, 문화권 등 모든 비교의 대상이 되는 체계들은 매우 제한되어 있고, 이로부터 올바른 표본을 추출해 낸다는 문제는 비교의 핵심적 문제가 된다.

① **유사체계 설계**(most similar system design)

공유하는 요인은 많은 반면 차이점이 소수일 때 체계 간 차이점을 통해 설명하려는 전략이다. 그 논리는 유사한 나라끼리 비교하기가 용이하다는 비교의 전략이다. 예컨대, 많은 유사점들이 존재하는 두 체계(한국과 북한처럼)에서 어떤 차이점이 나타난다면 그 차이를 설명하는 것은 정치이념적 체제가 될 수 있다. 혹은 앵글로색슨 국가들(미국, 영국, 호주 등)이나 스칸디나비아 국가들(스웨덴, 노르웨이, 핀란드 등)도 정치, 경제, 문화적 속성을 공유하고 있기 때문에 유사체계 설계에 적합한 국가군이 될 수 있다.

Mill의 차이법(유사체계 설계의 비교 논리)

x (a, b, c, d) → <u>z</u>

y (a, b, c, <u>e</u>) → <u>k</u>

약점으로는 유사한 체계 간 차이점들의 수가 제한되어 있기 때문에, 차이나는 현상을 그 요인만으로 중복되게 설명할 경우에 난처한 입장에 처할 수밖에 없다. 또한 시공간적 공통점이 적은 지역들이나 나라들 간의 비교에서는 이러한 난점이 더 커지기에 모든 체계들에 공통적으로 적용되는 이론을 발전시킬 수가 없다. 이를 '적은 사례와 많은 변수의 문제'라고 부른다.

② **차이체계 설계**(most different system design)

다양한 국가들을 비교할 때 차이점은 많기에 유사한 결과를 낳은 유사한 요소 하나를 찾으면 쉽게 설명할 수 있다. 다시 말해서 차이체계 설계란 체계 내의 공통변수를 찾아 만족되는 변수 간 관계의 동질성을 찾으려는 비교연구의 전략이다. 이러한 경우 유사점을 공유하는 국가들로 비교의 범위를 제한할 필요도 없게 된다. 이러한 차이체계를 설계할 경우 적절한 분석의 기법은 다중회귀분석 모형(multiple regression model)에 기초하여 통계분석을 할 수 있다.

Mill의 일치법(차이체계 설계의 비교 논리)

x (a, b, c, d) → z
y (d, e, f, g) → z

차이체계 설계에서는 국가들의 고유한 체계적 속성들은 분석과정에서 고려대상이 되지 않는다. 결론적으로 유사체계 설계는 유사한 체계 사이에서 의미 있는 차이점을 발견할 수 있으리라는 논리에 근거하고 있으며, 차이체계 설계는 사회 체계들 간의 차이점에도 불구하고 그 변수들이나 관계의 차원에서는 그 인과관계를 설명할 수 있는 유효한 변수들(독립변수와 종속변수) 간의 관계를 발견할 수 있으리라는 논리에 근거한다.

(3) 양적 방법의 문제

① 자료수집 과정에서의 문제

다양한 국가 간의 비교연구에서는 국가들 간에 통계의 신뢰도나 적용방식 등이 서로 다르게 측정된 자료나 정치적 이유로 왜곡된 통계는 비교가 불가능하다. 조사에 관여하는 행위자(표본추출 방식, 면접원, 응답자 등) 모두 오류를 발생시킬 소지가 있다. 이로 인해 왜곡된 결과로 대표성 확보가 잘 되지 않은 경우 자료수집 과정의 문제는 양적 비교방법의 문제가 될 수 있다.

② 현지조사에서 번역의 문제

여러 사회에서 모으는 자료이기에 나라마다 각각의 변수가 의미하는 바가 다를 수 있고 추상적 단어는 문화마다 내포하는 함의가 다를 수 있다. 이러한 문제를 해결하기 위해서는 사전조사를 통해 그 번역의 정확성과 타당성이 확인될 필요가 있다.

③ 타당성과 신뢰성의 문제

- 타당성

연구에 사용되는 도구가 실제로 그것이 측정하고자 하는 것을 올바로 측정하고 있으며 측정되는 대상이 연구를 위한 적합한 표본이라면 타당성을 충족시켰다고 할 수 있다. 동일한 개념을 상이한 도구를 통해 측정한 결과라 할지라도 타당성이 검증된 기존의 측정도구에 의한 측정과 동일한 타당도를 갖는다면 연구 자료의 새로운 측정 역시 타당성을 가질 것이다.

- 신뢰성

측정된 개념 자체가 변하지 않는 한 동일한 측정치를 보여주고 반대로 그 개념상의 변화가 있을 때 측정치가 변하면 신뢰성을 충족시켰다고 할 수 있다. 문항 자체의 신뢰성과 응답자의 신뢰성이 있는데, 전자는 측정도구 자체의 결함 여부에 의한 것이고, 후자는 응답자가 의도적으로 실제와는 다른 답을 할 경우 발생하게 되는 응답자의 조작에 의한 신뢰성 결여 여부를 의미한다. 따라서 연구자는 결과물의 신뢰도를 높이기 위해 질문을 다양화하고 특정 문제의 한 개념을 반복 측정하는 등의 방법을 사용할 수 있다.

2) 질적 비교방법

질적 연구에서는 인간을 주관과 의미에 의해 움직이는 존재라고 보며, 이를 (가치관과 주관적 의미해석에 따라 살아가는 인간과 사회) 분석하는 것이 사회과학이라고 주장한다. 한 사회를 더 깊이 이해하기 위해 사용하는 사례중심적 연구방법이 바로 대표적인 질적 비교방법이라고 할 수 있다(김용학, 임현진, 2000 : 139-158).

(1) 이해의 방법과 전략

실증주의적 관점에서의 이해의 방법을 도식화한다면 다음과 같이 나타낼 수 있을 것이다.

① 자극의 내면화[예 추운 날씨(A)에 밖에서 어르신이 남루한 옷을 입고 나뭇가지를 줍는다.]

② 반응의 내면화(예 왜 나뭇가지를 줍지? 땔감을 찾는 건가?)

③ 행동격률[예 추위를 느끼면(B) 온기를 찾는다(C) → 온기를 생성하기 위해 불을 피운다(D)]

따라서 인과관계의 A－B와 C－D의 연관성으로부터 관찰자는 인간의 느낌이라는 해석을 통해 그 어떤 사람이라도 행동의 맥락을 이해하고 행동격률을 통해 내면적 규칙성을 발견해 낼 수 있을 것이다.

해석학적 관점에서의 이해란 무엇인가? 질적 연구에서의 해석은 개인적 경험으로부터 얻은 지식에 의존하는 주관적 차원의 것으로, 객관적 타당성(양적 연구의 목적)을 증대시키는 데 목적이 있지 않다. 우리가 이미 가지고 있는 지식의 적용으로 예비적이고 탐색적 연구로서의 기능이 있다. 이해의 주관성으로부터 객관적인 사회과학의 이론을 이끌어내기 위해서는 간주관성이라는 설명을 통해 해답을 제시할 필요가 있다. 행위자가 그 행동을 통해 실제로 의미하고 있는 바를 알아내려고 한다면, 공유된 체계를 가지고 있기에 가능하다. 즉, 이해는 최소한 한 개인의 개인적 감각 인지력이 어떤 특정한 상황 내에서 다른 개인에 의해 공유될 수가 있는 것이다(휴머니즘).

간주관성을 통해서 사회과학이 궁극적으로 탐구하려는 고유한 영역은 사회적 실재, 즉 개인적인 삶을 살아가는 사람들과 실질적인 인간행동에서 발생하는 문화의 모든 대상들을 그들의 입장이 되어 공유하고 이해하는 것이다. 따라서 이해의 방법이란 일상적이고 주관적인 상식구조에서 출발하여 사회과학의 객관적 이론에 도달하게 하는 유용한 방법이라 할 수 있다.

(2) 이해방법의 확장

① 깊은 유추의 방법

우리가 한 체계에 대해 잘 알고 있을 때, 그 지식을 유사한 미지의 체계에 적용하여 설명할 때 사용 가능하다. 예컨대, 깊은 유추를 적절히 활용한다면, 역사적으로 잘 알려진 사회현상을 그와 유사하지만 새로운 사회현상에 적용하여 새로운 사회이론을 개발해 볼 수도 있을 것이다.

② 두텁게 기술하기

문화란 사람들의 마음속에 있다는 인류학의 입장을 견지하면서 문화를 이해할 때 특수성을 간과하지 않은 채 행위자의 관점에서 사물을 바라봄으로써 이해 가능하다. 작은 결론으로부터 커다란 결론을 이끌어내되, 매우 밀도 높게 그것을 이루어내는 것이 두텁게 기술하기의 목적이다. 그 사회현상에 얽힌 의미의 거미줄을 분석할 수 있도록 두터운 담론의 네트워크를 구축해 가는 세밀한 과정이 인류학적 연구의 두텁게 기술하기라고 볼 수 있다.

③ 질적 방법에서 번역의 문제

질적 비교연구를 할 경우에는 다음과 같은 점에 주의할 필요가 있다. 즉,

대표성을 어떻게 확보할 수 있는가? 검증을 어떻게 할 것인가? 간주관성이 결여된 다른 이방문화에 대한 이해는 어떻게 가능한가? 라는 의문에 답할 수 있어야 한다. 즉, 문화적 맥락을 이해하는 문제, 번역의 문제인 것이다.

예컨대, '개'라는 동물의 존재 개념은 어떤 문화권에서는 애완동물로서 의미가 있을지 모르지만, 다른 문화권에서는 식용의 의미가 있을 수도 있다. 또한 어떤 나라에서는 개의 의미가 욕설로서도 가능한 반면, 또 다른 나라에서는 영적인 존재나 신성한 존재일 수도 있다는 것이다. 번역에는 단순한 단어 의미의 사전적 옮김(transliteration)도 필요하지만, 그보다 문화적 맥락에 맞는 적절한 번역(translation)이 절실하다. 다른 문화권의 비교를 위해 외국어를 번역할 경우는 다양한 해석이 가능하다는 이해의 폭을 넓히도록 인간성의 원리(the principle of humanity)를 포용적으로 적용할 필요가 있다.

2. 고전적 비교연구들

1) 토크빌의 프랑스와 미국의 민주정치 비교연구

『미국의 민주주의(De la democratieen Amerique)』를 저술한 프랑스의 사상가 토크빌(Alexis de Tocqueville : 1805~1859)은, 귀족 집안 출신으로서 프랑스의 제헌의원과 외무장관을 맡기도 한 정치가이자 자유주의적 정치학자이기도 하였다. 1830년 7월 혁명 당시 토크빌은 베르사유 법정의 배석판사로 일하고 있었는데, 이듬해 미국의 감옥체제에 관한 연구를 사유로 미국여행을 신청하여 1년 넘는 기간 동안 미국을 살펴볼 기회를 갖는다. 그리하여 탄생한 『미국의 민주

〈알렉시스 드 토크빌, 1805~1859〉

주의(1835, 1840)』는 2권으로 출판되면서, 단번에 토크빌을 프랑스에서 가장 권위 있는 학술기관 아카데미 프랑세즈 회원으로 선출되게 해주었고 오늘날까지도 정치학 및 비교연구의 고전으로 남게 된다.

책의 내용은 미국인들이 민주주의를 유지하기 위해 어떠한 법률, 정부, 그리고 일상생활의 습관, 이념, 습속을 가지고 있는가를 검토하고 있다. 토크빌은 이 책을 통해, 프랑스 혁명 후 자유, 평등, 박애의 혁명이념과 대치되게 국가가 중앙 집중화되고, 평등을 대가로 자유를 잃게 된 상황에 대해 질문하고, 그러한 프랑스의 상황을 미국의 민주주의와 비교하고 있다.

즉, 토크빌에 따르면, 미국은 민주주의 제도를 잘 운영하여 민주적 전제주의(이 점을 토크빌은 프랑스 혁명의 해악으로 규정한다)로의 경향을 극복하고, 자유를 실현하는 민주주의를 성취해가고 있는 것으로 보았다. 여기서 토크빌은 성공한 민주주의의 원형을 발견하고, 민주적 전제주의로 치닫는 경향성을 미국인들이 어떻게 극복했나를 탐구한다. 그것은 다시 말해서 프랑스는 왜 민주주의에 실패했는가를 반문하고 있는 것이다.

미국의 민주주의 성공 원인으로, 토크빌은 세 가지를 들고 있다.

① **지정학적 원인** : 미국은 이민으로 이루어진 나라로, 봉건적 잔재가 없이 평등한 백지 상태 위에 새롭게 출발한 나라다. 반면 프랑스는 봉건주의 신분제 잔재 위에 세워진 공화국이라는 근본적 한계가 존재한다.

② **종교와 습속** : 프랑스에는 가톨릭(구교)이 시민의 자유를 억압하는 요인으로 작용할 수 있었던 반면, 미국은 퓨리터니즘(신교)이 민주적이고 공화적인 경향과 맞아떨어진 요소였다.

③ **정치적 요인** : 미국의 경우, 교회와 국가는 분리되어 있었고 삼권분리가 철저하며, 행정이 탈집중화되어 있었다. 반면 프랑스는 행정이 집중화되어 있었으며, 시민의 정치적 참여가 제한받고 있는 현실이었다(김용학, 임현진, 2000 : 92-95).

구 분	미 국	프랑스	
제 도	분권화	권력의 중앙집권화	⇒ 민주주의
습 속	건전한 청교도 정신	개별화, 다수횡포	

그림 3-1

출처 : 김용학, 임현진(2000). pp. 92-95 재정리.

그런데 여기서 토크빌의 방법론에 대한 중요한 의문점이 생긴다. 그것은 민주주의의 전제성을 극복하는 방법이 행정의 집중화(제도적 차원)를 막는 것인지, 아니면 다수의 횡포나 개별화(정치에 대한 무관심 및 시민의 공공영역으로부터의 소외, 그리고 물질주의 등을 일컬음) 같은 삶의 방식의 문제[습속(way of life)의 차원]인지가 불분명하다는 것이다. 즉, 미국이 진정한 민주주의를 누리게 된 원인을 분석하면서 제도와 습속 사이에서 방황하고 있다. 만일 미국 민주주의가 성공한 원인이 제도에 있다면 프랑스에 미국의 제도를 수입함으로써 민주주의를 정착시킬 수 있을 것이다. 그러나 만일 미국인의 습속이 원인이라면, 이것을 결여한 프랑스에 아무리 제도를 도입한다고 해도 민주주의는 결국 실패할 것이다. 이는 사회복지제도와 각 국가의 문화 및 습속이 가진 특징 중 어느 것이 사회복지에 더 결정적인 영향을 미칠 것인가에 대한 질문과도 통하는 문제로서, 숙고해 볼 가치가 있다.

2) 뒤르켕의 유럽 각국 자살률의 비교연구

뒤르켕(Emile Durkheim, 1858~1917)은 베버(Max Weber), 마르크스(Karl Marx)와 더불어 사회학에 가장 큰 공헌을 남긴 위대한 사회학자로 알려져 있다. 그의 저작으로는 『사회분업론(De la division du travail social)』, 『사회학적 방법의 원칙(Les regles de la methode sociologique)』, 『자살론(Le Sucide)』, 『종교적 생활의 원초적 형태(Les formes elementaires de la vie religieuse)』 등이 있으며, 그 중에서도 『자살론(1897)』은 특히 표준화된 조사 연구의 전형으로서 심대한 영향을 미쳤으며 이론과 경험적 사실에 관한 체계적 탐구로서 사회학의 고전 중의 고전이라고 할 것이다.

뒤르켕은 이 저술에서, 우선 자살의 원인으로 알려진 다양한 요인들을 광범위하게 다루고 있다. 그는 심리학과 인류학, 기상학적 요인을 비롯하여, 종교, 결혼, 가족, 이혼, 원시적 관행, 사회경제적 위기, 범죄 등의 요인들을 자살과 관련시켜 분석한 뒤, 자살이 사회구조와 그 기능에 의해서 사회학적으로 설명되어야 한다는 기본가정을 입증하고 있다.

〈에밀 뒤르켕, 1858~1917〉

우선 뒤르켕이 유럽 각국의 자살과 정신질환자의 관계를 조사한 표를 살펴보자(표 3-1 참조). 우선 그는 심리학적 요인에 주목하여, 개인의 심리적 조건이 자살의 발생에 어느 정도의 영향을 미치는지 조사하였다. 그런데 자살과 정신병의 관점에서 유럽의 여러 나라들을 비교한 결과 양자 간에는 어떠한 규칙적 관계도 나타나지 않았다. 즉, 정신병 환자가 가장 적은 나라들 중 하나인 작센 지방의 경우, 특히 가장 많은 자살이 일어나고 있다는 점이 두드러진다.

〈표 3-1〉 유럽 각국의 자살과 정신질환과의 관계

국 가	정신질환자의 수 (인구 10만 명당)	자살자의 수 (10만 명당)	등위 순서	
			정신질환	자 살
노르웨이	180	107	1	4
스코틀랜드	164	34	2	8
덴마크	125	258	3	1
하노버	103	13	4	9
프랑스	99	100	5	5
벨기에	92	50	6	7
뷔르템버그	92	108	7	3
작 센	67	245	8	2
바이에른	57	73	9	6

출처 : 뒤르켕(1897, 1978). p. 45.

이러한 식으로 뒤르켕은 자살자와 알코올 중독자의 관계, 자살과 인종의 관계, 자살과 연령의 관계, 자살과 서로 다른 기후를 가진 지역과의 관계 등을 분석해 본 후, 이들 다양한 변수들이 자살과 규칙적인 관련성을 가진다는 확실한 근거를 찾을 수 없다는 점을 관찰하고 있다. 따라서 뒤르켕의 시각에 의하면, 자살은 가장 개인적인 현상으로 여겨지지만, 사실은 개별적 인간의지의 산물이 아닌 '사회적 사실'로서 심리학적 연구로만 파악될 수 없다는 것이다.

하지만 뒤르켕은 사회적 변수로서 '종교'가 자살에 매우 지속적이고 규칙적인 영향을 미친다는 사실을 발견하고 있다. 즉, 유럽의 여러 국가에서, 자살률은 가톨릭 국가에서 매우 낮고, 프로테스탄트 국가들에서 자살률이 가장 많이 일어나고 있었다. 뿐만 아니라 각 국가별로도, 각 종교별 인구 백만 명당 자살자 수가 집계된 통계를 살펴본 결과, 프로테스탄트의 자살률은 가톨릭이나 유대인들의 자살률보다 언제 어디서나 더 높았으며, 가톨릭의 자살률은 거의 대부분 유대인보다 높게 나타났다(표 3-2 참조). 이는 결과적으로 한 사회의 집단적 경향이 그 사회 구성원들이 생활을 영위하는 그 사회의 모습을 반영하는 것이며, 사회마다 사회통합과 규제의 정도가 다르기 때문에 자살은 그러한 사회적 유형의 집단적 경향의 표출로서 나타난다고 보았다(김용학, 임현진, 2000 : 125).

〈표 3-2〉 각국의 종교별 인구 1백만 명에 대한 자살자 수

국 가	프로테스탄트	가톨릭	유대교
오스트리아(1852~1859)	79.5	51.3	20.7
프로이센(1849~1855)	159.9	49.6	46.4
바덴(1852~1862)	139	117	87
바이에른(1844~1856)	135.4	49.1	105.9
뷔르템베르크(1846~1860)	113.5	77.9	65.6

출처 : 뒤르켕(1897, 1978). p. 120.

방법론적으로 뒤르켕의 연구는, 오늘날 일반화된 다변량 분석(multivariate analysis)의 기초를 제공하며, 아울러 상이한 역사적 조건하에서 동일한 상관관계의 이론적 설명을 비교하는 교차비교의 방법을 사용하고 있다. 즉, 다변량 분석을 통해, 단순히 자살률과 정신병, 종교, 인종, 지역이나 기후 등의 변수들을 각기 분리하여 독자적으로 상호관계를 설명하는 방식을 넘어서 새롭게 고려된 변수가 그 이전 변수에 의한 분석 결과에 통합되어 보다 치밀한 변수의 통제효과를 가져오도록 설계하고 있다. 이러한 연구과정을 통해 뒤르켕은 통계적 처리에 입각한 양적 분석과 맥락의 발견(heuristic) 원리에 기초한 이론적 설명을 검증하기 위한 규칙으로서 교차실험(cross experiment)에 의한 비교방법을 강조한다(Ibid : 136).

3) 티트머스의 혈액유통에 관한 국제적 비교연구

티트머스(Richard Titmuss, 1907~1973)는 영국에서 사회정책이라는 학문의 기초를 완성한 사람으로서, 특이한 것은 정규교육을 열네 살까지만 받았을 뿐이라는 점과 이후 화재보험회사의 평범한 샐러리맨으로서 시회문제의 연구에 몰두하여 『빈곤과 인구(Poverty and Population)』 등 통계적 지식과 날카로운 분석력을 발휘한 저술을 출간, 런던정경대학(LSE : London School of Economics)의 교수가 된 인물이라는 점이다. 그는 복지 서비스와 급여의 보편주의와 국가에 의한 복지제도 정립을 강력히 옹호한 사상가로서, 영국이 복지국가로 발전하는 데 학문적으로 큰 기여를 하였다. 그의 주요한 저술로는, 『복지국가에 관한 에세이(Essays on the Welfare State, 1958)』, 『복지에의 공헌(Commitment to Welfare, 1968)』, 『선물 관계(The Gift Relationship, 1970)』 등이 있으며, 영국에서 사회행정학(social administration), 후에 사회정책학(social policy)으로 더 알려짐)]을 학문적 연구영역으로 끌어올렸다.

여기서 우리가 비교연구의 고전으로 살펴보고자 하는 저술은 1970년 출간된 『선물 관계(The Gift Relationship)』라는 책이다. 이 책은 기본적으로 미국과 영국의 헌혈(blood donating) 체제를 비교한 연구로서, 당시 영국은 자발적(voluntary) 헌혈 체제를 가지고 있었고 미국은 일부 헌혈과 일부는 매혈(some bought and sold)로 체제가 유지되고 있다는 점에서 현격한 차이를 보이고 있었다.

이 책은 우선 인류 역사상 피(blood)가 상징적으로 얼마나 큰 중요성을 가지고 있었으며('피가 곧 생명'이라는 성경의 언급으로부터), 생명체로서 인간의 신체에 혈액의 중요성 및 의학의 발달에서 수혈(blood transfusion) 기술이 차지하는 중대한 지위를 논하는 것으로부터 시작하고 있다. 사실상 혈액이란 물이나 공기처럼 그 값어치를 따진다는 것 자체가 공허할 정도로 인간에게 없어서는 안 되는 것이다. 그렇다면 이러한 혈액의 유통을 어떠한 체제로 운영할 것인가 하는 점은, 각 국가별로 그 사회를 이해하는 중요한 열쇠이기도 하며 동시에 보건의료체제가 어떤 가치관에 기반하고 있는가 하는 점에도 밀접한 관련이 있다.

본 저술에서는 여러 나라의 수혈 체제가 언급되고 있지만, 특별히 비교연구의 대상이 된 나라는 바로 영국과 미국이다. 영국의 경우, 1948년에 무상의 국영의료서비스(NHS)가 성립된 후 잇따라 1950년대 초반 국민수혈서비스(National Blood Transfusion Services) 체제가 성립되었다. 반면에 미국의 혈액유통 체제는 주로 민간 및 각종 비정부단체들에 의해 유지되고 있으며, 많은 양의 혈액이 혈액판매자(paid blood donors)에 의해 제공되고 있었다.

여기서 하나의 주의할 문제는, 혈액을 수혈한다는 의료적 행위가 매우 위험스러운 요소를 포함하고 있다는 점이다. 그것은 수혈을 통해 감염되는 질병들의 위험성이 존재하기 때문에, 검역(screening)을 통해 혈액의 질(quality)을 통제해야 하며 그러한 조건 때문에 헌혈자는 자신의 건강상태 및 유병경력에 대해 정직하게 답하는 것이 매우 필수적이다. 특히 보수를 받고 다수의 수혈을 하는 전문적 헌혈자 중에는 빈곤하고 바이러스와 질병을 가진 비율이 높았다.

〈리차드 티트머스, 1907~1973〉

〈표 3-3〉

수혈자의 유형(type)별 혈액원(source of blood) 추정치, 미국(1965~1967)	(%)
① 혈액판매자(Paid Donor + Professional Donor)	47
② 책임성 조건부 수혈자(Responsibility Fee Donor)	39
③ 의무성 있는 자원 수혈자(Captive Voluntary Donor)	4
④ 지역사회로부터의 자발적 헌혈자(Community Voluntary Donor)	7
기 타	3
합 계	100

출처 : Titmuss(1997). p. 151.

우선 티트머스가 미국 수혈자들의 유형별 통계를 분석한 자료를 보면, 혈액판매자가 47%, 가족이나 친지가 수혈을 받는 경우 그 혈액에 대한 반대급부로서 헌혈이나 금전적 지불을 해야 되는 책임 때문에 조건부로 수혈한 사람(표 3-3의 ②번의 경우)이 39%, 군인이나 수감자 등이 자원해서 수혈을 했으나 의무성이 있는 경우 4%(표 3-3의 ③번의 경우) 등으로, 실제 진정한 의미에서 자발적인 헌혈자는 7% 정도로 나타났다. 이러한 사실은 거의 대부분의 혈액이 자발적 헌혈자에 의해 제공되고 국영의 서비스에 의해 유지되는 영국의 혈액유통체제와 대조적이었다.

〈표 3-4〉 미국과 영국 혈액유통체제의 비교

구 분	영 국	미 국
혈액유통체제	국영	민간 및 영리조직
수혈자	대부분 자발적 헌혈	혈액판매자 대다수, 대부분 비자발적
혈액에 드는 비용 (1단위)	약 4.8달러	30~100달러(다양함)
버려지는 혈액	1%	15~30%

이러한 맥락에서 티트머스는 영국과 미국의 혈액유통과 관련한 비용과 편익에 대하여 분석하였다. 우선 혈액의 유통이 국영으로 운영되는 영국에서는 대부분의 혈액이 자발적인 헌혈에 의해 유지된다. 반면 미국의 혈액유통은 주

로 민간 및 영리조직에 의해 운영되고, 혈액의 기부자는 대다수가 금전적 보수를 얻는 판매자에 해당되어 비자발적 혈액 기부자라고 볼 수 있다. 이에 따라 혈액에 드는 비용은 영국에 비해 미국이 약 6배 내지는 많게는 20배가 더 드는 것으로 추산되었다. 또한 기부된 혈액 중에서 감염이나 유통기한 등의 이유로 버려지는 혈액이 영국은 전체 혈액의 1% 정도에 불과한 반면, 미국은 30%에 이르는 것으로 추산된다. 그리고 혈액을 통해 간염(hepatitis)에 감염될 가능성의 비율이 영국에 비해 미국은 4배가량 더 높게 발생하는 것으로 조사되기도 하였다(Titmuss, 1997 : 260-273).

결과적으로 티트머스는, 혈액의 질과 혈액유통에 드는 비용, 감염된 혈액의 비율 등의 측면에서 자발적인 헌혈에 의존하는 편이 훨씬 더 효율적이라고 결론짓고 있다. 티트머스는 이러한 연구결과를 바탕으로 자발적 헌혈이 인간 사이에 존재하는 순수한 형태의 선물관계라고 보았으며, 시장에서의 거래와 달리 반드시 돌려받으리라는 기대 없이 베푸는 이타주의가 얼마나 효과적인 제도로서 작동할 수 있는지를 잘 보여주었다. 티트머스는 이러한 이타주의와 선물관계가 사회정책과 복지국가의 굳건한 기초가 될 수 있으리라고 믿었다.

3. 비교사 방법에 의한 연구들

비교연구의 발전은 현실세계에서 다양한 사회양상들이 존재한다는 것을 보여주지만, 비교방법은 이론화와 유형화를 추구한다는 명분으로 그런 다양성을 단순화된 유형학으로 축소시키는 경향이 있다. 산업화 이론도 다양한 전근대적 전통사회들이 결국 유사한 사회체제들로 수렴할 거라는 가정에 빠짐으로써 한계에 도달하였다. 고도로 발전된 소수의 선진 산업자본주의 국가들이 지배하는 글로벌 자본주의 세계경제에서 저발전 국가들은 다양한 발전 전략의 선택 경로를 봉쇄당했으며, 그런 맥락에서 이미 선진 산업사회들이 개척했던 발전유형들은 저발전 국가들이 추구하기에 이미 적절한 모델이 되지 못한다는 비판도 제기되고 있다. 그러므로 세계화된 오늘날의 지구적 맥락에서는 국가 간 비교연구가 점점 증가하고 있고, 새로운 비교연구의 필요성도 더욱 증대하고 있다.

새로운 사회로 진전하는 경로는 물론 하나가 아니라 다수로 이어져 있을 것이다. 다만 비교연구는 현존하는 기존의 사회유형에서 그 차이점과 유사점을 비교하는 방법이고, 그로부터 도출된 이론과 유형학이 미래에 도래할 사회의 발전경로와 형태를 예측하는 데 한계점을 가지는 것은 당연할 것이다. 어쨌거나 모든 학문은 역사적 고찰에 어느 정도 빚지고 있으며, 역사는 또 다른 형태로 되풀이되기도 한다는 점에서 우리는 역사적 비교연구방법에 주목할 필요가 있다.

비교사 연구방법은 사례가 적을 수밖에 없는 거시사적 사회현상과 변화를 연구할 때 특히 유용하다. 산업혁명, 사회운동, 세계경제 체제 등의 관념들은 거대 역사 변화를 일컫는 단어들이고, 비교사 연구방법으로 많이 연구되어온 주제들이다. 하지만 비교사 연구방법은 사례의 수가 적기 때문에 새로운 사례의 대두에 의해 기존 설명이 부정되는 경향이 있고, 연구자의 기본가정에 의해 인과관계의 해석 방향이 달라질 수 있는 단점이 존재한다(김용학, 임현진, 2000 : 181-183).

거시적인 사회변동의 연구에서 비교사적 연구는 토크빌, 베버, 마르크스 등 사회과학의 창시자들에게도 지속적 관심의 대상이 되어 왔다. 비교사의 연구모델은 ① 이론의 유사증명, ② 맥락의 대조, ③ 거시적 인과분석이라는 세 가지로 유형화할 수 있다(김웅진 외, 1995; 김용학, 임현진, 2000).

① 이론의 유사증명 방법은 특정 가설이나 이론의 역사적 사례에 대한 적용가능성을 가장 중요시하고, 그 이론 적용의 증명과 일반화 가능성을 추구하는 모델이다. 예컨대, S. N. Eisenstadt는 여러 제국들의 중앙집권화된 관료체제의 출현을 설명하거나, 유럽, 아메리카, 일본(동아시아) 등 문명권의 발전과 근대화를 거시역사적 관점에서 비교연구한다.

② 맥락의 대조는 이론의 일반화에 비판적이고, 상이한 사례들 사이의 차이

점을 대조하는 데 초점을 맞춘다. 여기서 중요시되는 것은 각각의 사례들이 가진 역사적 맥락의 대조이며, 특정한 국가나 문명, 종교가 고유한 사회구성의 독특성으로서 비교된다. 예를 들어, C. Geertz가 인류학적 관점에서 인도네시아와 모로코라는 두 이슬람 국가에서 발견되는 문화적 차이점을 비교한 연구가 있다.

③ 거시 인과분석으로서의 비교방법은 거시적 구조 수준에서 설명가설을 세우고 그와 관련된 구조적 원인을 추론하는 방법으로 밀(Mill)의 일치법과 차이법이 사용된다. 거시 인과분석을 위해서는 특정한 역사적 사례를 추출하여 통제된 비교를 실시한다. 예컨대, B. Moore Jr.는 근대화의 역사적 경로로서 자유주의, 파시즘, 공산주의라는 세 가지 정치적 진로를 비교연구하기 위하여 영국, 프랑스, 독일, 일본, 러시아, 중국, 인도를 비교하였다.

비교사 연구의 고전적 사례를 언급하자면, 우선 쉬무엘 N. 아이젠스타트(Shmuel N. Eisenstadt)의 비교문명 연구를 예로 들 수 있다. 그는 근대화론이나 산업사회이론 같은 서구 중심적 시각의 대안으로서 유럽 밖의 문명권들의 근대화 과정을 비교연구하였고, 기독교를 중심으로 한 유럽 문명 이외에도 이슬람, 유교, 불교 등 비서구적 근대성의 발전을 거대 기축 문명권(Great Axial Civilization)으로 유형화하여 비교하고 있다. 특히 유럽 이외에 근대화에 성공한 문명권으로서 미주(America) 문명과 일본을 들고 있다. 미주 문명은 미국을 비롯하여 캐나다, 라틴 아메리카의 여러 나라들을 포함하며, 이들은 유럽인의 정착과 식민화 과정, 다양한 토착민과의 갈등과 조우라는 다문화적 특징을 공통점으로 가진다. 한편 일본은 고유의 전통과 종교에 기반하여 성공한 최초의 비서구의 근대화 국가라는 점에서 비교 문명적 의의를 가지며, 이는 동아시아를 비롯한 우리나라에도 많은 시사점을 주고 있다(김용학, 임현진, 2000 : 313-316).

다음으로는 거시 인과적 분석 비교방법의 사례로서 베링턴 무어(Barrington Moore Jr.)의 "독재와 민주주의의 사회적 기원"이라는 연구를 예로 들 수 있다. 무어는 하버드 대학의 사회학자로 이 저서가 출판되자마자(1967년) 뛰어나고 중요한 작품이라는 찬사를 받았고, 비교연구 분야의 야심차고 위대한 고전의 반열에 오르게 된다. 그는 근대세계에 이르는 세 가지 주요한 역사적 경로로서 자본주의적 민주주의, 파시즘과 공산주의라는 두 가지 유형의 독재의 길로 구분하였다. 이를 분석하기 위해 그는 영국, 프랑스, 미국이라는 세 나라를 민주주의적 산업화의 국가로 예를 들었고, 독일과 일본이라는 파시즘적 경로의 국가들, 그리고 러시아와 중국을 공산주의의 역사적 사례로 들었다.

첫 번째 경로에서 산업화와 민주주의 혁명을 주도한 것은 역시 부르주아였지만, 그의 독특한 관점은 파시즘과 공산주의의 경로에서 주요한 역할을 한 것이 농민들이었다고 지적한 점이었다. 이러한 주장의 근거는 농업의 상업화 과정이 근대화과정의 열쇠를 쥐고 있었기 때문이다. 급진적으로 변했던 러시아 농민들은 지주 제거와 토지 분배라는 분명한 목적을 가지고 혁명에 협력하였지만, 독일과 일본에서는 보수적 지도자들이 관료제 기구를 이미 상당히 정비하여 보수적 틀 내에서 농민과 하층계급을 동원할 수 있어서 경제적 근대화가 이루어질 수 있었다. 하지만 결국 자본주의적 근대화와 상업화가 가져온 시장적 발전의 주된 희생자는 농민들이었다. 무어의 연구는 근대화의 다양한 경로가 보여주는 서로 다른 과정을 분석함으로써 현대 비교사회 연구의 주요한 이정표가 되었다(크로우, 1998 : 61-75).

4. 맺음말

본 장에서는 양적 비교와 질적 비교의 방법과 함께 정치학, 사회학, 사회복지학의 고전적 비교연구를 살펴보았다. 정치학자 토크빌의 미국 민주주의에 대한 고전적 연구는 민주주의 발전에 대한 습속과 제도의 영향에 관한 비교연구로서 민주주의 정치제도 연구에 많은 영향을 주었다. 사회학자 뒤르켕의 자살에 관한 비교연구는 유럽 각국 자살률의 양적 통계를 활용하여 사회적 통합과 자살의 연관성을 분석한 사회학 연구의 고전이다. 사회복지학자 티트머스의 헌혈과 의료시스템에 관한 비교연구는 이타성과 사회복지의 발전에 관한 고전적 연구로 잘 알려져 있다. 이들은 모두 오늘날까지 정치학, 사회학, 사회정책 분야에 큰 영향을 끼친 주요한 고전적 연구들이다.

그리고 비교사의 연구방법은 거시적인 사회현상의 연구방법이다. 역사의 비교는 사회가 발전하는 다수의 경로를 유형화하고, 민주주의, 문명의 차이, 근대화의 역사적 고찰 등 다양한 고전적 비교연구에 널리 활용된 비교의 방법론으로 잘 알려져 있다.

이처럼 다양한 비교연구의 고전적 업적들은 향후 비교연구의 발전에도 지속적인 영향을 미칠 것이며, 이러한 양적 및 질적 연구방법을 다양한 사회복지 분야에도 활용함으로써 폭넓은 비교연구의 적용을 통해 정책적 발전을 모색할 수도 있을 것이다.

비교연구의 적용 가능성은 매우 광범위하며, 지금까지 사회학, 정치학, 정책과 문화의 분석 등 다양한 분야에서 이미 그 유용성이 널리 인정받고 있다. 다음 장부터는 복지국가의 비교연구, 복지체제의 비교연구, 사회보장(공공부조, 산업재해, 연금보험, 실업보험) 역사와 발전의 비교연구, 가족정책, 사회 서비스 및 주거정책의 비교연구, 근로연계복지의 비교연구, 보건의료정책의 비교연구, 복지국가 정치의 비교연구, 사회적 포용 정책의 비교연구 등 다양한 분야에 적용된 사회복지 비교연구의 방법과 실제에 관하여 상세히 검토한다.

CHAPTER 04

비교연구의 이론과 사회복지 : 복지국가 비교연구의 이론과 쟁점

1. 비교연구의 주요쟁점(Key Points)과 방법론의 문제들
2. 국가 간 비교연구(Cross-National Research)의 접근방법들
3. 복지국가의 이론들(비교사회정책)
4. 맺음말

CHAPTER

04 비교연구의 이론과 사회복지 : 복지국가 비교연구의 이론과 쟁점

1. 비교연구의 주요쟁점(Key Points)과 방법론의 문제들

사회과학적 연구는 비교를 통해서 그 고유의 특성을 가진 사회적 상태나 성책, 상호작용으로부터 일반적이고 보편적 설명에 더 체계적으로 도달할 수 있다는 점에서, 비교는 사회적 현상에 관한 일반적 설명에 이르는 가장 유력한 방법이다. 그래서 프랑스의 고전적 사회학자 뒤르켕은 "비교사회학은 사회학의 특수한 분과영역이 아니라 사회학 그 자체"라고 말한 바 있다(Durkheim, 2001 : 207).

특히 최근 들어 정책 발전의 측면에서 한 나라의 정책(공공정책이든 사회정책이든)은 국제적 맥락에서 분석될 필요가 더욱 증대하고 있다. 즉, 한 국가의 역사적 정책 발전 과정은 그 나라와 다른 나라의 유사점과 차이점의 측면에서 비교되는 것이 필요하며, 동시에 그 경험은 더 광범위하게 글로벌한 맥락에서도 비교적인 위치에 자리매김하는 것이 필수적이다.

1) 비교의 축

다양한 문화권의 정치경제 체계(국가)들을 비교할 때 쟁점이 되는 방법론적 문제는 비교의 결과에 대한 판단이라고 할 수 있다(김용학, 임현진, 2000 : 66-70). 예컨대, 현대 사회를 산업화의 산물로서 파악하는 산업화론자들은 동시에 현대 사회를 수렴론으로 설명하기도 하는데, 이 수렴론은 산업화가 진행되면서 다양한 문화권의 국가들과 민족들이 동질화된다고 주장한다. 그런데 동질화가 진전된다는 것은 무엇을 기준으로 그렇다는 것일까? 기술적 변화의 확산과 경제구조의 유사성이 진행되면 문화와 사회구조도 동질화된다는 것인가? 하지만 이러한 문화의 확산 가설에 대해서는 많은 비판이 제기될 수 있다. 한국사회가 산업화된다고 해서 한국 사람들이 모두 미국 사람들과 문화적으로 똑같아진다고 말할 수 있을까? 이러한 논쟁이 바로 비교의 기준을 제대로 설정하지 못해서 생긴 '거짓논쟁'이라고 볼 수 있다. 수렴론자들은 산업화와 산업적 논리의 확산이라는 잣대로 비교를 하지만, 비수렴론자들은 문화와 사회구조의 근저에 변하지 않은 부분을 지적하여 비교를 한 것이다. 이것이 바로 '비교의 축'이 다른 데서 비롯된 비교의 결과에 대한 판단의 문제이다.

2) 비교변수의 차원과 시간-공간의 변수화

비교의 변수는 개별적 속성(혹은 절대적 속성)과 관계적 속성의 차원이 있다. '개별적 속성'은, 예를 들어 어떤 나라 A의 출산율이 1.9이고 또 다른 나라 B의 출산율이 3.9라고 할 때 두 나라를 단순비교할 수 있다는 의미이다. 반면에 '관계적 속성'은 "A나라가 B나라보다 산업화의 비율이 높다"라는 비교의 관계성을 도출할 수도 있고, "B나라는 A나라에게 더 많은 경제적 영향력을 미친다"는 상호작용의 관계성을 비교할 수도 있다. 여기서 비교연구의 목적이 관계성과 상호작용의 비교에 있다고 보는 견해가 있는데, 이는 바로 비교연구에서 관계적 속성의 중요성을 강조하는 의미이다. 이러한 주장을 비교에서 '시간과 공간의 변수화'라고 지칭한다(김용학, 임현진, 2000 : 71-75).

예를 들어, 일반적으로 물이 100℃에서 끓는다고 알고 있다. 하지만 백두산에서는 94℃, 한라산에서는 96℃에서 물이 끓는 것을 발견했다면, 우리는 이를 어떻게 해석해야 할 것인가? 이때 백두산이나 한라산이라는 고유명사와 개별적 속성을 제거하고 산의 높이에 따른 기압의 차이가 물 끓는 온도의 차이를 초래하였다는 인과관계로 표현한다면, 백두산과 한라산은 단지 비교의 자료를 제공한 공간적 지점으로서만 의미를 가진다고 볼 수 있다. 이로써 개별적 속성을 변수들 간의 관계적 속성으로 시간-공간적으로 변수화할 수가 있게 되는 것이다. 그래서 비교연구는 개별적 고유국가 체계의 기술을 넘어서 이론적 추상화에 목적이 있다는 결론에 도달할 수 있다.

2. 국가 간 비교연구(Cross-National Research)의 접근방법들

비교연구에서는 차이점과 유사점을 찾아내고, 이를 의미 있고 적절하게 비교하는 것이 핵심이다. 하지만 우리는 자신의 나라에서 익숙한 문화적 규범이니 정치적 현실을 당연하게 받아들이고, 그 기준에 자연스럽게 맞추어 다른 나라와 비교하는 위험을 범하기 쉽다. 예를 들어, 어느 나라에나 지방정부가 있다. 그런데 영국에서 지방정부는 단순히 중앙정부의 권한을 위임받아 정치적 책임을 지게 되지만, 미국에서 지방정부는 주정부로서 연방정부로부터 자율적인 권한과 책임을 행사한다. 그런 만큼 중앙권력의 집중화와 지방정부의 권한은 두 나라에서 엄연히 다르게 행사된다. 이러한 점에서 지방정부를 국제 간 단순비교하는 것은 오류가 될 수 있다.

초기 사회정책의 비교연구에서는 대체로 사회복지지출의 국가 간 비교가 주요한 연구의 경향이었는데(대표적으로 산업화이론), 이는 지출의 구조나 불균등 현상을 잘 고려하지 않아 모순적 결론에 도달하기도 하였다. 예컨대, 사회지출의 총액이나 총비율이 유사한 두 나라에서도 그 지출의 내역은 상당히 다를 수가 있기 때문이다. 즉, 두 나라가 GDP 대비 사회복지지출은 거의 동일하더라도, 어떤 나라는 그 상당 부분을 공공부조에 지출하는 반면에 또 다른 나라는 가장 많은 지출이 노인연금에 쓰이고 있을 수도 있다. 그렇다면 이 두 나라의 복지는 전혀 다른 구성을 보여줄 것이고, 국민에 대한 복지 효과도 전혀 다를 것이다.

또한 복지국가들마다 보편성과 선별성의 구분에 있어서도 다양한 복지모델과 형태가 존재한다. 실제 모든 유형의 복지국가들은 보편주의 제도와 선별적인 부조 프로그램들이 다양하게 결합되어 구성된다. 그렇다면 복지국가는 불평등과 빈곤을 줄이기 위해 어떻게 구체적으로 조직화될까? 여기에는 다양한 구성의 원리들이 있겠지만, 크게 다음의 세 가지 원리가 고려된다(Korpi and Palme, 1998). 우선 ① 고소득층으로부터 저소득층으로의 소득 이전을 어느 정도 포괄적으로 정할 것인가? (보편주의 혹은 선별주의의 논리), ② 재분배를 하는데 있어 고소득자와 저소득자의 복지국가에 대한 기여와 혜택을 어느 정도 비례적으로 만들 것인가? (사회보험 기여와 급여의 비율), ③ 저소득층 이외에 다른 계층에게는 어느 정도의 혜택을 보장해줄 것인가? (중산층 이상 계층의 참여).

이러한 원리들 중에서, 예컨대 보편주의와 선별주의는 어느 쪽이 불평등과 빈곤을 줄이는 데 더욱 효과적일까? 경제적 효율성의 관점에서는 자원을 저소득층에게 집중하여 선별적으로 혜택을 지급하는 것이 복지에도 효과적일 것으로 생각할 수 있지만, 이는 복지국가에 대한 지지와 연대를 저해하고 사회안전망을 전 국민 모두에게 제공한다는 목적에서 볼 때는 비효과적인 방안이다.

〈표 4-1〉

국 가	공공복지지출 중 자산조사급여 (공공부조) 비율(%)	빈곤율(중위소득 50% 미만)
호 주	77.9	14.4
미 국	27.0	17.4
영 국	25.9	10.0
프랑스	9.6	7.9
노르웨이	8.1	7.5
독 일	6.8	8.8
벨기에	6.0	9.7
핀란드	5.0	7.3
스웨덴	2.9	9.1

출처 : OECD, 2014, 2014a.

코르피와 팔메(Korpi and Palme, 1998 : 681-682)는 선별적으로 표적 집단에게만 자산조사를 통한 복지혜택을 주는 경우 오히려 빈곤과 불평등을 감소시킬 수 있는 여지는 더더욱 줄어든다는 "재분배의 역설"로 표현한 바 있다.

〈표 4-1〉에서 볼 수 있는 바와 같이 공공복지지출 중에서 자산조사를 통해 전달되는 공공부조 급여의 비중이 큰 나라들인 호주, 미국, 영국 등에서 오히려 빈곤율은 그렇지 않은 국가들에 비해 높다는 점이 나타난다. 이처럼 잔여적 유형의 복지제도는 저소득층 이외에 복지혜택이 필요하지만 작은 수급자격의 차이로 차상위 계층의 공백(사각지대)을 생기게 할 수 있고, 보편적 유형의 제도와 달리 중산계층의 복지제도에 대한 지지도 받기 어렵게 만든다.

3. 복지국가의 이론들(비교사회정책)

비교사회정책은 왜 복지국가가 발전했는지를 비교연구적 입장에서 연구하는 분야이다. 그리고 복지국가 발전에 관한 이론들의 공통점은, ① 복지국가의 발전을 추동하는 원인은 무엇인가? ② 복지국가는 자본주의가 창출한 불평등을 어느 정도 줄이는가(시민권을 얼마나 확대시키는가?)(Esping-Anderson, 1990)를 연구의 공통과제로서 인식한다는 점이라 할 것이다. 비교의 목적은 단순히 비교 그 자체에 있다기보다 비교를 통해 보편적 일반이론을 추구하는 데 있으며, 복지국가가 확장되어온 이래 많은 학자들이 복지국가의 이론을 발전시켜 왔다. 그러한 이론들은 대체로 다음에 논의하는 세 가지 이론, 즉 기능주의, 갈등주의, 제도주의 유형의 설명 관점을 논리로 한다. 물론 세 가지 유형은 서로 결합되거나 상호 영향을 미쳐오기도 했다.

1) 복지국가 발전의 이론으로서 산업화이론(기능주의적 관점)

(1) 산업화 논리와 복지국가

산업화의 논리(logic of industrialization)란, 산업화가 일으키는 사회문제(산업재해, 대규모 실업, 도시화에 따른 범죄와 주택문제, 빈곤층의 도시집중 등)를 해결하기 위해 복지국가가 발전하였다는 주장이다. 또한 산업화는 가족구조와 인구구조의 변화를 초래하여 노령층의 증가, 여성의 활발한 사회진출, 아동의 문제(교육, 권리, 가족 문제) 등의 다양한 복지욕구를 발생시키기도 한다. 따라서 그러한 욕구를 충족시키기 위해 복지국가가 출현하게 된다고 본다.

역사적으로 최초의 산업화를 이룩한 영국은 산업화로 인한 사회문제를 해결하기 위해 일찍이 빈민법(Poor law)을 도입하였고, 이후 산업화에 성공한 독일은 1880년대 재상 비스마르크가 사회보험(1884년 질병보험, 1889년 노령보험)을 도입하게 된다. 그 후 1950년대가 되면 서구의 모든 선진국들이 사회보험을 도입, 사회보장제도가 보편화된다(이른바 4대 보험체계, 즉 산업재해, 노령연금, 의료보험, 실업보험 도입). 우리나라는 1960년 공무원 연금법, 이후 1988년 국민연금법, 1961년 생활보호법, 1964년 산업재해보상보험, 1977년 의료보험, 1995년 고용보험을 도입하였다.

산업사회(industrial society)는 근면, 교육, 재능 등을 의미하는 라틴어 industria(근면한)에서 유래되었으며, Kerr나 Clark 같은 학자들에 의해 처음 주장된 산업화란 과학과 기술에 크게 의존하는 사회, 고도의 분업화에 의존하는 사회로서 현대 사회의 출현을 산업화라고 보았다. 윌렌스키(Harold Wilensky)와 르보(Lebeaux)는, 『산업사회와 사회복지(Industrial Society and Social Welfare, 1965)』에서 산업화의 논리(산업화가 복지국가의 출현을 가져왔다는 주장)를 펼쳐서 복지국가 발전의 논리로서 산업화론적 입장을 처음 제시하게 된다.

산업화란 전근대적 사회로부터 대규모 산업사회로 탈바꿈하는 근대사회로의 사회변동을 일컫는 개념으로서, 가내공업과 구별된 대단위 산업의 발전, 노동의 분화로 인한 새로운 대규모 제조업 생산업이 주된 생산형태가 되는 사회를 일컫는다. 즉, 1차 산업(농림수산업)에서 2차 산업(제조업)으로 산업구조가 변화하고, 합리화의 과정으로서 귀속지위에서 성취지위로의 사회발전, 사회의 분업화(아담 스미스의 국부론에서 묘사된 바와 같이, 핀을 하나 만드는 데도 분업이 더 생산적이다), 정치민주화, 관료제 성장 등을 동반한다.

윌렌스키와 르보는 산업화의 현상으로 다음 세 가지 현상을 들고 있다.

① **경제성장** : 제조업이 경제에서 차지하는 비율이 높아지고 농업이 줄어든다. 또 국민총생산이 늘어난다.

② **인구학적 변화** : 노령인구가 늘어나고 기대수명이 높아지고 출생률이 감소한다. 한 예로써, 고대 로마의 기록을 보면 로마시대에는 유아사망률이 높아 평균연령이 18세에 불과했다. 한편 현대에 들어선 프랑스에서는 1960년대 이미 65세 이상 인구가 총인구의 12%, 대부분 유럽과 미주 국가들은 15% 이상에 달했다. 한국의 65세 이상 인구가 7%에서 14%로 배가 되는 데 걸리는 예상 시간은 25년이지만, 이 배가 기간이 영국은 45년, 미국은 75년, 프랑스는 115년 걸렸다.

③ 그리고 관료제의 성장(공공정부지출이 늘어나고 사회가 관료제적 위계질서에 의해 조직화된다)이 복지국가 출현의 조건이 된다.

산업화이론은 또한 수렴이론(convergence theory)이라고도 불리는데 경제성장, 인구학적 변화, 관료제의 세 조건이 다양한 국가들의 공통적 성격으로 유사해지고, 복지국가의 형태로 수렴하는 경향이 나타난다고 주장하기 때문이다. 하지만 수렴이론은 이로 인해 결국 산업화된 국가들이 정치경제적으로 공통된 길, 즉 복지국가로 나아가게 된다는 설명은 한편으로 설득력을 갖지만, 다른 한편으로 각국의 다양한 역사문화적 경로의 차이성을 설명하지 못하는 약점을 가진다.

(2) 윌렌스키의 기능주의적 비교사회정책과 산업화이론

윌렌스키와 동료들은 회귀분석을 통해 변수들 간의 측정치를 통계적으로 분석, 검증하였다. 국내총생산에 대한 사회보장지출의 비율[사회복지노력(social welfare effort), 1인당 사회보장지출, 사회복지산출(social welfare output) 등]을 종속변수로, 인구의 연령구조, 부(affluence, 국민소득), 제도의 실시연도 등을 독립변수로 설정하여 분석하게 된다.

이러한 분석을 통해, 윌렌스키의 64개국, 프라이어 14개국, 커트라이트 등의 비교연구에서 경제적 요인(국민소득의 성장), 인구학적 변화, 제도의 실시 연수, 관료제의 확대가 복지지출에 영향을 미치는 가장 큰 설명요인이었음을 밝혔다(윌렌스키, 1992).

〈표 4-2〉

구 분	연구내용(분석된 지표 및 변수화 내용)	표 본	연구결과
커트라이트	사회보험제도 실시경험(다중회귀분석 실시)	아프리카를 제외한 76개국 → 40개 국가비교	사회보장제도 실시경험은 경제발전(GNP)의 수준과 강한 상관관계
아 론	1인당 국민소득, 사회보장지출을 변수로 함	22개국의 표본 추출	경제적 수준과 사회보장지출 간에 부의 상관관계 있음
프라이어	보건, 복지, 교육 지출, 제도실시연수, 경제수준	공산주의 7개국, 자본주의 7개국	경제적 수준과 사회보장지출과는 관련이 없는 것으로 나타남
피터스	1인당 GDP와 1인당 사회보장지출 상관관계	프랑스, 영국, 스웨덴 1850~1965년 지출 분석	1인당 GDP와 1인당 사회복지지출 상관관계는 세 나라 모두 유의적임
헤이지 &한네만	1인당 GDP, 총정부지출, 실업인구, 노인인구	영국, 프랑스, 이탈리아 1870~1965년 종단 연구	가용자원지표와 요구 지수의 정적 관련성

출처 : 윌렌스키(1992). pp. 20-25.

〈표 4-2〉에서와 같이, 커트라이트(1965, 1967)는 사회·경제적 발달의 수준을 나타내는 지표로서 에너지 소비량, 도시화, 문맹률을 사용했으며 아프리카를 제외한 지역의 76개국에서 사회보장제도의 실시경험은 경제발전의 수준과 가장 강한 상관관계를 가진다는 것을 보여주었다.

한편 아론(1967)은 표본으로 추출한 22개국에 대한 연구에서 사회보장의 지출에 있어서는 1인당 국민소득이 유의적이지 못한 것으로 분석하였고, 프라이어(1968)가 공산주의 7개국과 자본주의 7개국을 비교한 연구에서는 경제적 수준이 사회보장, 보건 및 교육에 지출된 국민소득의 비율과 관련이 없는 것으로 나타났다.

그리고 피터스(1972)는 프랑스, 영국, 스웨덴의 1850년부터 1965년까지 지출을 분석하였을 때 1인당 GDP와 1인당 사회보장지출 간의 상관관계는 세 나라 모두 유의적임을 발견하였으며, 헤이지와 한네만(1977)은 영국, 프랑스, 이탈리아의 1870년부터 1965년에 걸친 종단적 연구에서 경제성장은 절대적인 면에서나 상대적인 면에서나 국가가 이용할 수 있는 자원의 양을 증가시키며 실업된 자와 실업될 가능성이 있는 자의 수를 늘려 사회보장급여에 대한 요구를 증가시킨다고 주장하였다(경제성장이 국가가용자원의 양을 증대시키며, 이는 또 사회복지에 대한 요구를 증가시킨다).

장기적으로 볼 때 경제적 수준은 복지국가의 발달에 가장 근본적인 원인이고, 사회보장제도의 성장은 경제성장이 초래한 인구학적 결과의 자연스러운 산물로서, 정치적 지배집단의 인식과 대중의 압력, 복지적 관료제도 간의 상호작용에 의해 그 성장이 촉진된다고 보았다.

한편 복지국가의 발달에 있어 경제적 수준이 갖는 중요성에 관하여 연구결과들이 서로 일치되지 않는 부분은, 각 연구에서 사용된 표본의 차이와 시계열 분석에 사용된 자료의 차이 때문이라고 윌렌스키는 해석하였다. 다시 말해서 추출된 표본국가들의 부와 소득 수준의 범위가 클 경우(변량과 변이가 큰 경우), 사회복지지출에 미치는 경제적 수준의 영향력(결정계수)은 더 크고 중요하게 나타날 것이라는 것이다(이는 커트라이트, 피터스, 헤이지와 한네만의 연구의 경우).

그리고 산업화론자들은 수렴이론을 주장했는데, 이에 따르면 경제적 수준의 발전이 일정 정도에 도달하면 각 사회가 과거에 어떤 형태의 체제였든지 점차 유사하게 된다. 즉 경제가 성장함(산업화)에 따라 문화적 · 정치적 전통이 대조되던 국가들은, 어떤 사람도 그 아래로 떨어지지 않는 사회적 안전망을 구축하는 전략의 면에서 보다 유사하게 된다는 것이다.

또한 산업화의 과정과 이에 따른 복지국가의 발전과정을 확산과정이라고도 보는데, 이는 사회정책의 도입을 일차적으로 모방과정의 결과이며 모방과정에 의해 각 나라들은 선구적인 나라의 사회복지 노력을 복사하게 된다는 의미이다. 이는 지리적 확산(공간적 확산) 혹은 제도적 모방과 학습효과로서도 해석된다.

하지만 이러한 산업화 논리에 대한 설명의 맹점은 산업화(경제성장)가 자동적으로 복지국가의 발전과 확산 및 수렴을 유발할 것이라는 전제와, 수렴론의 유사성 기준의 불확실성, 그리고 구체적 프로그램의 분석이 결여되어 있다는 점 등이다. 이에 따라 부문별 프로그램과 제도 지출의 구체적 분석과 검토가 필요하다는 제한점이 지적된다.

산업화의 논리가 가진 이론적 결함은 산업화로 인해 야기된 복지에 대한 욕구와 이것이 복지국가로 구체화되는 과정 사이의 설명이 부족하다는 점이다. 산업재해가 증가할 때 자동적으로 산업재해보상보험이 나타나는 것은 아니다. 산업재해를 사회문제로 인식하고 해결하려는 과정에서 사회구성원이 가진 가치와 선택을 반영하는 정치와 정책적 의사결정이 일어나지만, 산업화 이론은 이를 단순히 사회적 합의(복지욕구 → 복지제도로 나타남)로 이어진다고 본다.

또한 산업화 변수(경제성장, 도시화, 비농업부문 산업 종사자 비율 등)와 비산업화 변수(정치적 변수, 좌익정당의 역할, 이익집단의 활동 등) 중 어느 것이 더 중요한지에 대해서도 여러 가지 논쟁이 제기된다.

수렴이론이 가진 중요한 제한점은 각각의 부문, 의료, 복지서비스, 주택 등에 대해 설명하지 못한다는 점이며, 이들 사회가 유사해진다는 점에 대해서도 그 개념이 애매모호하다. 즉, 그러면 산업화 이전의 사회는 과연 얼마나 유사했을 것인가? 한마디로 차이점을 설명하지 못한다는 것이며, 산업화이론 쪽의 실증적 연구들은 연구대상 국가들에 어떤 국가를 포함시키는가, 산업화와 비산업화 요인을 포함시켰는가 안 시켰는가에 따라 결과가 다르게 나타난다는 것도 난점이다. 선진국과 후진국을 함께 포함한 60개국의 연구(Wilensky, 1975)에서는 1인당 GNP가 가장 중요한 설명변수였으나, 선진 산업국에 제한한 연구에서는 정치적 변수(사회민주당의 세력)가 더 중요하게 나타났다.

2) 권력자원이론(갈등론적 관점)

두 번째의 유력한 복지국가 이론으로는 권력자원 학파 혹은 복지국가 발전의 갈등주의이론이라 불리는 이론적 유형이다. 윌렌스키의 산업화이론이 경제성장 혹은 기술변화에 의한 경제 산업 구조변화가 복지욕구의 변화나 증대를 가져온다는 논리에 기반해 있는 반면, 갈등이론은 정치적 변수에 주목한다.

이전에도 복지국가 발전에서 정당과 정당체계의 중요성을 강조한 캐슬즈(Francis Castles)[1], 행정관료적 정치 현상에 강조점을 두었던 헤클로(Heclo)[2] 등 정치적 비산업화 요인을 강조한 학자들이 있었지만, 갈등이론가들은 복지국가 발전이 지극히 정치적인 투쟁의 결과로 보는 경향이 있다(Starke, 2008 : 26).

갈등주의자들에 따르면, 사회경제적 변화가 정치적 갈등을 일으켜 정책적 변화에 이르는 것은 맞지만, 사회경제적 변화만으로는 그러한 국가 정책적 유형과 변화를 설명할 수가 없다는 것이다. 여기에는 정치적 투쟁과 갈등이 국가적 재분배 결정에 큰 영향을 미치며, 특히 의회에서 좌파 정당의 세력화 혹은 반대로 우파정당의 단합력이 주요한 변수라고 본다. 좌파세력의 권력자원 동원에 대한 관심은 장기적으로 복지국가에 관한 당파적 정치이론으로 발전해 왔다. 그러한 맥락에서 여성의 권리에 우호적인 정치적 세력화도 복지국가

1) 프란시스 캐슬즈(Francis Castles)는 일찍이 복지국가의 발달에서 정당과 정당체계, 특히 정치 세력이 의회에서 차지하는 의석수의 중요성을 강조한 바 있다. 북유럽 스칸디나비아 국가, 특히 스웨덴의 경우를 사례로 들고 있다.

2) 헤클로(Heclo)는 행정관료적 과정의 영향이 복지국가 발전에 주요한 영향을 미친다고 주장한다. 즉, 아래와 같은 주요한 현대 민주정치의 기본 요인들이 잘 지켜지지 않고 있다고 보고, 행정관료적 결정이 민주정치의 요인을 결정한다고 주장한다.
① 정당들이 서로 다른 구별되는 정책으로 경쟁, 선택을 받는다(정당 간 차이점이 점점 모호해진다).
② 선거권자들이 합리적인 선택을 한다(유권자들의 합리적 선택이 의심받고 있다).
③ 집권당이 국민의 선택의 결과를 실제로 수행할 권한을 위임받는다(실제 집권당의 공약 비실행이 증가한다).

형성에 영향을 미친다는 점이 역시 권력자원동원의 확장된 연구 초점이 되기도 한다.

복지국가와 권력자원의 관련성은 복지국가의 형성에 정치적 세력의 연대와 역량의 동원이 매우 핵심적인 역할을 한다는 전제에서 출발한다. 이는 유권자 수와 정치세력의 동원뿐만 아니라 노동조합의 조직화나 좌파정당의 의회에서 차지하는 의석수라는 정치 역량의 양적 연합과 동원이 결정적이기 때문이다(에스핑-앤더슨, 2006 : 44-45).

노동, 자본, 좌파, 우파, 혹은 여권신장 등 다양한 정치집단에 대한 강조점의 차이는 있지만, 권력자원이론가들은 모두 공통적으로 복지국가의 발전에 있어서 정치의 중요성을 핵심적 요인으로 본다. 복지국가 발전과 정책 변화에는 정치적 이해관계와 정치적 갈등, 그리고 정치세력화가 핵심적 역할을 담당한다는 것이다(Starke, 2008 : 28).

그렇다면 복지국가의 확대를 설명하는 유력한 이론은 복지국가의 축소도 설명할 수 있을까? 이 질문은 최근 서구에서 복지국가에 대한 관심을 대표하는 연구문제라고 볼 수 있다. 이에 대하여 권력자원동원이론은 복지국가의 정치적 주도 세력이 강건한 국가들에서 축소도 적게 일어날 것이라고 주장한다. 어쨌든 이러한 복지국가 축소의 현실은 각 나라마다 다양한 정치세력 간 권력균형 정도에 의해 큰 영향을 받게 될 것이다.

하지만 권력자원동원이론에 대하여는 주요한 반론이 제기되기도 한다. 우선 복지국가의 발전에는 항상 어떤 정치세력에 대한 다른 대항 세력(좌파정당에 대하여 우파정당이, 우파에 대하여는 좌파정당의 세력)이 항상 제한으로서 작용한다는 것이다. 여러 연구자들은 보수정당의 단결 정도가 좌파의 권력보다도 더 중요하다고 주장했다. 또한 이러한 이론이 북유럽, 특히 스웨덴 등에서 발전하였다는 점에서 편향되어 있고, 스웨덴 중심주의로서 다른 나라에는 적용이 어렵다는 맹점도 지적된다. 즉, 좌파정당이 다수당이 되기도 어렵고, 전통적 노동계급이 수적으로 다수가 되는 것도 어렵다는 것이다. 뿐만 아니라 복지국가의 발전에는 주요한 다수파 정당뿐만 아니라 그와 함께 연대 가능한 중간적 세력(농민, 화이트칼라, 중간계급 등)의 정치적 동맹의 연합형성이 또한 중요하다. 결국 복지국가의 성취는 과반수의 획득이라는 선거에서의 정치적 승리에 의해 성취할 수 있기 때문일 것이다(에스핑-앤더슨, 2006 : 45-47).

복지체제이론을 주장한 에스핑-앤더슨은 권력자원이론의 대표적인 학자이기도 하다(김영범, 2001; 에스핑-앤더슨, 2006). 그는 특히 복지의 관대성과 탈상품화 수준이 가장 높은 사회 민주주의적 북유럽 국가들에 대한 세밀한 연구를 발전시켰다. 그는 사민당이 농민과 중간계급의 연합 정치를 실현하기 위해 보편적 복지국가를 발전시켰다는 점도 부각시켰다. 하지만 에스핑-앤더슨이 권력자원이론을 주장하였다고 해서 그 외에 다른 이론을 등한시했다고는 볼 수 없다. 그는 산업화론, 구조주의이론, 제도주의이론 모두 복지국가의 비교연구에 주요한 기여를 하였고, 복지국가의 발전을 이해하는 데 핵심적 통찰을 주어왔다는 점을 강조한다.

3) 제도주의적 관점

마지막 세 번째의 복지국가 이론은 제도주의학파이다. 여기서 "제도"란 정치적 제도와 복지국가 제도, 두 가지를 주로 의미한다. 일찍이 윌렌스키를 비롯한 산업화론자들은 사회보험 입법의 시기를 변수로 헌정체제상의 차이가 입법시기를 강력하게 예측한다는 것을 발견한 바 있었다(윌렌스키, 1992). 사회보험 입법을 선구적으로 도입한 나라는 독일로서 입헌군주 국가였으며, 당시 자유민주주의의 선진국과는 거리가 멀었다. 반면에 자유민주주의제도가 일찍 발달한 영국의 경우, 의회제도는 시장에 대한 개입에 정당화를 제공했지만 동시에 자유방임적 신조로 인해 시장개입을 저해하여 복지국가 프로그램 제도화를 늦추게 되었다. 또한 권력이 집중화된 나라들은 복지제도의 도입이 빨랐던 반면에 분권화된 나라들은 대체로 복지국가에 도달하는 데 뒤처진 경험을 가지고 있었다. 미국은 주정부들이 지방화된 자율적 권력을 행사함으로써 연방에서 도입하는 사회보장 및 의료개혁에 정치적 영향력을 행사한 대표적 사례로 알려져 있다.

위와 같은 제도주의적 이론은 경로의존성(path dependence)이나 거부권 행사자(veto players)라고 개념화할 수 있다(Starke, 2008 : 30). 이러한 개념에 포함되는 것으로는 권력의 집중/분산, 승자독식의 선거제도, 의회와 사법제도의 구조 등이다. 권력이 분산된 나라에서는 당파적 거부권 행사자의 개입과 승인(혹은 거부)으로 인해 복지국가의 변화도 더디게 나타난다. 반면에 중앙 집중화된 나라는 행정부가 타협의 압력을 덜 받게 되므로 강력한 변화를 가져올 수 있다. 또한 최다 득표자만 당선되는 선거체제는 단독 집권당에 권력을 집중시키는 경향이 있지만, 비례투표로 다수의 정당체계가 성립되는 경우에서는 연합의 정치가 발전될 경향이 클 것이다.

이러한 선거 및 정치체제가 정책에 미치는 영향에 대하여 학자들의 견해는 갈리는 편이다. 즉, 한편에서는 권력집중의 인과관계가 불확실하고, 다당제 비례투표도 복지의 확대와 축소에 모두 제약을 가할 수 있다고 본다. 다른 한편으로는 비례투표제가 복지와 공공부문의 확대에 강하게 연관되어 있고, 승자독식의 선거제도가 적은 정부지출예산을 선호한다는 연구들이 최근에 나온 바 있다(Ibid. : 31).

특히 최근 제도주의에 대한 관심이 고조되는 이유는 세계화와 신자유주의 영향으로 복지국가의 축소 혹은 재편이 전 세계적인 변화압력으로 작용하고 있기 때문이다. 제도주의는 특히 복지국가의 제도들이 이러한 변화압력과 정치적 공세에서 어떻게 방어선을 구축하는지 혹은 사회복지 프로그램이 유지되거나 축소되는지 하는 제도적 설명에 많은 관심을 가지고 있다(반 커스버겐, 비스, 2017 : 47-51).

오늘날 복지국가는 전통적 복지국가 발전 시기의 정치적 지형에 더 이상 의존하지 않게 되었으며, 새로운 복지국가의 정치 맥락은 좌파와 우파 모두 예산 제약으로 복지확대를 꺼려하게 만들었다. 하지만 복지제도가 발전했던 기간에 사회복지 프로그램의 유지에 이해관계를 갖게 된 세력이 생김으로써, 복지를 확대하기도 어렵지만 축소할 경우의 비난도 감당하기 어렵기 때문에 좌우의 모든 정당들이 그저 복지국가의 현상 유지를 원하게 된다는 것이다. 이는 복지의 경로의존성과 탄력회복성이 동시에 작동하고 있다는 의미일 것이다.

한편 사회적 시민권은 복지국가의 구조적 성격을 규정하는 주요한 제도적 개념이다. 민주주의의 발전과 복지국가의 발전이 반드시 비례하는지에 대해서는 논쟁의 여지가 있지만, 두 제도 사이에 존재하는 연관성을 부정하기는 쉽지 않을 것이다. 시민권의 개념을 복지국가와 관련해서 상세히 논의한 마샬(T. H. Marshall)은 시민권이 공민적, 정치적, 사회적 차원을 가진다고 주장한 바 있다(에스핑-앤더슨, 2006 : 42-51). 영국의 역사에서 공민적 권리는 18세기, 정치적 권리는 19세기, 사회적 권리는 20세기에 각각 발전하였으며, 사회적 권리가 바로 시민들의 복지에 대한 요구를 할 수 있는 법적 권리라고 보았다. 에스핑-앤더슨은 이러한 사회적 권리로 인해 자본주의 경제에 맞서 시장에 의존하지 않고 시민들이 자신의 생계를 유지할 수 있는 탈상품화가 발생한다고 해석하였다.

사회적 시민권은 특히 1980~1990년대에 신자유주의의 복지축소 시도에 대항할 필요성이 제기되면서 더 많은 주목을 받았다. 즉, 사회적 시민권은 민주주의 발전으로 시민들이 획득한 권리이고, 이를 제한하려는 정치적 시도는 시민들의 권리를 침해하는 것이라는 주장이 제기되었던 것이다. 한편 영국의 사회적 시민권(social citizenship)과 유사한 개념으로서 프랑스에서는 사회적 연대성(solidarité)라는 개념이 상응하는데, 이는 주로 사회보험급여에 대한 권리나 직업적 조합의 연대성을 의미한다(Bussemaker, 1999 : 27-37). 그런데 1990년대부터 장기 실업률이 치솟자 실업급여의 혜택을 받을 수 없었던 이민노동자나 장기실업자, 도시주변부의 소외계층들에게는 시민권 혹은 사회적 연대의 원칙이 적용될 수 없었고, 이로 인해 사회적 배제(social exclusion)의 문제가 발생하게 되었다. 이러한 취약집단들에게 사회적 연대성은 별로 효과적인 안전망으로 작동하지 못했던 것이다. 결국 경제적 구조의 변동은 기존 제도의 한계점을 노정하게 되고, 이로 인해 새로운 빈곤층 혹은 사회적 배제 계층을 보호할 새로운 정책 방향이 비교 사회정책적 관점에서 모색되고 있다.

4. 맺음말

본 장에서는 비교연구의 방법론적 쟁점과 비교복지국가 연구의 이론들을 살펴보았다. 비교연구에서는 다양한 문화를 가진 여러 사회에서 어떠한 기준을 가지고 비교를 할 것인지에 대한 비교의 축에 대한 문제와 마찬가지로 비교의 기준으로서 변수의 시간 및 공간적 변수화의 문제를 검토하였다. 이러한 문제는 비교연구가 어떻게 가능하고 비교가 가지는 맹점이 무엇인지를 성찰할 수 있게 해주는 중요한 방법상의 쟁점들이다. 또한 복지국가를 비교할 때도 다양한 국가를 일반화된 이론으로서 조명하여 적절한 이론적 틀로서 설명하는 것이 중요한데, 기능주의(산업화론)와 갈등이론, 제도주의 관점 등에서 어떻게 복지국가의 발전을 설명하는지 핵심적 개념을 중심으로 개괄하였다. 이후의 장에서도 이러한 주요 관점과 이론들이 복지국가 및 영역별 사회정책에 적용되는 사례들을 중심으로 살펴볼 것이다.

CHAPTER

05

복지국가 체제의 비교

1. 복지국가의 비교역사적 연구
2. 복지국가의 위기론과 비판(전망)
3. 복지국가와 부문별 비교연구의 쟁점

CHAPTER

05 복지국가 체제의 비교

1. 복지국가의 비교역사적 연구

1) 비교역사적 연구들

우리는 항상 일상적으로 모든 것을 비교하면서 살고 있다. 어떤 것이 크거나 작다, 높거나 낮다, 혹은 무엇이 더 좋고 나쁜지를 은연중에 비교하면서 생활한다. 그런 점에서 비교연구는 인간의 원초적 사고방식이나 여타의 사회과학적 방법론과 잘 구분되지 않는 모호한 개념이기도 한 것이다.

비교방법이란 두 가지 이상의 실험집단과 통제집단을 비교하는 실험연구 설계의 방법과 유사하며, 비교분석에서는 일반적인 양적 접근과 동일한 통계적 방법이 널리 활용된다. 따라서 비교한다는 것 자체는 다른 여러 사회과학적 방법과 비교하여 특별하게 구분이 되지 않는다는 비판도 제기된다. 결국 비교연구는 앞서 살펴본 대로 인류학, 사회학, 정치학, 행정학 등 다양한 학문 분야에 걸쳐 있을 뿐만 아니라, 다른 여러 사회과학 방법론에도 공동 적용될 수 있는 유연한 분석방법이라 할 만하다(Clasen, 1999 : 35).

특히 역사적 방법과 비교연구방법의 결합은 거시적이고 장기적인 관점에서 사회의 변동 양상과 사회구조의 획기적 변화를 이해하는 데 유용한 접근법이 될 수 있다. 이른바 비교사라고 불리는 비교방법과 역사학의 대화는 구체적인 역사적 사실에 근거하여 추상적이고 일반적인 사회 이론을 구축하려는 시도로서 다양하게 논의되어 왔다(김웅진 외, 1995; 김용학, 임현진, 2000).

복지국가의 역사는 그리 오래되지 않았다. 구빈법이나 자선활동 등의 논의를 제외하고, 복지국가만의 역사를 살펴보면 그것은 19세기 중후반부터 20세기에 걸친 백여 년의 역사를 가지고 있을 뿐이다. 비교사적 사회학 연구로 저명한 스카치폴(Theda Skocpol)은 여러 사회학자 및 사회정책학자들과 함께 공저한 저서(Rueschemeyer and Skocpol, 1996 : 17-27)에서 19세기 중반 이후 20세기 초반에 사회정책과 사회적 지식의 상호작용을 심도 깊게 탐구하고 있다. 이들에 의하면, 그때 당시 역사적으로 국가의 정책과 사회과학자들의 사회적 지식이 결합하여 사회정책과 사회보장의 발전에 심대한 영향을 주었다고 보고 있다. 그 구체적인 예로는 19세기 말 영국에서 수정자유주의(New Liberalism)와 페이비언 협회(Fabian Society)의 발전, 독일에서 사회정책 협회(Verein fur Sozialpolitik)의 영향력이 국가제도로서 사회정책의 발전과 밀접한 연관성을 가지고 상호작용했다고 주장하였다.

당시 근대화에 박차를 가하고 있던 유럽의 국가들은 계몽적 지식인 학자들의 사회과학으로부터 영향을 받아 발전하고 형성되었다. 중세와는 다른 새로운 아이디어를 시민사회로부터 제공받아 협력하였고, 이를 통해 빈곤구제나 실업으로부터의 보호, 시민들에 대한 사회안전망의 개발 등을 통해 국가권력의 정당화에 의미를 부여받기도 하였다. 이처럼 국가와 시민을 연결하는 시민사회로부터의 새로운 아이디어가 복지국가의 역사적 발전에 큰 기여를 하였는데, 이것이 바로 사회적 지식(social knowledge)이었다.

한편 복지국가의 발전을 산업화이론으로 설명한 윌렌스키는 비교복지국가의 이론에 선구적인 기여를 했지만, 주로 단선적인 통계적 분석으로 복지국가에 접근하였다. 이후 에스핑-앤더슨은 정치와 경제, 사회정책의 상호작용을 다차원적으로 분석함으로써 복지국가들 간의 차이점을 복지체제의 비교라는 개념으로 이론화하였다. 이런 점에서 에스핑-앤더슨은 복지국가의 발전이 수렴된다는 논의를 넘어서 다양한 요인의 상호작용을 역사적으로 비교분석할 수 있는 국가 사례들의 비교연구에 주요한 기초를 제공한다.

역사적 사례의 비교연구에는 발전의 규칙과 인과관계를 탐구할 뿐만 아니라, 사회의 발전 이념 유형에 따른 모형과 유형화(typologies)를 시도하기도 한다. 에스핑-앤더슨도 상품화 정도에 따라 복지국가 비교의 유형화를 구성하고, 이를 복지체제(welfare regimes)의 모델로 개발하게 된다. 사실상 복지국가의 비교 유형화는 에스핑-앤더슨뿐만 아니라 선행하는 많은 학자들에 의해서도 개발된 바 있다.

〈표 5-1〉 복지국가의 유형론

사회복지학자	유형		
윌렌스키 (H. L. Wilensky)	잔여적 복지		제도적 복지
티트머스 (Richard Titmuss)	잔여적 복지 모델 (Residual welfare model) • 최후의 임시적 구제로서 복지 모델	산업적 성취-수행 모델 (Industrial achievement-performance) • 복지제도를 경제의 부속물로서 보는 관점	제도적 재분배 모델 (Institutional redistributive) • 욕구에 기반한 보편적 복지서비스 모델
에스핑-앤더슨 (Esping-Andersen)	자유주의적 복지국가 (Liberal welfare) • 시장중심, 자산조사, 제한된 복지혜택(영국, 미국, 호주 등)	보수주의적 복지국가 (Conservative welfare) • 강한 국가중심 복지, 민간부문 제한, 가족에 대한 보수적 입장의 복지국가(독일, 프랑스, 이탈리아 등)	사회민주적 복지국가 (Social democratic welfare state) • 사회적 권리실현 중심 복지국가, 보편적 사회보장(스웨덴, 노르웨이)

복지국가들의 다양한 복합성을 설명하기 위해 윌렌스키, 티트머스, 에스핑-앤더슨 등 여러 사회복지학자들의 유형론이 제시된 바 있다(표 5-1 참조). 우선 비교복지국가 연구의 대표적인 산업화론자인 윌렌스키는 복지국가의 역사적 발전 모델을 잔여적 복지모형과 제도적 복지모형의 두 가지로 구분하여 설명한 바 있다.

또한 리차드 티트머스는 잔여적 복지, 산업 성취-수행 모델, 제도적 재분배 모델의 세 가지 유형으로 복지국가를 구분하였다. 우선 잔여적 복지 모델은 가족이나 시장이 만족스러운 복지 욕구를 충족하지 못했을 때에만 복지제도가 최후의 구제책으로 작동하는 모형을 말한다. 다음으로 산업적 성취-수행 모델은 경제의 유연한 기능 수행을 위해 사회정책이 보충하는 역할을 암시한다. 여기서 사회보장과 복지제도 역시 산업적 시장 경제의 원리에 따라 재분배된다. 마지막으로 제도적 재분배 모델은 복지의 욕구에 기반하여 국가가 보편적 원리에 따라 복지서비스를 재분배한다. 이러한 티트머스의 삼분적 복지국가 유형론은 에스핑-앤더슨에게도 영향을 주었다.

2) 복지체제론과 세 가지 복지자본주의 유형 : Gosta Esping-Andersen (Three Worlds of Welfare Capitalism, 1990)

1990년대 들면서 복지국가 간의 차이는 어디에서 기인하는지 역사적 연구가 활발해지게 된다. 산업화가 복지국가의 발전을 설명하는 가장 강력한 요인인지, 모든 산업화된 국가들은 복지국가로 수렴할 것인지 논쟁이 계속되었다. 산업화와 민주화는 서로 밀접한 관계가 있지만 산업화, 복지국가, 민주화 사이에 불일치가 나타나는지 설명하는 데 의문도 제기되었다. 예를 들어, 산업화가 가장 빨랐던 영국의 사회보장제도 도입은 산업화와 민주화에서 그보다 뒤졌던 독일보다 왜 늦었을까? 역사적으로 국민투표가 (모든 성인 남자에게) 보편화된 연도(프랑스 1848년, 독일 1871년, 스웨덴 1909년, 이탈리아 1913년, 영국 1918년)는 의료보험의 도입 연도(독일 1884년, 스웨덴 1891년, 영국 1911년, 프랑스 1930년)와 시기적으로 일치하지 않는다는 점을 보여준다(윌렌스키, 1992). 민주화가 가장 급속했던 프랑스는 왜 의료보험을 의무화하는 데 가장 늦었던 것일까? 이에 대한 설명은 정치적 요인 때문이라는 설명이 유력한데, 처음으로 의료보험을 의무화한 독일은 가장 권위주의적이고 가부장적이었던 반면에, 민주적 의회제도가 먼저 발달한 영국과 프랑스는 복지국가의 발전이 상대적으로 뒤처지는 결과를 가져왔다. 복지국가 유형의 차이를 설명하기 위한 이론으로서 복지체제론은 복지국가의 결과가 시장, 가족, 국가 투입의 역사 및 제도적 혼합물로 이루어진다는 사실을 강조한다.

에스핑-앤더슨은 제2세대 비교복지국가론의 선두로서 권력자원이론(복지국가의 정책발달이 노동계급세력의 정치적 요구 때문이라는 이론)을 주장하였다. 하지만 스웨덴이나 스칸디나비아, 유럽의 경험을 중심으로 일반화한 약점이 있었다. 복지체제론에서는 세 가지 유형의 복지자본주의(자유주의, 보수주의, 사민주의)가 발전함으로써 전개되어 왔고, 복지국가의 발달에 차이가 나는 것은 정치적 투쟁의 결과로서 역사적 제도의 혼합물로 나타난다(에스핑-앤더슨, 2006 : 14).

우선 에스핑-앤더슨의 복지체제 발전에 관한 설명에 따르면, 복지국가는 노동자계급을 대변하는 정치적 집단의 세력이 커질수록 발전한다고 보았다(권력자원이론). 하지만 의회민주주의 제도를 통한 정치적 권력의 지배를 중요시하였고, 민주제도를 통하여 제도화된 권력투쟁으로 사회권의 확대가 이루어진다고 보았다(제도주의이론).

하지만 이러한 에스핑-앤더슨에 대한 비판도 제기되었는데, 사회민주주의 세력보다는 보수주의자(예컨대, 비스마르크의 사회입법)에 의해 복지국가 프로그램들이 도입된 점을 설명하지 못한다는 점이다. 또한 에스핑-앤더슨의 이론이 스웨덴과 북유럽의 사례에는 설명력이 있을지 모르지만 모든 나라에 일반화하기 어려운 점이 있다는 것도 사실이다.

에스핑-앤더슨의 복지국가 유형화는 여러 비교복지국가의 유형화 논의 중에 가장 체계적이고 논리적인 설명으로 평가된다. 에스핑-앤더슨의 복지체제(welfare regime) 유형은 현재 일반적으로 받아들여지고 있는 자유주의적, 보수주의적, 사회민주주의적 복지국가의 유형(탈상품화 지수에 의해서 구분)으로 분류하고 있다(에스핑-앤더슨, 2006 : 53-91).

(1) 자유주의적(liberal) 복지체제

시장복지와 자산조사에 의한 공공부조가 강조되는 잔여적 역할의 복지체제이다. 빈곤층에 대한 최소한의 복지에 초점을 맞추는 경향이 있고, 민간부문과 가족, 근로조건을 강조하는 복지를 제공함으로써 실질적으로 시장을 강화하는 결과를 낳는다. 자유주의적 복지체제로는 미국(13), 캐나다(22), 호주(13) 등이 있다(괄호 안의 숫자는 탈상품화 점수).

(2) 보수주의적(conservative) 복지체제

강제적 국가 사회보험제도가 주된 복지프로그램으로서 작동하는 복지체제이다. 사회보장제도가 엄격한 사회보험의 자격제도와 고용에 의존하는 보수주의적 체제이므로 사회적 지위의 유지에 대한 강조가 전제조건이다. 소득에 연계한 사회보험으로서, 재분배 효과가 적다. 이탈리아(24), 프랑스(27), 독일(27) 등이 대표적인 나라들이다.

(3) 사회민주주의적(social democratic) 복지체제

시장의 기능을 약화시키고 보편적 복지국가의 추구를 사회적 권리로 인정하는 복지체제이다. 사회의 모든 구성원이 복지급여를 받고, 국가에 의존하고, 모든 사람이 지불할 의무가 있다고 본다. 복지를 가족의 복지능력이 약화될 시점까지 기다리지 않고, 미리 가족생활의 비용을 사회화된 보호를 통해 직접적 책임을 진다. 스웨덴(39), 노르웨이(38)가 대표적인 국가이다.

에스핑-앤더슨 복지체제론의 한계점은 앞서도 설명한 바와 같이 주로 북유럽 복지국가의 상황을 강조하여 다른 나라에 일반화하기 어렵다는 점에 있다. 또한 분석의 초점을 사회보험 프로그램에 집중시키고 사회 서비스나 의료보장에 대한 적용이 매우 제한적이라는 한계도 존재한다. 그리고 사회정책을 시장과 국가, 임금노동과 자본의 관계맥락으로만 파악하였고, 국가-시장영역을 넘어선 관계를 제대로 파악하지 못하고 있다는 비판도 존재한다.

에스핑-앤더슨의 복지국가 유형론은 탈상품화와 함께 사회복지의 혼합(welfare mix) 형태가 다르게 조합되어 있다는 점에서도 차이가 분석될 수 있다. 사회복지의 제공자가 다양화되고, 시장, 국가, 가족, 공동체 혹은 시민사회의 관계가 어떻게 되느냐에 따라 다른 형태의 복지국가 유형 구분이 가능하다.

즉, 영국은 복지제공에 시장과 가족이 강한 자유주의 유형, 유럽 대륙 국가들은 가족, 국가, 시민사회가 강한 조합주의적 보수주의 형태, 스칸디나비아 국가들은 국가가 주로 그 역할을 맡고 있다고 볼 수 있다.

① 독일은 보수주의(계급반목을 무마하기 위한 사회정책의 목적이 맞추어짐)적 복지국가로서 최초의 사회보험제도를 도입한 사회보험 국가이다. 이는 강력한 국가주의에 기반한 위계적 복지국가를 지향하였고, 노동자에 대한 정책이 시장과 임금에 기초한 것보다는 가부장적 권위주의에 기반(국가에 대한 충성심과 그에 대한 보상을 강조)해 있었다.

한편 보수주의 복지국가들은 조합주의적 성격도 가지는데, 그 기원은 중세 유럽의 길드제에서 유래하였다고 볼 수 있다. 직업에 기초한 상호부조가 산업화가 진전됨과 함께 자유주의에 대항하는 하나의 보수주의적 체제로 등장하여 삼자합의주의[노사정 합의(tripartism)]로 발진하였다. 이러한 조합주의적 복지국가는 평등 추구보다는 안정성 추구와 사회적 계층화를 유지 내지는 강화시키는 역할을 할 수 있었다. 특권적인 직업조합은 강력한 자기이익 수호를 위해 노력하는 경향을 보인다. 이러한 조합주의적 성향이 유럽 대륙 국가들에 많이 나타나는 것은 산업화의 뒤늦은 후발국으로서 중세적인 직업조합, 즉 길드제도가 영국보다 오랫동안 지속되었기 때문으로 볼 수 있다.

② 영국의 경우는 자유주의적 전통이 강한 복지국가로, 자유주의는 개인의 자유와 기회평등을 가장 주요한 목표와 가치로 본다. 자유주의는 또한 국가가 개입하는 데 대체로 강하게 반대하며, 국가가 어떤 식으로든 사회계층제를 변화시키거나 시장의 정당한 분배기능을 교란시키는 것에 대해서도 반대한다(절대군주제에 대한 반대로부터 탄생한 시대적 기원 때문임). 또 자유주의는 복지에 있어서의 이중주의(dualism, 2개의 국민화되는 것)적으로서, 노동시장에 적응하지 못한 빈민은 스티그마와 열등처우에 의한 구제를 받고, 중간계층은 사회보험에 입각한 기여에 대한 복지를 받는다(잔여적 복지개념).

③ 북유럽의 복지국가들은 높은 수준의 보편적 급여를 제공하며, 전체 국민에 대한 사회적 권리를 폭넓게 보장하는 복지를 목표로 추구한다. 개인의 자립을 지향하며, 중간계급을 포괄하는 사회적 연대성에 기반한다. 또한 높은 수준의 보편적 보육제도와 양성평등에 기반한 가족정책으로 여성 경제활동과 일-가족의 양립정책을 선도적으로 실시하고 있다. 스웨덴, 노르웨이, 핀란드 등의 스칸디나비아 국가들이 포함된다.

그리고 에스핑-앤더슨의 연구에서 다루지 못했던 동아시아 및 한국의 복지국가는 어떤 설명이 가능할까? 작은 정부, 기업복지체제, 가족주의(유교적 전통을 공유하는 일본, 한국, 대만 등의 복지국가들)가 특징적인 동아시아 국가들은 사회보험과 사회복지 제공으로 가족의 역할을 강조해 왔다는 공통점이 있다. 동아시아 국가들은 역사적으로 매우 밀접한 관계가 있어 왔고, 중앙관료적 산업정책, 수출주도형 경제, 높은 경제성장률 등을 공통점으로 들 수 있다.

이러한 동아시아적 복지국가에 대하여 에스핑-앤더슨은 구체적 설명을 하고 있지는 않지만, '제4의 복지체제 유형'이 존재하는지 여부에 대한 논쟁에 덧붙여 짤막하게 언급을 하고 있다(에스핑-앤더슨, 2006 : 14-16). 동아시아 국가들이 가족주의, 사회보험 중심 체제, 국가의 잔여적 역할 등에서 공통적이라고 보고, 이들이 자유주의와 보수주의 체제의 혼종(hybrid) 체제에 가깝다고 보았다. 또한 비스마르크의 사회보험이나 영미의 사회복지체제를 학습하여 제도화한 공통점도 있다(어떤 단일의 이론적 아이디어를 일관성 있게 적용하기보다는 여러 가지 원천으로부터 학습을 통해 사회복지제도를 발전시켜옴).

한국의 경우 복지국가 발달이 위로부터의 복지 도입으로 주로 이루어져 왔다는 점에서 국가 주도적이라는 특징을 가진다. 하지만 국가복지의 수준은 최소한으로 제한되어 왔다. 대표적인 예로써 의료보험이 당시 분단체제로 인한 체제 간 경쟁으로 도입됨으로써, 사회보험을 도입할 경제적 뒷받침이 미비했다는 점도 특징적이다. 또한 동아시아의 국가들은 사회복지 제공에 있어 가족의 중요성을 강조한다는 점과 유교적 가치관에 기반한다는 공통점이 있으며, 높은 교육열과 집단적 책임의식도 유사점으로 지적된다.

2. 복지국가의 위기론과 비판(전망)

1) 서구 복지국가 위기론

서구에서 1970년대의 경제성장률은 평균 5%대였고 실업률은 3% 정도였지만, 1980년대에는 평균 3% 미만의 경제성장률과 10%대의 높은 실업률을 겪게 되었다. 또 산업구조의 변화로 서비스 산업종사자 비율이 높아졌고(생산성 향상이 어려움), 파트타임, 임시직 고용비율도 증가했다. 서구 복지국가들은 1970~1980년대 국민 경제에서 사회복지지출이 차지하는 비중이 뚜렷이 높아졌다. 예컨대, 스웨덴은 1960년대 10.8%에서 1980년 32%로 3배 이상 증가하였고, 그 밖의 국가들도 2배 이상 증가를 나타내었다.

하지만 1995년에 이후에는 33% 정도로 늘지도 줄지도 않는 상황이다. 복지국가에 대한 비판이 높아짐에도 불구하고 사회복지 수요가 증대하여 정치적으로 사회복지의 축소가 쉽지 않고, 경제적 상황이 나빠지면서 실업으로 인한 수당의 지급 등 오히려 사회복지욕구는 증대해 오고 있다.

이로 인한 사회복지정책의 변화는 ① 복지급여의 소득대체율을 감소(예컨대, 스웨덴의 질병수당과 실업보험의 소득대체율이 90%에서 80%로)시키거나, ② 사회복지수혜자격을 까다롭게 만들거나(대기기간연장과 기여금부담 증대 등), ③ 공적부조나 실업보험의 수혜자가 되기 위해서는 직업훈련 받기나 구직활동을 강조하고 있다(워크페어, 근로조건 강화 등). ④ 사회복지전달체계에서는 바우처제도를 도입하는 등 민영화를 강조하고, ⑤ 사회복지 부담을 줄이기 위한 소세부담률을 경감하기도 한다.

복지국가 축소의 논리적 근거는 무엇인가? 과다하게 사회복지지출이 확대되면 사용자 입장에서는 조세부담(사회보장세)이 커져서 총노동비용이 늘어나고, 근로자 입장에서는 조세부담과 일을 하지 않아도 사회복지급여를 받으므로(높은 소득대체율) 근로동기가 줄어들며, 높은 조세부담으로 개인의 저축동기도 줄며, 사회적 자원의 비효율적 배분이 발생하여 생산성이 높은 부문으로의 사회적 자원 배분이 이루어지지 않는다. 또 사회복지의 확대는 가족해체를 낳아 노인단독이나 여성세대주가구를 증가시켜 생산 참여 인력을 감소시킨다는 주장이다.

하지만 이러한 주장에 대한 반론도 역시 제기된다.

① 노동비용이 커져서 국제 경쟁력이 떨어진다는 논리는 대체로 영미의 신자유주의 경제학자들에 의해 주장되었지만, 사회보험부담금은 영국이 9%, 미국이 7% 등으로 다른 유럽 국가들인 스웨덴(24%)이나 독일(16%)보다 오히려 훨씬 낮은 편이다. 스웨덴이나 독일이 영국에 비해 국제 경쟁력이 낮지는 않은 편이므로 경쟁력과 큰 상관이 있다는 주장은 근거가 약하다.

② 사회복지의 확대가 노동활동인구의 근로동기에 크게 영향을 미칠 것이라는 주장 역시 설득력이 약한데, 적극적 노동시장 정책으로 여성의 경제활동 참가율이 높은 스웨덴에서는 오히려 복지를 통해 근로참여율과 출산율을 동시에 높일 수 있다는 모범적 사례로서 보고되고 있다.

③ 복지국가가 수혜자들의 의존성을 높인다는 주장에 있어서도, 장기 빈곤자는 대부분이 고령층, 교육수준이 낮거나, 건강이 나쁘거나, 장애인, 한부모 가정 등으로 일을 하려 해도 가난에서 벗어나기 힘든 집단들로 볼 수가 있다. 따라서 복지 수급자들이 자립을 선택할 수 있음에도 자발적으로 복지프로그램에 의존하려 한다는 주장은 설득력이 약하다. 복지프로그램의 지원이 꼭 필요한 사람들에게는 복지 급여가 사회권으로 인식되어 가는 추세이고, 사회보험은 기여에 대한 계약상의 권리로 인정되기 때문에 의존성이라고 볼 수가 없다. 따라서 빈곤층에 대해서는 도덕적 비난(개인의 잘못인가, 복지수혜의 자격이 있는가 등)의 대상이라기보다는 그들의 욕구가 제대로 충족되고 있는지를 고려해 보는 것이 중요하다.

2) 한국 복지국가의 전망

한국 복지국가의 현 지점은 어디이고, 그 전망은 어떠할 것인가? '한국 복지국가의 성격논쟁(김연명 편, 2002)' 연구에서 우리의 복지국가는 자유주의적이라고 보기도 어렵고 보수주의라 부르기도 어려운 혼합형이라고 보고 있다(에스핑-앤더슨의 복지체제론 참조).

우선 자유주의적 복지국가라는 주장은, 생산적 복지의 내용이 주요 표적을 저소득층에 맞추고 있으며(국민기초생활보장 : 공공부조의 활성화), 국가의 개입을 최소화하는 경향이 있다는 면에서 자유주의적 특징이 나타난다는 것이다.

이에 대해 김대중 정부에서 사회보험제도가 공적관리와 임금근로자와 자영자 통합관리, 연대를 넓게 설정하는 통합화(건강보험) 등 확대 적용됨으로써 대상범위가 넓어졌다는 점에서 국가책임의 강화가 이루어졌다고도 본다. 또한 국민기초생활법이 빈곤에 대한 책임을 국가에 부여하고 수혜자격을 완화하였기 때문에 기존의 자유주의적 가치에서 빈곤에 대한 사회적 책임을 확대하였다는 주장도 제기된다.

김대중 정부에서 소득보장제도를 확대함으로써 국가복지가 강화되었다는 주장은 또한 보수주의적 성격이 강해졌다는 의미로 해석할 수도 있다. 즉, 김대중 정부의 소득보장정책은 제도 자체로서는 보수주의적 복지체제의 제도적 특징을 보이지만, 사회보험의 확대가 지위의 차별화보다는 사회연대성을 강화하는 방향(농민, 노동자, 자영자가 한 제도에 포괄되는 방식으로 전 국민 연금을 확대한 것)으로 추진되었다고 볼 여지도 존재한다.

한편 한국을 혼합모형의 복지국가로 볼 경우, 아직은 사회보장제도의 미숙함이 존재한다는 점도 인정해야 한다. 보수주의와 유사한 방향으로 가고 있다는 점은 여전히 노동시장과 사회보장이 차별적으로(보수주의 유형) 작동한다는 점, 낮은 장기 실업률과 높은 소득 불평등은 자유주의적 경향이라는 점(즉, 제도는 보수주의적이면서 결과는 자유주의와 보수주의의 혼합으로 나타나고 있음, 사회보장제도의 미숙, 국민연금 및 실업보험이 1980년대 후반 및 1990년대 중반에 시작되었고 공공부조도 수혜를 받는 집단이 극히 제한적임)에서 미숙한 혼합형 복지국가로 규정할 수 있다. 향후 한국의 복지국가는 소득보장중심의 보수주의로 나갈 경우 실업이 증가할 것이고, 복지축소와 노동시장유연화(자유주의)를 지향할 경우 정규직의 저항에 직면할 것이라는 과제를 안게 된다. 미래는 불안정한 노동시장으로 인한 소득 불평등의 급속 증가, 사회적으로 배제된 소수를 노동시장에 복귀시키는 문제가 해결해야 할 숙제로 남게 될 것이다. 한국은 다수의 불안정 취업자 소득 보장과 비정규 노동자들의 고용문제를 어떻게 해결할 것인지가 과제라고 볼 수 있다.

3. 복지국가와 부문별 비교연구의 쟁점

산업화이론이나 복지체제이론에서 살펴본 바와 같이, 사회정책과 복지국가의 체계적 연구는 비교연구와 밀접한 관련을 가지고 발전되어 왔다. 특히 에스핑-앤더슨의 복지체제론은 산업화이론의 총량적 복지지출에 관한 통계적 분석의 한계를 지적하고, 복지국가의 각 분야별 프로그램과 구체적 정책 분석을 통해 유형론을 발전시켰다. 즉, 대규모의 통계적 회귀분석(large-scale regression analysis)과 미시적 사례 분석(micro case studies)을 종합한 양적 연구 및 질적 연구의 결합이 바로 중범위적(middle ground) 체제이론이라고 볼 수 있다 (Clasen, 1999 : 4-6).

실상 초기의 비교연구에서는 각 저자들이 개별적 국가에 관한 따로따로의 국가별 연구를 수행하여 편집한 경우가 많았다. 하지만 그러한 연구는 진정한 의미에서 본격적인 비교연구라고 보기 어렵다. 비교연구는 국가별 연구를 통해 그 유사점과 차이점을 체계적으로 종합하고, 이를 이론적 수준에서 일반화하여 설명하려는 연구이기 때문이다. 비교연구는 어떤 정책이 왜 그리고 어떻게 발전해 왔는가(역사 및 이론적 설명), 어떠한 분야가 어떤 주요한 의미와 쟁점을 가지는가(서술 및 유형화), 그리고 그러한 정책의 결과는 어떠한가(평가와 정책 교훈의 학습, 적용)라는 문제의식과 연구과정으로 수행된다. 이번 절에서는 특히 보건의료정책과 가족정책이라는 복지국가의 주요한 두 경우를 부문별 비교연구의 쟁점이라는 측면에서 고찰하고자 한다.

1) 보건의료정책

보건의료정책의 초기 비교연구는 주로 소수 국가들의 사례연구를 분석하는 방법으로 접근해왔고, 일반화된 이론은 결여되었다. 이러한 연구 경향은 의료제도의 복잡성 때문에 사례연구에 의존하여 각 국가별 의료제도의 고유한 독특성에 기반하여 접근하는 것이 타당할 것이라 가정했기 때문이었다. 이로부터 각 국가별로 역사적 발전 환경의 영향에 대한 통계적 분석의 필요성이 제기되었다. 즉 국가 간 유사점(차이점)을 정치·경제·문화적 환경의 유사점(차이점)과 함께 분석할 필요가 있다.

보건의료정책의 분석가들이 일반 사회정책의 전문가들과는 상이한 훈련을 받고 상이한 관심을 가지고 있다는 점에 학제간(interdisciplinary) 조사연구와는 분리가 되었고, 그로 인해 서로 다른 학문분야가 협력해야 할 필요성도 제기되었다. 보건의료라는 분야는 전문적, 특수적이고, 그 재정과 전달체계가 개별국가들마다 매우 상이해서 비교가 용이하지 않기 때문이기도 하다(윌렌스키, 1992).

또한 보건의료정책의 비교에는 보건경제학자나 비교사회정책학자들에게 접근이 용이한 시장모형의 적용이 어렵다는 또 다른 난점이 존재한다. 시장모형의 일반적 특성과 그 적용의 어려움은 다음과 같다.

① 의료의 구입에 대한 결정은 주로 전문적인 제공자의 조언에 의해 결정된다. 즉, 정보의 불균형, 비대칭으로 소비자 선택권이 매우 제한된다.

② 의료비용은 보험에 의해 충당되거나 의료급여에 의해 무상으로 공급되는 관계로 소비자가 직접 지불하지 않는다. 이로부터 제3자의 지불 방식이 체계적으로 발전하게 된다(예컨대, 건강보험공단).

③ 보건의료서비스의 공급을 시장의 힘에 맡길 경우 저소득층, 취약집단 등

특정집단이 거부당할 수 있다(저소득층의 보건의료 보장제도는 의료급여 등으로 존재하지만 재정의 체불이 문제될 수 있다).

이 외에도 보건의료서비스는 다양한 독특성을 가지고 있는데, 예를 들어 의료에 대한 수요를 모두 충족시키는 것은 불가능하다는 문제점도 있다. 즉, 의료서비스가 더 많이 공급되면 그에 따라 기대수준도 같이 높아져 의료공급의 증가는 그에 상응하여 수요를 증가시킬 수가 있다. 예를 들면, 과학적 의료기술의 발전은 의료서비스에 대한 서비스 수요를 더더욱 증대시킨다.

그리고 인구의 고령화는 노인들의 의료서비스 필요성을 더욱 증대시켜 사회지출의 비용이 증가하기도 하며, 보다 장기간에 걸쳐 더 많은 비용이 드는 만성적 질병으로 유형이 변화하기도 한다. 의료부문은 특별히 노동집약적이어서 기술의 진보가 인건비를 잘 감소시키지도 않으며, 오히려 전문가들의 인력에 대한 수요를 더 증대시키기도 한다.

보건의료체제에 더 많은 시장원리 도입을 주장하는 사람들은 정부의 간섭이 의료공급의 효율성을 감소시킨다고 주장하고(국가 실패), 더 많은 국가개입을 주장하는 사람들은 정부의 통제가 의료의 비용을 감소시킬 수 있다고 주장한다(시장 실패). 과연 보건의료의 체계 효율성은 시장 혹은 정부개입 때문에 생기는가? 아니면 인적자본에 대한 투자(human capital investment)의 증대나 전문화된 기술의 도입에 의한 것인가? 이러한 질문은 어떤 목적과 기준에 따라 보건의료체계를 비교할 것인가에 달려 있을 것이다. 보건의료체계를 간단히 구분하면 아래와 같은 비교 분류를 할 수 있다.

국가독점 ←	국영의료시스템 (National Health Service) 영국, 스웨덴 등	건강보험 (Social Insurance) 독일, 프랑스 등	민간보험 (Private Insurance) 미국	→ 시장주도형

| 그림 5-1 | 보건의료의 체계별 비교

보건의료체계의 효율성을 측정하는 척도는 성과의 정도를 나타내는 지표로 측정할 수 있다. 우선 보건의료체계의 효과성은 그 결과로 성취된 국민건강의 수준으로 측정해 볼 수가 있다. 여기에는 구체적으로 사망률(mortality) 지표가 사용되거나 혹은 기대수명, 영아사망률, 유병률 등도 사용될 수 있다. 즉, 국민의 사망률 감소는 국민 건강수준의 향상으로 간주될 수 있는 것이다.

그러나 산업사회에서 의료비는 급격히 상승하는 경향이 있으므로 의료비를 효율적으로 통제, 감소시키는 것 역시 의료체계의 효율성을 측정하는 지표로 볼 수가 있다. 이를 비용성과(cost performance) 혹은 비용억제라고 한다.

또한 사회적 효율성은 최소한의 비용으로 국민 건강의 수준을 최대로 향상시킬 수 있는 것을 뜻한다. 만약 동일한 건강수준을 가진 두 나라가 서로 다른 의료비용을 지출했다면, 두 나라의 사회적 효율의 수준은 다르다고 할 수 있다. 건강의 형평성이라는 측면에서 본다면, 의료 서비스의 평등한 분배(지역적으로, 계층 간 등)는 사회적으로 더 건강한 사회를 형성할 수 있다는 측면에서 더 효과적인 의료체계라고 볼 수 있다(의료서비스에 대한 접근성의 향상, 의료인력과 재정의 지역적으로 형평적 분배).

이러한 기준들 사이에는 때로 양립 불가능한 기준도 있는데, 예컨대 의료의 질을 높이기 위해서는 형평성을 해쳐야 할 경우도 있고, 비용을 낮추면 건강수준이 떨어질 수도 있다. 그러면 이에 대해 정부개입은 어떤 역할을 할 수 있는가? 정부의 통제는 의료서비스의 가격과 의료 인력수급에 대한 통제, 병원과 의사들의 지역적 안배 등으로 비용을 통제하는 것이 가능하다. 보건의료체계의 효과와 효율성에 관여하는 변수들은 아래와 같다.

정부의 재정에 대한 통제 정부의 가격에 대한 통제 의료인력 인적 자원(1인당 의료인 수) 의료기술의 전문화 수준	×	비용(Cost) 건강수준(Level of health) 기술혁신의 확산속도(Speed of innovation diffusion) 사회적 효율성(Social efficiency) 형평성(Equity)

| 그림 5-2 | 보건의료체계 성과(performance)의 비교변수들 간 교차관계(Hollingsworth, Hage, Hanneman)

어쨌든 보건의료정책은 최근 들어 급증하는 의료재정에 대응하기 위하여 다양한 비용억제 정책을 강구하는 비교연구를 수행하고 있으며, 특히 보건의료서비스에서 민간과 시장의 역할이 가장 크게 작용하는 미국에서 보건의료지출이 가장 크게 발생하고 있기도 하다. 어떤 연구에 의하면 공공의료서비스의 비율이 10% 증대할 때마다 총 의료비 지출은 5%씩 감소한다는 보고도 있다(Clasen, 1999 : 80-85). 보건의료정책의 비교연구는 보건체계의 비교연구, 보건의료서비스의 성과에 대한 평가연구, 보건재정지출의 비교연구, 보건개혁과 보건의료제도의 비교연구 등 다양한 분야에서 연구가 이루어지고 있다.

2) 가족정책

가족정책은 최근 들어 특히 많은 국제적인 연구자들의 관심과 정치적 주목을 받아온 비교연구의 분야이다. 이는 '가족'이 복지정책의 매우 주요한 관심대상이기도 하며, 저출산 문제에 대한 세계적 관심과 여성의 고용이 노동시장에서 차지하는 비중이 증대되어 오고 있기 때문이기도 하다. 가족정책에 있어 비교연구에 제기되는 쟁점은 '가족'과 '가족정책'의 개념이 매우 다양하고 국가별로 유의미하게 차이가 존재한다는 사실이다(윌렌스키, 1992; Clasen, 1999).

가족정책 연구에 선구적인 역할을 해온 캐머만(Sheila Kamerman)과 칸(Alfred Kahn)의 『가족정책(Family Policy)』이라는 저서는 14개 주요 국가에서 국가정책과 가족의 관계를 비교적으로 연구하고 있다. 유럽의 많은 나라들이 가족과 관련된 정책에 많은 자원을 투입하고 있지만, 명시적으로 가족정책을 가지고 있다고 주장하는 나라들은 그리 많지 않다. 이는 역설적으로 많은 나라들이 가족에 관심을 가지고 정책적으로도 가족을 지향한 정책에 유념하면서도, 가족정책의 방법론과 개념에서 일치하기가 어렵다는 의미이기도 하다. 다양한 국가에 걸쳐 가족정책의 목적은 다르게 규정될 수 있기 때문이다(Clasen, 1999 : 95-97). 예컨대, 다양한 국가들마다 혹은 다양한 시대에 걸쳐 저출산 혹은 출산의 억제가 모두 가족정책의 목적이 되기도 하였고, 가족의 돌봄이나 경제적 지원 혹은 성역할에 대한 가족 특성의 사회적 변화 등 너무나 다양한 주제가 가족정책을 규정하는 상반된 사회적 이슈로 될 수 있기 때문이기도 하다.

캐머만과 칸은 이러한 복잡한 이슈를 인식하고, 가족정책을 명시적 가족정책과 암묵적 가족정책으로 구분하였다(윌렌스키, 1992; Clasen, 1999; Kamerman and Kahn, "Family Policy").

① 명시적(소극적) 가족정책

좁은 의미의 가족정책 개념으로, 직접적으로 피부양아동이 있는 가족에게 영향을 주는 목적으로 행해지는 국가의 적극적 정책만을 소극적으로 가족정책으로 보아야 한다는 개념이다. 명시적으로 가족정책이라고 볼 수 있는 소극적 의미에서의 협소한 의미로 보편적 아동수당, 보육정책, 유급 육아휴직 등으로 한정한다.

② 암묵적(통합적) 가족정책

목적의 통일성(가족의 안정, 복리)을 가지는 한 모든 가족과 관련된 정책을 통합적으로 가족정책으로 간주하는 개념이다. 하지만 목적의 모순성(저출산과 출산억제)을 가질 수 있고, 모든 것은 아무것도 아닌 것이 될 수 있기 때문에 사회복지정책 전체와 구분이 애매모호하다는 난점이 있다.

가족정책에 있어 통합적(암묵적)인 접근을 채택하고 있는 나라는 소수에 지나지 않는다. 가족정책이라는 이름으로 행해지는 프로그램들이 정책분석가들이나 행정가들 모두에 의해서 다른 사회정책들과는 분리된 것으로 간주되어 가는 경향이 생겨났으며, 각 프로그램들이 선별된 집단에 대해서만 제한적으로 적용되는 명시적(소극적) 가족정책이 더 선호된다. 또한 최근 들어 일과 가정(아동양육)의 양립을 위해 아동수당, 보육, 유급 육아휴직 등의 좁은 의미로만 가족정책의 개념을 사용하는 것이 보편화되고 있다. 가족정책의 비판자들은 가족정책이 사실은 사회통제의 수단이라고 보기도 한다. 하지만 정책을 위한 프로그램이 정착되면 그것들은 권리로서 인식되기 시작하고 또 최초에 의

도했던 목적만을 위한 것으로 머물러 있지는 않을 수 있다. 예를 들어, 출산장려를 위해 도입된 가족에 대한 지원은 여성의 고용이나 여권 신장을 위해서도 필요한 수단으로 간주될 수 있고, 가족 일반의 복지를 향상시키는 목적으로 간주되기도 한다.

CHAPTER

06

각국의 사회보장 비교연구

1. 각국의 공공부조 정책 비교연구
2. 각국의 산업재해보상보험 비교연구
3. 각국의 노인연금 비교연구
4. 각국의 노동시장정책 및 실업보험 비교연구
5. 맺음말

CHAPTER

06 각국의 사회보장 비교연구

사회보장(social security)이란 사회적 위험이나 불평등을 완화하기 위한 공공의 소득 이전 프로그램 및 제도를 일컫는다. 그 재원이 주로 피고용인과 고용주의 기여로 이루어지는 경우의 사회보험(social insurance)과 유사한 개념으로 사용되기도 하지만, 때로는 더 넓은 의미로서 국가 조세로 재원이 조달되는 경우를 포괄하기도 한다. 여기에는 공공부조, 산재보험, 연금보험, 실업보험 등이 포함된다.

복지국가가 사회보장제도를 통해 재원을 배분하는 방식은 크게 세 가지가 존재한다. 첫 번째는 소득 및 고용상태와 관계없이 특정한 사회적 범주에 속하는 경우에 급여를 제공하는 보편적 수당(universal benefit)이 있고, 두 번째는 기여와 고용상태에 따라 지급하는 사회보험(social insurance), 그리고 세 번째로 자산조사를 통해 수급자격에 따라 지급하는 공공부조(social assistance)가 있다. 본 장에서는 각국의 공공부조, 산재보험, 노인연금, 실업보험의 비교연구를 검토한다.

1. 각국의 공공부조 정책 비교연구

1) 빈곤정책의 목적과 공공부조의 분류

현대의 공공부조는 역사적으로 16세기 영국의 빈민법(Poor Law) 체제로부터 기원하였지만, 1948년 영국에서 국민부조법(National Assistance Act)이 탄생하여 빈민법을 대체하면서 구시대의 빈민법은 역사 속으로 완전히 사라지게 되었다(Gordon, 1988 : 306-313). 따라서 사회복지제도로서 공공부조는 역사적으로 가장 오래된 빈곤정책이라고 볼 수 있다. 공공부조는 자산조사에서 빈곤선 이하로 판정된 저소득층으로서 다른 사회보장 프로그램의 수급도 어려운 가장 취약한 계층에게 주어지는 마지막 피난처에 해당되는 복지제도이다.

이처럼 공공부조는 오랜 기간 역사적 발전의 과정을 거쳐 왔고, 다양한 나라들에서 발전한 광범위한 제도의 혼합이어서 그에 대한 정치적 관점과 실제 내용 역시 복합적이다. 빈곤정책(Anti-Poverty Policy)의 목적은 공적부조와 다른 사회보장제도와의 혼합 방식, 정책의 목표가 되는 표적집단(targeting)의 범위, 빈곤에 관한 정치적 관점에 따라 아래와 같이 구분된다.

보편적 ←	① 전통적 사회보장 (공적부조+사회보험)	② 표적화 (targeting)	③ 자활 (self-help)	④ 도덕적 교화 (가족책임 강화)	→ 잔여적

| 그림 6-1 | 제도와 프로그램으로서 빈곤정책의 범위와 목적의 분류

① 보편적 제도로서 탈빈곤정책은 공공부조와 사회보험의 적용범위를 확대시켜 더 많은 취약계층에 대한 지원을 확장하고자 한다(전통적 사회보장과 공공부조의 확대). 이를 통해 더 촘촘하고 두터운 사회안전망을 구축하는 데에 목적을 둔다.

② 표적화(targeting)란 취약한 계층과 지역에 자원을 더 집중시켜 탈빈곤정책의 효율성을 제고시키고자 한다. 즉, 기존의 정부복지급여가 가진 한계점을 보완하기 위해 경제적으로 취약한 지역, 취약한 계층 및 사회집단에게 탈빈곤

프로그램을 집중적으로 제공하는 전략이다. 미국의 1960년대 빈곤과의 전쟁(war on poverty)에서 그 기원을 찾을 수 있다[빈곤구제를 위한 자원을 낭비하지 않고 효율적으로 집중 사용한다는 것이 기본적 발상(idea)이었다]. 슬럼가 등 취약지역에 집중적으로 교육과 고용프로그램(Community Action Program)을 통해 지원을 제공한다든지, 적극적 우대(Affirmative Action) 정책을 통해 흑인, 여성, 장애인 등의 대학입시 및 고용기회에 우선권을 주도록 한 제도 등이다. 그 근거는 흑인이나 취약계층 등이 역사적 차별로 인해 평등한 기회를 제공받지 못했다는 점이었다.

한편 표적화의 한계점으로는, 표적화를 통해 자원을 집중하여 효율적인 탈빈곤을 도모할 수 있지만, 그로 인해 다른 많은 표적을 놓칠 수 있다는 점이다. 전통적인 사회보장에 자원을 더 많이 투입하는 대신에, 특정지역, 특정집단에 집중적으로 사용함으로써 전체적인 효과성은 감소될 수 있다[구멍난 안전망(safety net)이 되지 않을까? 표적화된 집단 외의 다른 지역, 다른 집단은 어떻게 지원할 것인가? 빈곤정책의 자원이 진정으로 필요한(truly in need)한 사람에게 도달할 것인가?].

또한 ③ 자활(self-help)이라는 개념은 노력하는 자에게만 복지지원을 제공해주어야 한다는 입장을 말한다. 예를 들면, 근로를 조건으로 제공되는 근로연계 복지제도, 취업알선, 공공취로사업, 자활사업을 위한 생업자금 융자 등 낭비를 하지 않으며 자활의지가 왕성한 자를 지원의 대상으로 정한다. 자활지원은 취업과 창업을 통해 시장진입을 하도록 도움을 주고, 기존의 사회보장, 복지급여의 지급만으로는 자립에 성공할 수 없다는 입장에 기초하고 있다. 체계적인 상담과 자활의욕 고취, 훈련 등을 통해 자립을 지원하고, 노동시장에 대한 참여를 제도화한다.

하지만 자활은 노동시장 참여에도 불구하고 충분한 소득이 보장되지 못하는 근로빈곤(working poor)의 문제를 여전히 해결하지 못한다. 그래서 위와 같은 근로연계복지라고 알려진 자활적 탈빈곤대책은 복지수혜자를 흡수할 만한 충분한 일자리를 창출할 수 있는가, 또한 이들이 취업되더라도 비정규, 임시직 등으로 충분한 보수를 받아 빈곤에서 벗어날 수 있는가 하는 문제가 관건이다.

④ 도덕적 교화란 구시대 빈민법적 가치관으로서, 빈곤이 나태하고 노력하지 않는 개인의 도덕적 잘못으로 발생한다고 보는 견해이다. 따라서 빈민 대책은 구제할 가치가 있는 빈민과 가치가 없는 빈민을 차별해서 지원해야 한다는 입장이다. 빈민의 구제는 궁극적으로 빈곤한 개인의 도덕적 교화에 있다고 보며, 따라서 빈곤 발생의 사회구조적 원인을 무시하는 한계를 가진다.

빈곤정책의 대표적 제도인 공공부조는 여러 나라에서 다양한 프로그램으로 구성되는데, 그 유형과 범위를 분류해 보면 〈표 6-1〉과 같다.

〈표 6-1〉 공공부조의 유형 비교

제도 유형(Schemes)	특 성	사 례
일반 부조 (General assistance)	특정 최저소득(빈곤선) 이하 모든 개인과 가구를 대상으로 현금급여 제공	영국의 Income Support, 미국의 General Assistance 등
범주형 부조 (Categorical assistance)	특정 집단 유형에 해당되는 경우의 저소득층에게 현금 지원 제공	사회적 (기초)연금, 장애인 수당, 실업 수당 등
연계형 부조 (Tied assistance)	특정 서비스나 재화에 대한 접근권을 저소득층에게 제공	주거급여, 미국의 Food stamp, Medicaid(의료급여) 등

출처 : Clasen(1999). p. 116 재정리.

우선 첫째로 일반 부조(general assistance)는 특정한 최저소득, 즉 빈곤선 이하의 모든 개인이나 가구에게 제공되는 현금급여 프로그램의 유형이다. 여기에 해당되는 사례로는 영국의 소득보조나 미국의 일반 부조 제도, 우리나라의 국민기초생활보장제도 등이 있다. 다음으로 범주형 부조(categorical assistance)는 특정한 인구집단 유형에 해당하는 경우의 저소득층에게 제공되는 현금 지원 제도이다. 사례로는 빈곤노인에게 제공되는 사회적 기초연금, 저소득장애인에게 제공되는 장애인 수당, 실업보험의 적용기간이 끝났거나 수급자격이 되지 않는 저소득 실직자에게 제공하는 실업 수당 등이 있다. 마지막으로 연계형 부조(tied assistance)는 저소득층에게 직접적으로 현금을 제공하기보다는 특정한 서비스나 재화에 대한 접근권을 제공하는 유형이다. 그 사례로는 저소득층에게 주거에 대한 접근권을 제공하는 주거급여, 식료품에 대한 접근권을 제공하는 푸드 스탬프나 무상급식, 의료에 대한 접근권을 제공하는 의료급여 등이 있다(Clasen, 1999 : 116).

2) 빈곤연구의 국제적 동향

빈곤의 역동적 분석방법(dynamic approach to poverty)은 영국에서 라운트리(Rowntree)의 빈곤조사가 선구적인 역할을 했다고 볼 수 있다. 라운트리(1901)는 빈곤발생을 생애주기(life cycle)에 따라 구분하였다.

① 아동기 빈곤 : 부모의 소득부족이 빈곤의 원인이다.
② 성년기 빈곤 : 소득의 부족, 실업이 빈곤의 원인이다.
③ 노년기 빈곤 : 은퇴로 인한 소득 상실, 노동능력 쇠퇴가 빈곤의 원인이다.

생애주기로 나누어 분석함으로써 빈곤에 대한 정태적 관점(static perspective)을 바꾸고 빈곤의 구조적 측면에 관심을 기울이기 시작하였다. 다시 말해서 정태적 관점은 빈곤이 그 개인의 아동기로부터 형성된 기회의 차이와 노동시장의 구조적 성격에서 비롯된다는 요인을 파악하지 못한 설명의 오류라고 비판하였다.

빈곤의 역동적 분석은 1980년대 미국에서 발달된 공공부조수혜자에 대한 분석접근법과 독일의 사회학자 라이저링(Lutz Leisering, Time and poverty in Western welfare states)의 빈곤층에 대한 시계열적(longitudinal) 자료를 경험적으로 분석한 인생주기(life course) 분석으로부터 발전하였다. 빈곤의 지속기간, 빈곤으로의 진입 및 탈출결정의 요인이 무엇인가를 분석, 공공부조수혜자의 빈곤경력(career)을 추적하였고, 생애 전기적인 양적 및 질적 빈곤분석방법을 개발하였다. 결론적으로 빈곤은 일시적(temporal), 생애시간적(time-related)이며, 사회적 계층 구분(social boundaries)에 상관없이 발생하고 있었다. 즉, 일부 소수집단에게만 한정된 것도 아니었고, 중산층도 빈곤해질 가능성이 높다는 점이 발견되었다.

또한 빈곤(poverty trap)에 처한 사람의 빈곤지속기간은 생각했던 것보다 짧으며, 빈곤탈출은 가능한 것으로 나타났다. 하지만 빈곤에 처하기 쉬운 일부 사회집단의 인생주기는 복잡하며, 새로운 빈곤의 출현으로 빈곤의 양상은 더욱 다양화되고 있다.

① 교육(아동기부터 노동시장에의 참여까지 개인의 기회에 영향), ② 건강보험, 실업보험, 공공부조, 사회복지서비스[인생의 위험 관리(risk management) 영향], ③ 연금(노후소득의 안정에 영향) 이 세 가지가 개인의 빈곤 '경력'에 영향을 주는 복지국가적 요소라는 점을 밝혔다. 즉, 빈곤으로부터의 탈출은 가능하지만, 고도의 경제성장으로 빈곤이 없어졌으리라는 생각은 오류라는 점이 밝혀졌다. 선진국들에도 빈곤은 여전히 존재하고 있으며, 새로운 빈곤의 양상으로 다양해지고 있는 것이다.

현대 빈곤은 사회적 배제(social exclusion), 주변화된 집단(marginalised groups)으로 더 잘 파악될 수가 있다. 주변화의 과정(역동성과 빈곤의 경로)은 ① 개인의 특성(정신질환이나 홈리스, 가정환경 등)이 지속적으로 사회 통제적 기구의 강압력(정신병원, 경찰, 환경)을 거쳐 그 배제가 더 심화되고, ② 두 번째 단계로서 지속적인 사회적 박탈(예 장기적 실업의 효과)이 누적적으로 그 개인의 인생에 심화되어서 부과되며, ③ 이렇게 형성된 박탈과 빈곤이 한 세대에서 다음 세대로 전승되는 경향이 나타나게 된다(빈곤의 문화 대물림).

역동적 접근법에서는 빈곤을 ① 지속적 빈곤(persistently poor : 빈곤노인, 한부모가족 등 오랜 기간 직업과 소득 부재), ② 반복적 빈곤[recurrently poor : 실업과 저소득(low pay-no pay)을 오가는 반복], ③ 일시적 빈곤(temporarily poor)으로 분류하였다. 얼마나 오랜 기간 소득원이 되는 직업을 가지는지가 문제로 파악되었고, 개인별로 빈곤의 경력과 과정은 다양하게 나타난다. 그에 따라 탈빈곤의 전략도 달라져야 한다. 개인을 빈곤에 빠지게 한 원인(실업, 직업을 가지고 있으나 저소득, 저소득-실업을 오가는 경우)도 다를 수 있으므로 그에 따라 다른 유형의 정책수립이 필요한 것이다. 빈곤의 지속기간(spell of poverty)은 일자리의 상실, 배우자의 일자리 상실 혹은 가족해체(split-up) 등으로 발생하는 경우가 많다.

국민 중위(median)소득의 50%의 상대적 빈곤선을 기준으로, 전체 응답자 중 2/3는 한 번도 빈곤한 적이 없었고, 나머지 1/3은 지속적, 반복적, 일시적 빈곤 중 하나에 해당되었다. 빈곤의 이행기(transition of poverty : 1년 내에 빈곤진입 및 탈출을 경험)를 겪는 사람들의 원인은 근로소득의 변동과 상실이었고, 2/3의 빈곤층은 어떤 식으로든 소득이 오르면 빈곤을 탈출하였으나, 정신 및 신체적 건강상태가 나쁜 경우는 소득이 증가해도 탈빈곤률이 40%에 불과한 것으로 나타났다.

새로운 빈곤으로서 사회적 배제(social exclusion)는 열악한 교육 및 주거환경에서 생활하여 구직기회가 박탈되고, 자기 개선을 위한 기회가 박탈된 경우를 주로 지칭한다. 배제의 다양한 형태로는 일반적으로 다음과 같은 상황들이 존재한다.

(1) 경제적 배제

고용과 노동시장에 대한 참여 기회의 박탈을 의미한다. 박탈이 심한 지역사회에서는 실직자들이 노동시장에 재진입하도록 도움을 주는 정보의 비공식적 연결망이 약하고, 직업기회가 제한되는 경우가 많다.

(2) 정치적 배제

정치에 참여할 수 있는 시간 및 정보에 대한 접근성 등이 배제된 경우를 의미하며, 공동체로부터 배제가 원인이 될 수 있다.

(3) 사회적 배제

공동체의 기반 시설(공원이나 문화센터, 의료시설 등)이 없는 곳에서 배제를 겪을 수 있다.

(4) 주거와 이웃의 배제

공간적으로 비좁고, 난방이 안 되며, 구조적으로 안전하지 못한 주택에 거주하거나(주거 배제), 가족해체나 슬럼가 등의 곤궁한 공동체 안에서 배제를 극복하고 사회에 참여하기 어려운 경우가 많다. 이러한 문제들은 사회적 연결망의 취약, 직업에 대한 정보와 정치적 활동, 공동체 활동에 대한 정보를 얻지 못하는 경우, 높은 실업률, 낮은 소득, 범죄와 청소년 비행 등이 지역에 많을 경우 더 복합적으로 발생할 수 있고, 낮은 삶의 질을 야기할 수 있다.

(5) 청년층의 배제

최근 노동시장의 변화는 미숙련, 새로운 기술 습득에 대한 수요를 충족시키지 못함으로써 청년층은 사회적으로 배제되기 쉬운 계층이 되고 있다. 또한 주거와 부동산의 가격상승은 젊은이들이 부모가정을 떠나 새로운 가정과 직업을 얻거나 독립을 하는 데 어려움이 배제로서 작용한다.

(6) 공공서비스의 사각지대

농촌거주자들은 의료서비스, 우체국이나 학교 도서관 등 공공서비스의 사각지대로서 접근이 제한되고 이로 인해 배제의 원인이 되고 있다. 개인소유의 교통수단이 없는 경우는 공공교통의 운행이 제한적으로 이루어져 이 또한 배제의 원인이 된다(이동과 사회적 활동 제한).

(7) 무주택자(홈리스)

노숙인은 은행계좌를 만들고 편지를 주고받는 것과 같은 대부분 사람들이 당연시하는 일상적 활동의 기회가 막혀 있는 경우가 많다. 무주택자들은 배제의 가장 극단적인 형태 중의 하나이다. 영국의 경우 무주택자들의 1/4은 정신병원에 입원한 경력이 있으며, 알코올 중독, 마약 상습 복용자였으며, 노숙자 5명 중에 1명은 범죄의 희생자였음에도 이들 중에 경찰에 신고한 사람은 5명 중 1명에 불과했다. 법과 경찰의 보호로부터 배제된 노숙자가 많다.

이렇게 빈곤과 사회적 배제의 모습이 다양해짐에 따라 과거의 복지정책은 재분배 정책위주의 정책으로서 복지수혜자의 의존성을 낳고, 사회적 불평등을 감소시키지 못함으로 인해 효과성이 비판받게 되었다. 이에 따라 복지수혜자가 사회적으로 배제되지 않고 일자리를 적극적으로 찾을 수 있도록 도와주며(복지-노동 연계 프로그램), 장기 실직자를 빈곤으로부터 벗어나게 하는 데 적극적인 복지 노력이 효과적인 것으로 나타나고 있다. 그러나 영국에서 근로조건이 부과되는 근로연계복지의 실시로 복지급여가 중단된 사람들의 경우에 빈곤에서 여전히 벗어나지 못하는 사실은 비판받고 있다.

2. 각국의 산업재해보상보험 비교연구

1) 산업재해 프로그램의 의미와 발전 역사

근로자의 업무와 관련해서 발생하는 사고나 질병을 산업재해라 한다. 산업화로 인한 대표적 사회문제로서, 사회보험제도들 중 가장 오래된 제도(대부분의 국가에서 4대 보험 중 먼저 도입)이다. 우리나라에서도 공공부조(1961년 생활보호법 제정) 이외에는 가장 먼저 도입된(1963년 제정) 사회보험이다. 산재로 인한 장애에 대한 보상적 성격이 강하며 이 때문에 우리나라에서의 정식명칭도 '산업재해보상보험법'으로 제정되었다.

최초 입법은 독일에서 1871년의 고용주 책임법(employers' liability laws)으로서 재해를 당한 근로자의 소송으로 고용주가 보상하도록 하는 법적 조치였다. 그러나 법정에서 약자인 재해근로자가 승소하기는 힘들었고, 이에 대하여 점증하는 불만이 의회에서 논의되다가 모든 산재 사고에 대하여 보상을 제공하도록 하는 공적산재보험 체계가 처음 독일의 사회보험으로 법제화된다(1882년에 제안, 1884년 입법화). 이로써 산업상의 모든 재해에 권리를 부여하게 되었고, 장애를 입은 노동자에게 근로능력을 회복할 때까지 의료와 생활비를 제공하게 된다(Gordon, 1988 : 134-35; Gal, 2004). 그 재정은 대부분의 나라에서 고용주가 부담한다.

하지만 노동시간 동안 일어났는지(휴식이나 점심시간 등), 근로 장소에서 재해가 일어났는지(출퇴근 과정) 등 책임소재가 불분명하여 이에 따라 노동자의 산업보건에 대한 권리가 쟁점이 되기도 하였다. 독일에서도 1925년 이후에 출퇴근 과정에서의 산재나 직업병 등에 의한 산재도 산재보험에 의해 보상받을 수 있게 되었다.

〈표 6-2〉

구 분	산업재해 프로그램의 유형	
	국가사회보험형	강제민간보험형
방 식	국가 혹은 준공공기관의 운영	민간보험 운영, 고용주 보험가입 의무화
국 가	독일, 영국, 일본, 한국 등	미국, 핀란드, 덴마크 등

산업재해의 재정과 유형으로는 국가사회보험형과 강제적인 민간보험형의 방식이 있다. 국가사회보험형은 국가 혹은 준공공기관이 산재보험을 운영하고, 사회보험재정 방식을 채택하는 경우로서, 독일, 영국, 우리나라 등이 있다. 그리고 강제적인 민간보험형 방식은 국가가 고용주에게 보험가입을 의무화하지만, 그 운영은 주로 민간보험에 맡기는 방식으로서, 미국, 덴마크 등이 있다.

2) 산업재해 프로그램들에 관한 경험적 국제비교연구의 정책적 함의

당초에 영국의 재해보상은 1946년의 국민보험법에서 제정되기 전까지 독일을 비롯한 유럽법과 큰 차이가 있었다. 우선 사회 보험적 성격이 없었고 강제적이지 않아서 자발적 보험이며, 가입하지 않은 고용주도 많았다. 급여도 낮고 보상받지 못하는 경우가 많아서, 이에 대하여 베버리지가 1942년의 베버리지 보고서에서 비판하였다(산재에 대한 보상으로 지급되는 합의금 액수는 매우 적었고, 영구적 장애에 대한 충분한 보상이 전혀 되지 않음). 그로 인해 1946년의 국민보험법에 의해 산업재해보험이 입법화되었다. 재해근로자에게는 일정률의 급여가 26주까지 지급되고 그 이후는 질병급여가 제공되었다(Gordon, 1988 : 143). 그 외에 영구적인 장애를 입은 경우는 장애연금이 지급되었다(신체장애 정도가 정상인의 20% 이상, 근로소득의 상실 정도가 아닌 장애 정도를 고려함. 그러나 산재보상이 완전히 권리로서 주어지는 것이 아니라 부가적으로 소송을 허용하고 있어서 많은 산재근로자들이 보상을 받지 못하는 불이익을 당하기도 함. 약 16%).

그 외 핀란드나 덴마크 같은 스칸디나비아 국가에서는 1985년까지도 자발적 민간보험으로 산업재해를 처리해 왔거나, 과거 동유럽의 국가(예컨대, 체코)처럼 산업재해보험이 다른 사회보험 체계에 통합되어 있었거나 별도로 존재하지 않는 경우도 있었다(Ibid. : 145-150). 하지만 그렇다고 해서 이러한 국가들의 산재급여가 특별히 낮은 것은 아니었는데, 스웨덴, 덴마크, 체코의 산재 장애수당(정부로부터 제공) 급여의 소득대체율은 대체로 90% 가까이 제공되었다. 특히 이러한 나라들에서 산업재해보상이 관대한 것은 다른 복지급여에 비해 부정수급의 가능성이 훨씬 낮기 때문이었다. 산업재해로 인한 사고나 장애를 부정 발생시켜 부정수급하는 경우는 예외적이고 매우 드물다는 의미이다.

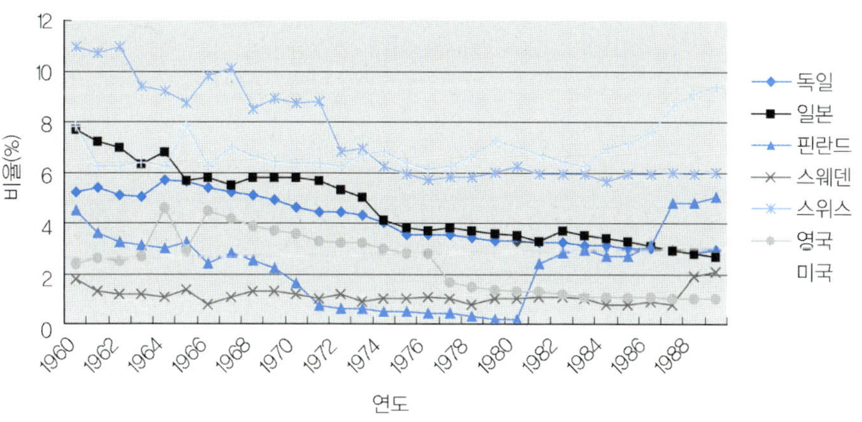

그림 6-2 사회보험지출에서 산업재해가 차지하는 비율

출처 : ILO, Cost of Social Security.

사회보장제도에서 차지하는 중요성에 비하여 산업재해에 관한 광범위한 국제비교연구는 찾아보기 어렵다. 갤(Gal, 2004)은 산업재해 프로그램을 탈상품화(decommodification)와 자기 개발(self-development)이라는 측면에서 비교분석하고 있다. 산업재해 노동자의 소득 상실에 대한 현금 보상이라는 탈상품화의 측면과 함께, 산재 피해자의 사회적 통합과 재활을 위한 현물 및 서비스의 제공이 얼마나 적극적으로 이루어지고 있는지를 자기 개발이라는 측면에서 동시에 분석하였다.

탈상품화 지표로는 프로그램의 적용범위, 급여의 소득대체율, 재정 지출 등이 측정되었고, 자기 개발의 지표로는 일자리로의 복귀 비율, 재활에 지출되는 재정 비율, 재활 프로그램 참여율 등이 포함되었다. 결과적으로 스웨덴과 덴마크 등 사민주의 국가들의 탈상품화-자기 개발 지표 점수가 높았고, 독일, 프랑스 등의 보수주의 국가들이 중간 수준의 점수, 영국과 미국 등의 자유주의 국가들은 낮은 수준의 점수로 나타났다.

〈표 6-3〉 산업재해 관련 통계 비교

구 분	국 가	프로그램 유형	적용범위 (%)	소득 대체율	GDP 대비 지출 비율	산재 이후 2년 이내 일자리로 복귀 비율	재활 지출 비율(GDP 대비 %)	산재 재활 프로그램 참여율
사민주의	스웨덴	국가운영	96.7	100	0.41	63	0.58	0.9
	덴마크	민간운영	98.4	80	0.23	40	0.33	3.1
보수주의	독 일	국 가	100	66	0.35	35	0.25	0.3
	프랑스	국 가	66.4	100	0.37	N/A	0.09	0.4
자유주의	영 국	국 가	80	47	0.19	N/A	0.02	0.2
	미 국	민 간	77.6	66	0.11	62	0.04	N/A

출처 : Gal(2004). p. 60.

〈표 6-3〉에서 볼 수 있는 바와 같이, 프로그램 운영의 유형(국영, 민간)이나 지출의 비율은 복지체제 간의 차이가 뚜렷하지 않았다. 하지만 적용범위는 사민주의 국가들이 특히 높았고, 소득대체율이나 지출액수의 비율은 자유주의

국가들이 현저히 낮게 나타났다. 보수주의 국가들은 중간적인 수준을 보여주고 있다. 특히 자기 개발과 관련하여 산재 근로자에게 제공되는 직업재활과 훈련에 대한 국가지출이 중요하며, 산재 급여를 수급하는 동안 급여 외의 부수적인 소득의 취득에 대하여 관대한 정도 역시 자기 개발에서 주요한 국가별 차이가 존재했다. 이러한 점은 근로연계복지 등의 강조를 통해 적극적인 노동능력 개발에 주력해온 자유주의적 복지국가들이 정작 산재 근로자나 장애인의 자기 개발에는 상대적으로 소홀해 왔다는 점을 드러내는 점에서 더 많은 투자와 지출이 필요하다는 점을 시사한다.

산업재해의 보상을 받아야 할 질병의 종류에 대해서도 논란이 많이 있어왔다. 의료기술이 발달하지 않았던 당시에는 인과적 연관성이 밝혀지지 않았던 화학 관련 산업 종사자의 암 발생, 광업부문에 종사하는 노동자의 진폐증, 방사선과 관련된 치명적 질병 등은 최근 들어서야 산업재해로 인정을 받고 있다. 탈산업화가 진전된 선진국들에서는 화이트칼라 노동자들의 정신적 스트레스, 근골격계 질환(back pain), 사무실에서 고정된 자세로 일함으로 생기는 것으로 알려진 질병 등으로 산업재해의 범위를 확대할 필요성이 제기된다. 과로로 인한 재해도 업무상 재해로 볼 수 있으며, 의학적 인과관계 입증은 힘들더라도 근로자 취업당시의 건강상태, 작업장에 발병원인이 있는지 제반사항을 고려하여 인정하고 있다. 그러나 어쨌든 현재 실질적으로 보상을 받을 수 있는 산재는 거의 대부분이 신체상의 장애나 손상에 한정되어 있고, 극히 예외적으로 진폐증이 악화되어 정신질환에 이른 경우 보상받은 사례가 있기도 하다.

직무스트레스로부터 오는 심리적 요소도 삶의 질에 영향을 주는 주요한 요소다. 그러나 이러한 재해는 객관적으로 입증하기가 어렵다. 여러 가지 직무로부터 오는 스트레스가 신체적 질병에 영향을 준다는 객관적 증거가 있다면 그에 대해서도 산업재해보상 내지는 직무스트레스를 줄이는 방향으로의 작업장 개선을 도모할 수가 있을 것이다. 스트레스와 근골격계(목, 어깨, 등허리의 통증 등) 질환, 심혈관계 증상 및 질환의 관련성, 직무의 지나친 요구도, 상사나 동료로부터 지지정도와 자율성 등 긴장이 높고 스트레스를 동반하는 화이트 칼라 노동자의 산재범위에 대한 연구들이 실제로 더 확대되어 이루어지고 있는 추세이다.

3. 각국의 노인연금 비교연구

1) 인구 고령화와 연금체계의 역사적 발전과정

인구의 고령화는 대부분의 산업사회에서 연금재정의 지속 가능성에 대처해야 할 필요성을 증대시키고 있다. 이와 함께 저출산과 노동시장의 변화는 기존 연금체제의 개혁에 대한 요구도 높이게 된다. 현대 산업자본주의가 도래하기 전에 노인은 존경받는 지혜로운 사람으로 간주되었으나, 20세기에 들어서면서 노년노동자의 비효율성 문제가 제기되기 시작했다. 1905년 미국 존스 홉킨스 대학의 오슬러 박사(Dr. William Osler)는 40세 이상 인간의 무용함을 주장한 바 있으며, 60대에는 은퇴가 불가피함을 주장했다[John Myles, 『복지국가의 노년(Old Age in the Welfare State)』]. 노령(Aging, elderly)이란 사회적 구성물(social construction)이며, 그것은 노인이 더 이상 젊은이와 같은 신체적 · 정신적 효율성을 가지고 있지 못하여 사회에 기여할 수 있는 정상적 능력이 되지 못한다는 전제이다. 이러한 전제는 사실 정당화되지 못한 편견일 수 있으며 사실상 부정확한 경우가 많다. 유럽의 노동자들은 처음에 연금과 퇴직제도가 노동자를 예속시킬 것이라고 반대하였으나, 제2차 대전이 끝난 후에 복지국가가 성립하고, 연금이 정년 이후의 소득대책으로 마련되자 1950년대 이후에 정년퇴직제가 확립되었다. 이러한 소득대책의 마련(연금의 제도화)과 정년퇴직의 성립 자체가 노인을 더 이상 생산적인 노동시장(주요 소득 원천)에 참여하는 길로부터 배제시켰다. 오늘날 공적 연금은 지속적인 재정고갈의 위험에 있어 민간 및 기업(고용주) 연금의 도입이 불가피해졌다.

2) 노령연금 프로그램의 국제적 비교연구 - 3층제 연금체계 비교

서구의 역사에서 공적 노령연금의 시작은 독일에서 비롯되었다. 1889년 독일의 재상 비스마르크의 사회보험 도입은 최초의 산업노동자 대상 연금의 제도화였으며, 근로 시의 임금에 대응하는 소득비례의 퇴직 보장 소득이었다. 한편, 이른바 베버리지 모델로 알려진 기초연금 형태는 1891년 덴마크에서 영국보다 앞서 도입되었다. 기초연금은 비스마르크 방식의 소득비례 사회보험형 연금과 달리 자산조사에 의한 노인 빈곤 대책으로서 설계되었다. 영국은 1908년 로이드 조지 수상에 의해 노령연금이 도입되었다[정률제(flat-rate) 연금, 기초연금으로서 최저생계만 보장하는 매우 낮은 급여수준]. 비스마르크 방식은 노동자와 고용주의 기여금에 의해 재정이 조달되었고, 보험료에 의해 연금수급권이 보장되는 퇴직 제도로 정착하였다. 반면에 기초연금은 조세 기반이 제도로서 빈곤구제(poor relief) 제도의 확대로서 마련되었다(Bonoli, 2000 : 10).

〈표 6-4〉 연금의 기원 모델 및 도입 시기

사회보험형(비스마르크 방식 : 노동자 노후보장)		기초연금(베버리지 방식 : 노인빈곤 예방)	
독일(1889),	프랑스(1932)	덴마크(1891),	영국(1908)
이탈리아(1919),	미국(1936)	뉴질랜드(1898),	스웨덴(1913)
스위스(1948)		노르웨이(1936)	

출처 : Bonoli(2000). p. 11.

하지만 유럽의 연금제도는 제2차 세계대전 이후에 제도의 역사적 수렴(convergence) 기간을 거치게 되는데, 독일을 비롯한 프랑스, 이탈리아 등은 노동자 이외에 다른 사회집단에게도 연금제도를 확대하게 되며, 기초연금을 도입한 나라들도 소득비례의 연금보험을 보완적으로 도입했다. 독일은 화이트칼라와 농민에 대한 연금제도를 도입하였고, 이탈리아도 농민과 자영업자에 대한 연금을, 프랑스는 연금제도를 전 국민에게 확대하는 개혁을 실시하게 된다. 또한 영국과 스웨덴 등의 기초연금을 먼저 도입했던 나라들도 소득비례의 연금제도를 도입하게 된다(Gordon, 1988 : 47; Bonoli, 2000 : 11).

스웨덴의 경우 기본연금에 더해서 1959년에 보충적 소득비례연금을 도입하는 개혁을 단행하여, 공적 보장을 강제화하고 전 국민을 포괄하는 보편성을 달성하였다. 영국도 같은 해인 1959년에 2층의 소득비례연금을 도입했다(1975년 실행). 하지만 이는 강제적이지도 않았고, 기초연금의 수준이 너무 낮아 많은 노인빈곤층이 공공부조에 의존해야 하는 경우가 많이 생겼다. 영국이 실시한 정부소득비례연금제도(SERPS : State Earnings-Related Pension Schemes)는 이후 1985년에 완전히 민간연금으로 바꾸려는 시도가 있었으나 국민들의 반대로 무산되었다(Gordon, 1988 : 50).

공적연금제도의 국제적 수렴에 더욱 복잡성을 추가하는 계기는 소위 제2층의 연금[고용주 연금(employer pension), 우리나라의 퇴직연금]제도가 도입되기 시작하면서부터였다. 제2층의 소득비례연금제도는 프랑스 등 여러 유럽 국가에서 1930년대부터 일찍이 발달하기 시작하였고, 고용주가 그 책임을 지고 공적연금과 별도로 화이트칼라나 관리직 피고용인을 위하여 고용주 중심으로 연금제도가 도입됐다. 처음에는 주로 전문직, 숙련노동자, 노조를 중심으로 발달하였고, 강제성이 없어 퇴직 후의 급여 보장이 불확실하였다. 또한 기여기간이 길어서 완전수급에 도달하기가 어려웠고, 정규직과 비정규직의 상당한 차별도 지속되었다. 이후에 국가가 그 급여의 보장을 강제적으로 입법화함으로써 사회보장 성격이 강해지게 되었다(Bonoli, 2000; Gordon, 1988 : 158).

앞서 살펴본 바와 같이 사회보장의 유래는 빈민구제와 특수직역에 대한 사회보험으로부터 탄생하여, 전 국민에게 확대되면서 복지국가가 탄생하였다. 그런데 공적연금이 근로자를 비롯한 전 국민에게 확대되면서 연금은 ① 국가에 의해 직접 입법, 관리되는 방식과 ② 국가 강제로 고용주 책임하에 연금을 실시하는 경우로 나누어 볼 수 있다. 둘 다 공적연금이지만 두 번째는 고용주 연금[employer pension plans, 직역연금(occupational pensions)이라고도 불림)]의 개념이며, 그 외에도 순수하게 민간연금인 개인연금(individual annuities)의 형태도 존재한다. 여기에는 확정급여(DB : Defined Benefit)방식과 확정기여(DC : Defined Contribution)방식(주로 민간보험방식)이 있다.

〈표 6-5〉 3층 연금의 형태와 특성

구 분	운영방식	목 적	재 정	급여 및 기여방식	형 태
1층	강제적용 공적운영	재분배+보험	조세 혹은 사회보험	확정급여(DB)	기초연금 공적연금
2층	강제적용 민간운영	보험+저축	민간보험(공공규제)	DC 혹은 DB	퇴직연금 (고용주, 직역)
3층	임의적용 민간운영	저축+보험	민간보험(저축)	확정기여(DC)	개인연금 (민간저축)

출처 : World Bank(1994). Averting the Old Age Crisis.

우리나라도 퇴직연금(employer pension)이 도입되어 국민연금, 개인연금에 이은 3층의 노인소득보장제도가 마련되고 있다. 퇴직금이 근로자에게 지급되는 일시금 형태인 반면, 퇴직연금은 고용주와 근로자가 함께 기여하여 이를 국가가 강제적으로 지급을 보장하는 제도이다. 이것은 국민연금과 같은 공적연금에 대한 보완적 성격으로서 선진국에서 이미 실시 중이다. 이처럼 복잡한 공적, 민간연금의 체계를 연구하여 3층제의 연금제도로 설명한 것은 세계은행(World Bank)의 1994년 보고서인 『노령화의 위기를 벗어나기(Averting the Old Age Crisis)』에서 정리된 바 있다(표 6-5 참소).

많은 복지국가에서 연금제도는 사회안전망으로 인식되고 있을 뿐만 아니라, 동시에 보험이며 저축으로서의 기능도 가지고 있다. 나라마다 연금제도의 발전 역사도 다르고 재정과 급여 방식도 다양해서 매우 복잡한 양상을 띠고 있다. 대체로 복잡한 연금제도는 공적연금제도, 소득비례의 고용주 및 퇴직 연금, 그리고 자빌직 민간보험으로서의 연금이라는 3층[혹은 기둥(pillar)]의 설계로 설명되는데, 이는 세계은행의 보고서 설명에서 유래한다. 하지만 이 3개의 설계도 나라마다 조금씩 달라서 비교연구에는 혼동되는 측면이 있다. 독일의 1층은 소득비례연금이지만, 영국의 1층은 기초연금이다. 영국의 소득비례연금(SERPS)은 2층 연금에 해당한다. 또한 유럽의 많은 나라에서 공적연금 재정의 많은 부분이 부과방식(PAYG : Pay-As-You-Go)인 반면에, 우리나라의 공적연금인 국민연금의 재정은 적립방식으로 운영된다. 또한 자발적 가입에 의한 민간보험으로 운영되는 3층 연금이 미국에서는 다른 나라들과 비교해 상대적으로 매우 큰 비중을 차지한다. 〈표 6-6〉을 보면 독일, 영국, 미국 등에서 연금 각 부문별 대체적인 배분 비중을 알 수 있다.

〈표 6-6〉 연금 각 층별 소득원의 배분 비교

구 분	독 일	네덜란드	스위스	영 국	미 국
1층	85%	50%	42%	65%	45%
2층	5%	40%	32%	25%	13%
3층	10%	10%	26%	10%	42%

출처 : Borsch-Supan and Miegel(2001). p. 5.

독일의 경우 1층의 공적연금이 가장 큰 비중을 차지하며, 미국과 스위스는 절반이 채 되지 않는 것을 볼 수 있다. 영국은 그 중간 정도의 수준을 나타낸다. 2층의 연금이 중요한 역할을 담당하는 나라는 네덜란드와 스위스이며, 미국은 특히 3층의 민간보험 비중이 상대적으로 매우 크다. 우리나라는 적립방식의 공적연금 재정을 택하고 있는데, 향후의 재정 고갈 위험이 있고, 세대 간 소득의 재분배나 소득대체율을 얼마로 할 것인지를 개혁해야 할 필요성이 제기된다.

3) 연금개혁의 비교 정치 : 공적연금체제와 복지국가 제도의 변화 비교

지난 수십 년간 세계의 많은 복지국가들이 공적연금체계를 개혁하려고 노력해 왔다. 그 이유는 복지국가 체제의 관대성을 축소하고 효율화하려는 세계적 추세에 대응하는 변화라고 볼 수 있다. 특히 공적연금의 재정 고갈 위험은 연금 급여의 관대성을 축소하거나 적용범위를 변화시켜 지속가능한 연금체계의 유지를 담보하고자 할 것이다. 하지만 그러한 변화는 재분배의 효과를 약화시키거나 노인 인구 내의 불평등을 증가시킬 수 있다. 유럽의 경우 노후 소득보장에서 사회안전망 성격의 공적연금 역할이 매우 중요하며, 특히 공공-민간 협력의 배분도 연계성이 높다. 연금보험의 경우 국가가 시장을 형성하고 독특한 복지혼합을 창출하는 역할도 해 왔다.

서구 복지국가들의 연금 개혁은 주로 비용을 억제하려는 경향과 연금이 필요한 취약계층에게 적용범위를 확대하려는 경향의 두 부분으로 이루어지고 있다(Hausermann, 2010 : 90). 특히 최근 들어 연금보험의 기여금 수입이 연금 급여 지출의 증가속도를 따라가지 못하게 됨에 따라 연금체계의 재정 안정성을 확보하기 위해 비용의 억제가 강조되고 있다. 또한 그런 맥락에서 수급자와 기여자의 권리와 책임의 분절을 줄이기 위해 부과방식에서 적립방식으로의 전환을 꾀하고 있다. 서구 복지국가들은 그동안 부과방식을 채택해 왔으나, 각자 자신의 연금급여 비용을 각 세대 스스로 적립해야 한다고 주장하는 것이다. 그리고 다른 한편으로는 노동시장에서 취약한 위험집단에게 연금의 수급권을 확대해야 한다는 점도 또 다른 개혁방향인데, 이러한 사례들로는 불안정 취업자나 여성 수급자의 경우가 대표적이다.

하지만 이와 같은 개혁의 방향에 대해서 많은 비판과 쟁점이 제기되고 있다(Bonoli, 2000 : 24-26). 우선 부과방식에서 적립방식으로의 전환은 현재의 노동세대에게 이중적 부담의 책임을 지울 수 있다는 비판이다. 즉, 적립방식으로 개혁할 경우 현재 노동세대는 현행 연금체계에서 현재 노인인구의 연금 재정 부담을 계속 져야 함에도 불구하고, 또한 자신의 노후 소득도 스스로 적립해야 한다는 이중 부담이 부과된다는 것이다. 또한 퇴직 연령을 높여서 연금수급자를 줄이려는 제도 변화도 역시 노동시장에 새롭게 유입되는 젊은 노동자들의 취업 기회를 줄일 수 있다는 약점이 있다.

한편 취약 집단에게 연금수급권을 확대하는 경우에는 주로 소득이나 자산조사를 통해 수급자격이 부과되는데, 이러한 방식이 기초연금방식의 제도가 존재하는 경우에 가능하지만 오직 소득비례방식의 연금보험만이 존재하는 경우에는 불가능하다는 맹점이 존재한다. 이러한 경향은 복지국가의 제도주의적 설명, 혹은 경로 의존성(path-dependence) 측면에서 매우 잘 설명된다. 즉, 복지국가의 형성이나 개혁은 이미 존재하는 제도적 환경에 의해 중재되거나 제한되며, 기존의 제도에 의해 그 경로가 제약된다는 것이다. 그래서 독일과 같이 소득비례방식의 공적연금 경향이 강한 나라들에서는 주로 연금의 개혁이 보험계정의 기여와 급여 사이의 관련성을 강화 혹은 변화시키는 방향으로 일어나는 반면, 덴마크나 영국처럼 기초연금 형태의 재정 방식인 경우에 연금개혁은 수급자격을 확대하거나 축소함으로써 발생하는 경향을 가진다. 이처럼 연금개혁의 비교연구를 통해, 각국의 연금제도가 다양한 역사적 제도 방식을 채택하고 있지만 공통된 개혁의 경향과 독특한 개혁의 결과를 가져온 논리를 이해하고 한국에 그 시사점을 적용해 볼 수 있을 것이다.

4. 각국의 노동시장정책 및 실업보험 비교연구

1) 노동시장정책의 개념과 정책적 함의

산업재해보험, 실업급여를 통한 노동자의 보호, 여성의 적극적 노동시장 참여를 증진하기 위한 출산휴가 가족정책, 장애인고용 등 넓게 보아 상당수 사회보장과 복지정책은 노동시장과 깊이 연관되어 있다. 이처럼 노동과 복지는 밀접한 관계가 있으며, 특히 최근 들어 실업과 빈곤 문제는 더욱 노동시장정책과 복지정책 연계의 필요성을 높여오고 있다.

2차 세계대전 이후 서구의 복지국가는 완전고용과 지속적 경제성장에 기반하고 있었으나, 1970년대 이후 오일쇼크, 산업구조의 변동(탈산업화), 케인즈이론에 기초한 경제이론(경제 불황기에 유효수요의 창출로 경기진작을 주장)의 쇠퇴 등으로 인하여 신자유주의가 득세하게 된다. 이에 따라 노동연계복지, 공급중심경제학(workfare, supply-side economics)이 대두하게 된다.

노동시장정책에 관하여 베버리지(Beveridge)는 "안정적으로 높은 고용률(high and stable level of employment)을 유지하기 위한 공공적 개입을 총칭"하는 개념으로 정의한 바 있다(Clasen, 1999 : 164). 노동시장정책을 통상 소극적 노동시장정책과 적극적 노동시장정책으로 구분한다. 실직자에게 지급하는 급여나 복지혜택만을 제공하는 소극적 노동시장정책(PLMP : Passive Labour Market Policy)과 대비하여, 직업훈련, 고용 안정이나 일자리 관련 정책 등을 포괄해서 적극적 노동시장정책(ALMP : Active Labour Market Policy)으로 일컫는다. 또한 실직자와 빈곤층의 노동지위와 관련하여 노동시장에서의 적극적인 국가개입을 강조하는 경향을 특별히 유럽적 맥락에서 활성화 정책(activation policy)이라고 부르며, 미국에서는 워크페어(workfare)라는 용어를 많이 쓰기도 한다.

〈표 6-7〉

구 분	소극적 노동시장 정책(PLMP)	적극적 노동시장 정책(ALMP)
내 용	실업보험, 조기퇴직 대책, 실업부조 등 (사회통합 목적, 실직자의 소득지원, 보호)	취업알선, 직업훈련, 청년실업대책, 장애인 고용 (경제효과 및 효율성 목적, 고용 보조)
장 점	장기적 고용촉진, 유효수요창출, 빈곤방지, 소득보장 등	노동의 공급-수요 간 일자리 균형, 일자리 알선과 상담을 통한 적재적소에 고용 지원
단 점	노동유인 감소, 복지의존성, 실업기간연장 근로의욕 감소 가능	대체효과로 실업률의 개선효과 저하 가능, 훈련 프로그램에 안주할 경우 구직활동 감소 가능

노동시장정책은 우리의 인생에 있어 다양한 국면에서 영향을 미친다. 일찍이 라운트리(Rowntree)는 역사적인 『빈곤 연구(Poverty - a study of town life, 1901)』에서 빈곤과 탈빈곤이 생애주기의 소득과 고용지위에 의해 큰 영향을 받는다는 점을 밝힌 바 있고, 그러한 생애주기의 지위 변화를 노동시장 전환기(labour market transition)라고도 부른다. 이러한 전환기로는 생애주기가 바뀌는 학교졸업 후 사회진출이나 취업에서 실업으로의 전환, 고용으로부터 은퇴로의 전환 등이 포함된다(실업 ⟷ 고용, 학교 ⟷ 직장, 가족형성, 고용 → 퇴직 등). 이런 다양한 국면에서 복지국가는 실업급여, 직업훈련, 부모양육 휴가, 직장 체험 프로그램, 연금 등을 다양하게 제공한다.

최근 들어 점점 근로연계복지가 강조되면서 노동시장으로 돌아갈 수 있도록 돕는 여러 가지 프로그램에 더 많은 중요성이 주어지고 있다(예컨대, 평생교육, 근로조건부 수급, 자활프로그램 참여를 조건으로 복지급여와 생계비를 제공하는 프로그램, 직업훈련 등). 그런데 이러한 근로연계복지 프로그램들은 은연중에 복지급여가 수급자를 일하지 않도록 만든다는 가정이 깔려 있다. 하지만 실업급여나 노동시장에서 소득상실을 보충해주는 것은 여러 가지 경제적 기능을 가지고 있다. 즉, 구직자가 자신의 적성과 능력에 맞는 직업을 찾을 수 있도록 구직기간 중에 생계를 유지시켜주도록 지원해 주고, 더 안정된 일자리를 찾는 데도 도움이 된다. 그 반대로 적극적인 취업훈련 프로그램들 중에도 참가자의 동기유발을 시키지 못하면 재취업으로 이어질 수 없는 경우도 많다. 다시 말해서 형식상의 수동성/적극성보다 실제적 내용이 중요하다.

2) 실업보험제도 연구의 국제적 비교

실업은 산업화가 되면서 산업재해, 보건, 퇴직과 노인빈곤 다음으로 중요하게 이슈화된 사회적 위험이었다. 따라서 20세기 초반이 되면서 유럽의 각국에서 노동조합 주도로 혹은 자발적 민간보험 형식의 실업구제와 보상을 위한 기금이 마련되기 시작했다. 하지만 이러한 민간 기금은 대체로 성공적이지 못했고, 사회보험으로써 실업보험이 영국에서 처음 마련되었다. 영국은 당시에 빈민법(Poor Law)의 한계를 인식하였고, 유럽대륙에서 먼저 실시되기 시작한 사회보험을 도입할 준비를 하고 있었다. 그래서 우선 의료보험이 도입되었고, 1911년에 실업보험을 입법화하게 된다(Gordon, 1988 : 227-228).

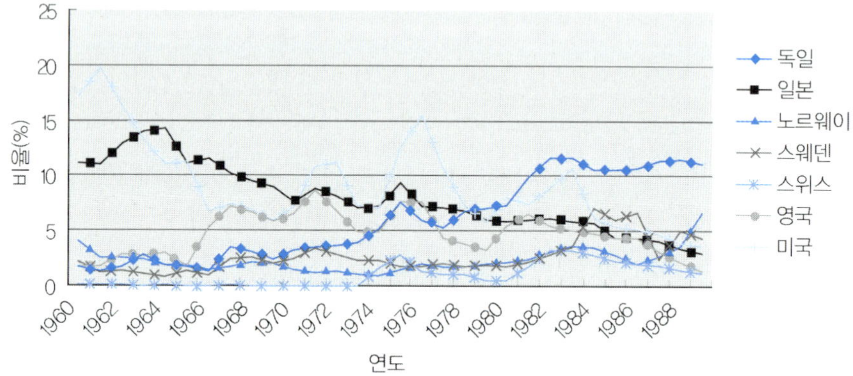

【그림 6-3】 사회보험지출에서 실업급여가 차지하는 비율

출처 : ILO, Cost of Social Security.

영국보다는 상대적으로 실업 문제가 덜 심각하던 독일은 1927년에 실업보험을 도입하였고, 스웨덴은 그보다 늦은 1932년에 실업보험을 입법화하였다. 이러한 실업보험제도의 국제적 도입과 제도화는 정책적 학습효과의 역사적 실례로서 볼 수 있다(Clasen, 1999 : 165; Gordon, 1988 : 230). 영국은 독일의 경험으로부터 사회보험의 제도화를 학습하였지만, 소득비례적 사회보험체제인 독일과는 다르게 기초연금을 도입하였고, 독일에는 존재하지 않았던 실업보험도 법제화시켰다. 또한 이는 다른 유럽 국가들의 사회보험 입법화에도 영향을 주었다.

실업보험은 소극적 노동시장정책의 대표적 프로그램이지만, 우리나라에서 1995년에 실업보험을 도입할 당시에는 적극적 프로그램과의 조화를 지향하여 "고용보험"이라는 명칭으로 시행되었다. 이처럼 최근 국제적인 추세는 실업문제에 대한 정부의 적극적 취업 알선과 실업의 예방을 강조하는 경향을 나타내고 있는 것이다.

또한 전통적인 적극적/소극적 노동시장정책의 구분, 경제정책/복지정책의 구분은 항상 상호배타적인 것은 아니라고 볼 수 있다. 예컨대, 적극적인 취업 프로그램 중에서도 경제적 효과보다는 사회통합과 평등에 기여하는 기능을 가지는 장애인고용 촉진 프로그램 등이 있다. 그런 맥락에서 벨기에와 노르웨이는 풀타임 직업을 구하고 있지만 현실적으로 임시직이나 파트타임에 종사하는 사람에게 실업급여를 제공받을 수 있도록 하고 있다(Clasen, 1999 : 162). 이러한 정책은 경제적인 측면에서 적극적인 노동시장정책이라고도 볼 수 있는데, 노동시장의 유연성을 높이면서도 동시에 비정규직 종사근로자의 생활수준도 향상시킬 수 있는 역할을 하기 때문이다. 그런 맥락에서 적극적/소극적 노동시장정책은 서로 연계가 가능하다. 고용주에게 장기 실직자나 장애인 등을 고용하는 경우에 세금을 면제해주거나 사회보장기여금에 대한 보조금을 지급하여 더 높은 고용수준을 유지케 하면, 이것도 역시 소극적 노동시장정책으로 적극적 목적을 달성하는 것이 될 수 있다.

〈표 6-8〉 각국의 실업보험제도 및 대책의 비교

영 국	1911년 도입, 실업보험(기여)과 실업수당, 공공부조 실업급여(Unemployment Benefit : UB)에서 구직자 수당(Job Seekers Allowance:JSA)으로 변화
독 일	1927년 도입, 실업보험(기여 : ALG)과 실업부조(ALH), 공공부조 ALH의 경우 실업보험의 수급기간이 소진된 후 수급 가능, 가족수당도 함께 수급 가능
스웨덴	1932년 도입, 실업보험(기여)과 현금부조프로그램(실업부조 : KAS), 공공부조

각국의 실업대책을 비교해 보면, 서구의 많은 나라들에서 높은 실업률로 인해 실업보험에 더하여 실업부조를 도입하고 있다. 실업부조는 실업보험급여의 수급기간이 모두 소진되어 실업보험의 급여를 받지 못하는 실직자들에게 생활자금을 지원하는 실업 대책 공공부조제도이다. 장기 실업은 1년 이상 실직이 지속되는 경우를 의미한다. 우선 영국에서 실직자는 실업보험과 실업수당, 그리고 공적부조의 도움을 신청하여 받을 수 있고, 실업수당은 실직자를 위한 공공부조의 일종으로서 자산조사에 의해 지급된다. 급여기간에 제한은 없으며, 구직활동을 하고 있는 학생도 신청할 수가 있다. 독일의 경우는 실업보험, 실업부조(Unemployment Assistance), 공공부조를 받을 수 있으며, 실업보험급여 자격을 얻지 못한 실직자에게 실업부조가 지원된다. 그 외에도 피부양자를 위해서는 가족수당을 비롯한 공공복지가 제공될 수 있다. 스웨덴에서는 실업보험과 현금부조프로그램(KAS)이 제공되며, 대부분의 실업보험 재원을 고용주와 정부가 부담한다.

5. 맺음말

본 장에서는 각국의 사회보장 비교연구를 살펴보았다. 사회적 위험과 불평등을 완화하기 위한 복지국가 제도로서, 각국의 사회보장제도인 공공부조, 산재보험, 연금보험, 실업보험의 비교연구가 논의되었다. 한국의 사회보장 제도는 1961년 생활보호제도를 시작으로 1964년의 산업재해보상보험, 1988년 국민연금, 1995년 고용보험 등의 도입과 시행으로 현대적 사회보장제도가 확립되었고, 2000년에는 국민기초생활보장제도가 실시되었다. 이처럼 한국의 사회보장제도는 60여 년이 넘는 역사를 가지고 있지만, 여전히 미성숙한 부분이 남아 있고 광범위한 적용의 사각지대도 존재하고 있다.

한국의 사회복지지출은 OECD 국가들 평균의 절반을 조금 넘는 수준이고, 노동시장의 변화로 인해 불안정 취업자와 특수고용 노동자 등 사회보장이 더 많이 필요한 근로 취약계층이 오히려 더 많이 사회보험 가입에서 배제되어 있는 실정이다. 우리나라 총 경제활동 인구 중에서 고용보험 가입자는 절반 정도에 불과하다. 이러한 문제 때문에 전 국민 고용보험 혹은 더 나아가서 전 국민 사회보험을 통합적으로 실시해야 한다는 요구가 나타나고 있다. 이를 위해서는 취약계층의 소득 파악과 사회보험 가입자격 완화를 통해 적용범위를 전 국민으로 확대하여야 하는 과제가 제기된다. 사각지대 없는 사회안전망 구축의 필요성은 여전히 한국 사회보장제도의 숙제로 남아 있다.

오늘날 대부분의 복지국가들은 세계화와 인구구조 변화, 노동시장의 양극화라는 공통된 변화와 위기에 직면하고 있다. 특히 우리나라의 사회보장제도는 급속한 고령화와 저출산, 사회적 양극화의 도전에 대응해야 할 과제를 안고 있다. 노동인구의 감소와 불안정 고용의 증가는 사회보장제도의 재원인 보험료 기반의 축소로 이어지고, 이는 또한 기업과 노동자 양측의 사회보장세 부담 증가라는 악순환의 가능성이 제기된다. 이에 많은 나라들은 근로연계형 프로그램이나 조세 기반의 사회안전망을 확충하려고 노력하고 있지만, 이 역시 국가의 세 부담 증가가 예상되기 때문에 쉽지 않은 선택이 될 것으로 보인다. 이처럼 인구와 가족 구조의 변화나 노동시장의 변동은 모두 사회보장제도에 영향을 미치는 주요한 요소가 된다. 따라서 사회보장제도의 비교에 관심이 있는 연구자들은 사회복지와 복지국가의 변화 양상뿐만 아니라, 가족 제도와 정책, 노동시장의 경제적 측면에 나타나는 변동에 관해서도 예의 주시할 필요가 있다.

CHAPTER 07

각국의 가족정책, 사회적 서비스, 주거정책 비교연구

CHAPTER 07

각국의 가족정책, 사회적 서비스, 주거정책 비교연구

본 장에서는 가족정책, 사회 서비스, 주거정책의 비교연구에 관해 검토한다. 가족정책은 복지정책과 많은 영역에서 중복되는 부분도 있고, 때로는 그 정책 대상의 개념에서 애매한 부분이 논란이 되어온 역사를 가지고 있다. 하지만 가족정책의 영역이 사회복지와도 상호 밀접하게 수요 이슈를 중첩하고 있어 복지정책을 연구할 때 관심을 가질 필요가 있다. 또한 사회 서비스 부문도 사회복지정책과 행정에서 중요하게 다루어야 할 영역이고, 주거정책도 인간의 의식주라는 기본적 욕구에서 주요한 영역으로서 주목해야 할 부분이다. 이러한 이유들로 인해서 본 주제들은 여러 논쟁적인 비교연구들이 많이 수행되는 주요 영역들이다.

1. 가족정책의 비교

1) 가족정책의 개념과 아동수당

가족정책의 개념은 매우 광범위하고, 다양한 프로그램과 정책을 포괄한다 (윌렌스키 et al., 1992 : 94). 즉, 가족정책이라는 이름으로 행해지는 프로그램이나 정책들의 제도화, 그 실행의 영향력, 명시화된 목표의 실질적 성과 등에 있어 국가마다 다양한 차이를 보인다. 때로는 그 범위가 너무 광범위하여 모든 것은 아무것도 아닌 것과 마찬가지로, 가족정책이란 대부분의 복지정책과 프로그램을 한꺼번에 포괄하는 모호한 것이 되고 말기도 한다.

캐머만과 칸(Kamerman and Kahn)이 말한 것처럼, 가족정책과 가족의 개념도 생각만큼 단순하지 않다. 예컨대, 유럽의 통계에서 가족은 국제연합(United Nations)의 규정을 따라, 혈연으로 맺어진 자녀와 부모 혹은 한부모로 이루어진 핵가족(자녀는 결혼을 하지 않은 경우)을 conjugal(혼인) family(가족)라고 일반화하여 공식개념으로 정의한다. 이는 전통적 핵가족 개념에 기초하고 있지만, 확대가족은 포함하지 않는다는 면에서, 또한 합의에 의해 동거하는 커플과 법적인 부부를 구분해야 될 필요 때문에 생겨난 비교적 최근의 개념이다. 그러나 이러한 가족 개념을 유럽 내에서도 일부 국가(독일, 벨기에, 그리스 등)는 채택하지 않아서 가족에 관련된 통계가 혼선을 빚을 정도로 문화적인 차이를 보인다. 또한 가족정책에 대한 많은 관심에도 불구하고, 유럽의 모든 국가들이 공통적으로 채택하고 있는 가족정책의 개념과 목표도 거의 없는 실정이다(Clasen, 1999 : 96-102).

하지만 최근 들어 국제적 비교연구에서 가족정책으로서 공통적으로 다루는 대표적인 프로그램은 ① 아동수당(child benefit) : 현금급여-소득이전과 ② 유급 부모휴가(parental leave), ③ 보육서비스(child care service) 등의 현물과 서비스를 꼽을 수 있다. 여기서는 이러한 가족정책 프로그램들 가운데 아동수당의 국제적 비교연구를 살펴보기로 한다.

2) 가족정책에서 아동수당의 역사 및 국제적 비교연구

아동수당(child benefit)은 나라에 따라 시기에 따라 가족수당(family allowance) 혹은 아동수당(child allowance) 등으로 지칭되었고, 주로 저출산에 대한 우려와 부양가족이 있는 가족의 빈곤 및 생계에 대한 관심으로부터 도입되었다. 하지만 시초부터 아동수당이 오늘날 알려진 보편적인 수당으로서 제도화된 것은 아니었다. 우선 뉴질랜드에서 1926년에 아동수당이 최초 도입되었는데, 당시에는 소득조사에 의해 주어졌고, 저소득 가족의 지원을 위해 제도화되었다. 보편적인 수당이 된 것은 1946년이 되어서였다(Gordon, 1988 : 282).

뒤따라 1930년에 벨기에, 1932년에 프랑스가 도입하였는데, 이들은 주로 보험 기여에 근거하여 고용주가 임금 인상 없이 피고용 근로자의 부양가족 생계비 부담을 덜어주고자 아동수당을 지급하였다. 이후 영국을 비롯하여 유럽의 많은 나라들이 제2차 세계대전을 전후한 1940년대에 아동수당을 도입하게 되었다. 영국이 1945년, 스웨덴 1947년, 핀란드 1948년 등이었다(Gordon, 1988; Gauthier, 1996 : 70). 당시 아동수당의 도입에 많은 국가들이 동참하게 된 계기는 국제노동기구(ILO)와 베버리지의 보고서가 보편적 아동수당의 필요성을 강조하였기 때문이었다.

아동수당의 재정과 범위, 자격 등이 처음에는 두 가지 유형으로 나타났는데, 아동이 있는 가족에 대한 수당은 ① 고용에 기반한(employment-based), 다시 말해 고용주의 기여로 지불하는 방식(주로 사회보험방식 국가들인 유럽대륙)과 ② 거주에 기반한(residency-based), 즉 그 나라에 거주하는 가족에게 지불하는 방식(영국, 호주, 스칸디나비아 등)의 두 가지로 크게 대별되었다. 또한 대체로 첫째 혹은 둘째 아동 출산에 지급하지 않는 나라도 있었는데, 이는 더 많은 출산을 고려한 방책이었다. 또한 소득 조사에 의한 방식과 보편적 방식도 나라마다 다르게 지급이 이루어졌다.

아동수당의 지원 금액도 나라마다 다양했는데, 대체로 두 자녀 이하는 적게 지급되었고 네 자녀까지는 그보다 많이 지원이 이루어졌다. 유럽 국가들을 보면 두 자녀까지는 나라마다 많게는 평균 노동자 임금의 2%부터 많게는 10%가량까지 지원되었고, 네 자녀까지는 5~21%까지 다양하게 지급되었다. 그 당시 동유럽에서는 이보다 훨씬 관대하게 아동수당이 지급되었는데, 예컨대 체코슬로바키아는 두 자녀 가족에게 평균 노동자 임금의 약 22.6%, 네 자녀 가족에게는 59.7%를 지원하였다(Gordon, 1988 : 285). 한편 미국의 경우는 예외적으로 아동수당 없이 1935년 피부양 아동이 있는 가족에 대한 지원(AFDC : Aid to Families with Dependent Children) 프로그램을 도입하였는데, 이는 한부모와 저소득층 실직 가족에게 주어지는 자산조사제도로서 그 이후 보편적인 아동수당으로 확대되지는 못했다.

3) 가족정책 및 아동수당의 최근 변화

앞서 살펴본 고용 기반 아동수당을 지급하던 많은 유럽 국가들이 1980년대 들어서는 거주에 기반한 보편적 아동수당으로 변화하였고, 재원도 일반정부 조세로 전환하였다. 또한 첫째와 둘째 아동 출생에 지급하지 않는 제한도 많이 폐지되었다(Gordon, 1988 : 284; Gauthier, 1996 : 84). 그리고 최근 들어서는 한부모 가족 및 빈곤가족에 대한 지원의 필요성이 더 많이 제기되고 있다.

특히 빈곤가족의 양상은 더 복합적이고 빈곤의 원인도 다양해지고 있다. 전통적인 가족 관계가 많이 약해졌고, 공공부조는 일시적인 긴급 구호라기보다 주요한 상시적 소득의 수단이 되고 있다. 각국마다 빈곤층의 모습도 다기해졌다. 미국의 경우 빈곤가구 중 60% 이상을 여성이 차지하고, 흑인가구가 다수를 점하고 있다. 또한 빈곤층 내에 한부모 가구의 여성가장 가구 비율이 점점 증가하고 있다. 빈곤의 여성화(feminization of poverty)란 표현은 빈곤이 여성문제가 되어가고 빈곤가구의 다수가 여성가구주 가계로 나타나는 현상을 의미한다. 빈곤의 여성화가 증가하는 두 가지 요인으로는 여성가구주 한부모 가정의 증가와 여성들이 취업과 노동시장에서 보다 많은 취약점을 갖고 있다는 점 때문이다. 한국의 경우에도 공공부조 기준 이하 가구 중 여성가구주 비율이 남성가구주 비율보다 높고, 노후에 여성의 경제적 지위와 연금 수급권이 취약함을 나타내고 있다.

애초의 아동수당은 자녀가 없는 가족으로부터 있는 가족으로 자원을 재분배하는 수평적(horizontal) 재분배를 당연한 것으로 받아들였다. 하지만 빈곤의 위험에 처한 가족에게 우선적으로 재원을 배분하고 자원을 효율화하는 과정에서 고소득에서 저소득으로의, 수직적(vertical) 소득재분배적 성격이 강조되고 있기도 하다. 즉, 자녀출산의 수와 시기 등에 영향을 미치려 하는 의도에서 출산장려정책(pro-natalist)으로서 도입되었으나, 최근에는 빈곤가족, 한부모 가족, 여성가구주의 재취업이나 일-양육 지원보호 등 다양한 측면에서 가족을 원조하는 방향으로 전환하고 있다(Clasen, 1999 : 105).

전통적 가족지원 정책(유럽대륙 국가들) : 여성(모성) 경제적 지원	
시장중심(Market-oriented) 가족정책 : 영국, 미국, 영연방 국가 등	맞벌이(Dual-earner) 가족정책(양성 평등) : 스웨덴 등(스칸디나비아 국가)

| 그림 7-1 | 가족정책의 유형

스웨덴은 현금급여에 더하여 무상의 아동양육 서비스를 국가가 제공하고 유급의 부모휴가를 대폭 제공하는 등 아동의 복지를 위한 가족정책에 힘쓰고 있다. 또한 여성노동참가율이 높아지면서 여성의 보육과 취업을 지원하려는 복지가 강화되었다. 스웨덴은 여성만이 아닌 남성에게도 출산휴가를 제공한 최초의 국가이기도 하다. 유급 부모휴가의 급여도 평균임금의 80% 정도로 소득대체율이 높고, 1년 이상의 기간(최대 480일)에 걸쳐 사용할 수가 있다. 또 국영의 보육시설을 마련하여 세 살 이후 아동에 대한 보육을 제공하며, 아동이 있는 가족에게 세금감면혜택을 줄 수도 있다.

최근의 경향은 가족의 아동양육(parenting)과 부모의 맞벌이(dual earners)가 가능하도록 지원이 확대되고 있다. 사회가 변동함에 따라 가족의 역할도 변화하며, 변화하는 가족구조와 가족관계에 따라 새로운 가족지원정책의 개발이 필요해지고 있다. 이러한 맥락에서 사회문화적 변화와 가족변화의 이해에 발맞춘 가족정책이 필요하겠다.

2. 사회적 서비스의 비교

사회적 서비스(social service)는 그 기능과 범위, 용어의 개념이 각 나라마다 다양하다. 또한 정부, 민간, 비영리, 지역사회, 가족 등 참여하는 주체도 다양하게 상호작용하기 때문에 규정하기가 어렵고 비교도 용이하지 않다. 영국에서는 대인적 사회 서비스(personal social services) 혹은 사회적 보호(social care)라고도 부르며, 때로는 사회사업(social work)과 유사한 개념으로 혼용해서 쓰기도 한다. 특히 1970년의 지방당국 사회 서비스 법(1970 Local Authority Social Services Act)에 의해 지방정부의 부서와 기관에 다양한 사회 서비스의 제공 책임을 규정함으로써 사회 서비스라는 용어가 공식화되었다(Hill, 2000 : 3-4). 한편 영국의 잉글랜드(England)에서는 지방당국 사회 서비스 부(local authority social services department)가 담당부서로 되어 있지만, 스코틀랜드(Scotland)에서는 그와 유사한 업무를 담당하는 부서로서 지방당국 사회 사업부(local authority social work department)의 책임으로 규정하고 있다. 사회 서비스의 임무(mission)를 '사회적 보호(social care)의 욕구를 가진 사람들에게 양질의 서비스를 제공하는' 것으로 규정하고 있다는 점을 보더라도 이러한 용어들이 상호 유사하게 쓰인다는 점을 알 수 있다(Ibid. : 4-7).

사회적 서비스의 업무는 매우 다양하여 그 기능과 범위를 한마디로 정의하기가 어렵다. 대부분 사회사업의 범위 전반에 걸쳐 있고, 영국 사회 서비스 법에 규정된 주요 대상으로는 아동, 노인, 신체장애인 및 정신장애인의 보호 등이다. 따라서 영국의 지방당국 사회 서비스 부서의 서비스 업무는 크게 아동보호(child care) 서비스, 성인 보호(adult care) 서비스, 정신 보건(mental health) 서비스 등으로 분류해 볼 수 있다. 이는 아동복지, 장애인복지, 노인복지, 정신보건과 재활서비스 등 복지국가의 광범위한 영역에 걸친 전반적인 복지서비스를 포괄하는 지방정부의 책임 영역이라고 할 수 있는 것이다.

이를 복지국가와 관련해서 살펴보자면, 사회 서비스는 전통적인 사회에서 가족의 역할이라고 할 수 있는 다양한 기능들을 정부가 지원하거나 대신해 주는 탈가족화(de-familization) 측면이라고도 볼 수 있다. 즉, 돌봄과 보호라는 가족의 부담을 완화한다는 적극적 정책으로 간주될 수 있는 것이다. 에스핑-앤더슨은 이러한 차원을 탈가족화 지표로서 복지국가 체제에 따라 비교한 바 있는데, 이때 특히 사회민주주의적 복지 체제가 탈가족화에서도 월등하게 높은 점수를 보여주었다. 〈표 7-1〉은 에스핑-앤더슨의 비교표를 나타내는데, 각 복지 체제별 가족 서비스에 대한 지출의 GDP 대비 비율을 나타낸다.

〈표 7-1〉 복지국가의 탈가족화 비교

체제 (%)	가족 서비스의 공적 지출(GDP 대비)	데이케어 적용 범위 (공공 비율, 3세 이하)	홈 헬프 적용 범위 (노인 인구 대비)
사회민주주의	1.85	31.0	19.5
자유주의	.21	1.9	4.3
유럽 대륙	.37	9.2	4.3
남유럽	.09	4.7	1.3

출처 : Esping-Andersen(2000). p. 61.

위의 표에서 나타난 바와 같이 사회적 서비스와 탈가족화의 관점에서 복지 체제를 비교해 보면, 사회민주주의 복지 체제의 국가들이 가장 높은 사회 서비스의 공적 보호 수준을 나타내고 있음을 알 수 있다. 그 다음으로 유럽 대륙의 복지국가들(독일, 프랑스, 오스트리아 등)이 공공적 가족 서비스의 비율이 높으며, 마지막으로 자유주의 복지 체제와 남유럽 복지국가들(이탈리아, 그리스, 스페인 등)이 가장 낮은 것으로 나타났다.

우선 사회 서비스의 성인 보호 서비스에는 장애인과 노인을 위한 각종 보호가 포함된다. 사회 서비스의 보호를 필요로 하는 비노인 인구는 상대적으로 매우 적은 편이며, 대체로 성인 보호 사회 서비스의 대부분을 차지하는 성인들은 노인이다. 특히 보건 및 요양 보호를 지속적으로 필요로 하는 수요자에 대한 장기적 보호, 즉 장기요양보호 서비스가 가장 큰 비중을 차지하는 것이다(Hill, 2006 : 144). 각국의 장기요양보호(long term care)는 보호를 필요로 하는 다양한 사회집단에 대한 다양한 서비스들을 포함하고 있으며 간단히 정의내리기 어려운 특성을 가지고 있다. 약 1/3 정도의 영국 인구가 사고나 질병, 장애 등으로 평생에 걸쳐 한 번 이상 장기요양보호를 필요로 할 기회를 가지게 된다고 알려져 있다. 장애의 개념은 신체적 및 정신적 특성(physical, mental, sensory disability, learning difficulties)과 관련된 다양한 개인적 특성을 포괄한다. 장애는 그것을 정의하는 기준에 따라 다르게 정의될 수 있고, 따라서 나라마다 장애의 범주와 장애인 범위도 다르며 의학적인 장애의 정의도 역사적으로 변해왔다. 그러나 장기요양보호를 필요로 하는 대다수 집단은 노인 인구라고 볼 수 있으며, 특히 대가족의 보호가 더 이상 보편적으로 존재하지 않는 오늘날 그 중요성이 더하고 있다.

최근 들어 인구고령화로 인해 장기요양보호의 필요성이 높아진 반면, 그에 대한 재정적 대책이 마련되지 않은 데 따라 장기요양보호에 대한 관심이 고조되어 왔다. 장기요양보호는 자신을 돌보기 힘든 성인(장애인, 특히 노인)에 대한 가사서비스, 대인서비스 및 간호서비스 등 모든 종류의 서비스를 일컫는 말이나, 이에 대한 용어는 각국마다 달라서 공통된 개념상의 정의가 용이치 않다. 예컨대, 대인 사회 서비스(personal social service)의 성인 서비스 부분을 의미하기도 하고, 사회적 보호(social care) 중에서 재택 보호(home care), 지역사회 보호(community care) 등을 포함하는 개념이기도 하다. 많은 부분 노인과 장애인에 대한 장기보호를 의미하며, 의료적 서비스를 제공하는지 아닌지에 따라 의료보호(health care services) 혹은 지역중심의 비의료적 보호(community-based non-medical services : 장기요양보호 시설로 너싱 홈)로 나누기도 한다. 하지만 한국에서는 장기요양의 재정이 사회보험으로 마련되는 노인장기요양보험이 2008년부터 도입되어 독일의 수발보험이나 일본의 개호보험과 유사한 정책적 특성을 가지게 되었다. 이로써 한국은 영국을 포함한 국영의료 복지국가의 사회 서비스와는 차별적인 장기요양보험으로 제도화되었다.

한편 사회 서비스의 아동보호 서비스는 고아나 학대의 위험이 있는 아동을 보호하기 위한 서비스, 미취학 아동을 위한 보육과 보충적 교육 서비스, 부모의 노동시장 참여를 지원하기 위한 다양한 여성고용 및 가족 지원 서비스 등을 포괄한다(Hill, 2000; 2006 : 152-153). 따라서 아동보호 측면의 사회 서비스는 가족정책의 영역과도 많이 겹쳐진다. 그리고 아동의 교육과 부모의 고용이 서로 교차하는 영역이기도 하다. 그런 면에서 아동보호 서비스 영역은 재정적 비중은 적은 편이지만, 그 사회복지적 중요성은 매우 크다고 할 것이다. 이렇듯 사회 서비스는 각 나라들마다 그 영역이나 범위, 전달체계, 기능적 측면이 다양하게 제도화되는 특성이 있다. 예컨대, 영국에서는 사회 서비스가 주로 사회적 보호 측면의 서비스로서 현금급여 행정과 분리되어 발전해왔지만, 미국에서는 복지부서의 업무가 공공부조 수급자의 급여 행정과 통합되어 이루어진다. 우리나라에서도 사회 서비스가 발달해온 역사적 과정에 따라 형성되어 왔는데, 그 때문에 일반적인 사회복지적 서비스로서 사회적 일자리 사업, 돌봄 서비스, 바우처 사업 등 다양한 영역을 포괄하는 개념으로 발전해왔다. 사회 서비스는 이처럼 각 국가들에 독특한 제도화 과정의 측면들로 인해 그 개념과 범위를 각 나라별로 공통된 기준으로 비교하기는 매우 어렵다.

3. 주거정책 비교연구

주거(housing)는 인간의 생계를 위한 필수적 재화(basic goods) 중에서 가장 비용이 많이 들며, 구매하고 소비하는 데 장시간이 걸린다. 또한 교육, 보건, 사회보장에 비하면 시장에 의해 주로 공급되는 경향이 있다. 주거정책의 종류는 주로 그 공급과 소비에 국가가 얼마나 개입해야 하는지의 결정에 따라 구분될 수 있을 것이다. 복지국가의 전성기에는 많은 나라에서 공공임대주택을 직접 건설하여 공급하기도 하였으나, 1980년대 이후 신자유주의 시기가 도래하자 공영주택의 많은 부분이 매각되거나 민영화되었다. 이로 인해 주거의 불안정과 홈리스의 문제가 더욱 심각해지는 계기가 되기도 하였다. 우리나라의 경우는 1989년부터 영구임대주택과 국민임대주택 등이 많은 물량 공급되었으나, 주거불안과 주거복지 사각지대가 여전히 존재하고 있다(Somerville and Springings, 2005 : 14-17; 김수현 외, 2010).

국가의 개입 없이는 모든 주택의 공급이 시장에 의해 이루어지는 무개입(Non-intervention) 정책이 성립되는데, 19세기에 이르기까지 영국의 소위 '자유방임(laissez-faire)' 시대가 이러한 시기에 해당된다. 이 시기에 도시의 개발은 주로 농업에 기반한 지주들에 의해 주도되는 매우 느린 과정이었고, 따라서 인구도 매우 서서히 증가하였다. 하지만 이러한 상태가 깨진 것도 시장의 힘에 의해서였는데, 급격한 산업화의 영향으로 도시에 새로운 공장과 인구가 밀집하게 되면서 새로운 도시이민자들을 위한 주택의 수요가 급증했기 때문이었다. 이때까지도 주택에 대한 국가의 개입은 없었기 때문에 많은 부동산 소유자와 투기사업자들, 공장 소유주들은 이윤을 위해 새로운 주택 건설과 임대업을 시작하게 되었다. 이러한 주택 개발에는 장기적인 적절성에 대한 안목은 결여되었고, 주택의 질은 매우 열악하였다. 이러한 주택 개발 사업은 머지않아 한계에 직면하게 되었는데, 무엇보다 열악한 위생과 주거환경으로 인한 전염병의 확산이 국가 개입을 불러올 수밖에 없었다. 일찍이 1832년의 콜레라법(Cholera Act, 1832) 도입이 이러한 영국의 역사적 배경을 말해준다(Somerville and Springings, 2005 : 17-19). 다음의 내용은 주거에 대한 국가 개입의 낮은, 중간의, 높은 단계에 따른 각각의 정책에 있어 역사적 유형 발전 단계를 비교적으로 설명한다.

1) 낮은 국가 개입(Low Level Intervention)

낮은 수준의 국가 개입은 자유방임적 주거정책이라고도 할 수 있고, 매우 초기단계(embryonic)의 주택정책으로서 19세기의 영국적 상황이나 개발도상국의 주거에 관련된 국가 대응을 가리킨다. 이 단계에서는 주로 주택의 수급이 시장에 의해 지배되고, 국가는 단지 권고 수준이나 약한 규제적 개입에 그치게 된다.

이러한 단계에서 주택은 대규모 산업화와 도시화로 인한 비용의 산물이자 소비의 영역으로 인식되며, 국가는 경제개발의 비용으로서 주택문제에 대하여 대체적으로 수동적인 반응을 보이게 된다. 즉, 주택문제는 각자 도시에 거주하는 개인들이 시장에서 개별적으로 마련해야 하는 것으로, 그 해결책도 경제개발의 부수적 필요에 종속된다(Clasen, 1999 : 64).

낮은 국가적 개입 수준에서 국가는 직접적 정부 대응보다는 권고(exhortation)나 약한 규제를 통해 반응하게 된다. 이를 통해 정부는 거의 비용을 부담하지 않고, 민간부문(시장과 비영리 포함)의 열악한 주거환경 개선활동을 장려하거나 최저주거기준을 충족하지 못하는 과밀하고 비위생적인 주택 건설을 규제할 수 있다. 세계보건기구(WHO)는 최저주거기준으로서 충분한 주거의 면적, 가구원의 사생활 독립성, 상하수도시설 및 난방과 냉방설비 등 인간의 존엄을 지키기에 적절한 조건을 제시하였으며, 우리나라도 2003년부터 『주택법』에서 국민이 쾌적하고 살기 좋은 생활을 영위하기 위하여 필요한 기준을 법제화한 바 있다(Somerville and Springings, 2005 : 20-22; 김수현 외, 2010 : 144).

2) 중간적 국가 개입(Middle Level Intervention)

주택에 대한 두 번째의 국가적 개입은 중간적 개입 수준으로서 자유민주적 주거정책 혹은 사회적 주택(social housing) 정책이라고 할 수 있는 것이다. 여기서 국가의 주된 역할은 시장에서 자신들의 적절한 주거를 마련하지 못하는 특정 취약계층에게 지원과 도움의 제공을 위주로 하는 특징을 가진다. 이러한 유형의 개입에 해당되는 국가는 영국, 미국, 호주 등이다. 중간적 국가 개입은 정부가 전체 국민의 주거에 대한 책임이 있다기보다는, 도심의 취약한 거주민이나 이주민 노동자들, 한부모 가구 등 주거복지 취약계층에게 선별적으로 지원 역할을 하는 데 목적을 둔다(Clasen, 1999 : 65).

이러한 중간적 개입의 정책적 수단으로는 더 나은 주거수준으로 더 많은 주택을 공급할 필요가 있을 때 정부가 제공하는 인센티브로서 국가 재정 지원금(state aid)이 있다. 대표적 사례로는 제1차 세계대전 직후 심각한 주택 부족 사태에 직면하자 영국 정부가 1919년의 주택 법(Housing Act) 제정으로 새로운 주거용 주택 건설 공급자에게 직접 지원금을 제공한 것이다. 당시 주택물량을 늘릴 수는 있었지만 가난한 노동자 계급과 서민들에 대한 주택공급의 문제는 여전히 해결되지 않았고, 이로 인해 국가가 직접 지방정부의 주택 건설에 보조금을 지원하여 취약계층의 주택 부족 문제를 해결하였다. 이때부터 지방정부 공영주택(council houses)의 건설이 시작되었다. 2차 대전 이후에도 노동당 정부하에서 1947년 도시 지방 계획법(Town and Country Planning Act)이 제정되어 지방정부의 주택 건립은 계속 늘어났다. 하지만 1970년대 이후 신자유주의 정부는 자가 소유자의 민주주의(Property-owning Democracy)를 표방하며 공공주택을 매각하고 자가 주택의 소유를 권장하였다. 어쨌든 이렇게 정부가 국가 재정 지원금을 주택 건설에 대한 인센티브로 제공하는 방식은 다양한 민간 및 비영리 주택 조합(housing association)의 설립을 촉진하는 효과도 있었다. 오늘날 유럽의 사회주택에서는 비영리 주택조합이 차지하는 비중이 높은 편이다(Somerville and Springings, 2005 : 22-23).

3) 높은 국가 개입(High Level Intervention)

세 번째로 높은 수준의 국가 개입 혹은 포괄적(comprehensive) 주거정책은 정부가 전 국민에 대한 보편적 주거욕구를 해결하는 데 책임을 두는 주택 대책을 말한다. 여기서 주택은 경제개발의 비용이나 부담이 아니라 경제에 기여를 하는 요소로 인정되며, 정부의 주택에 대한 개입은 전 국민에게 장기적 계획을 가지고 영구적으로 주택의 수급에 영향을 주는 것으로 인식된다. 이러한 단계의 주거 정책 국가로는 스웨덴과 같은 북유럽 국가나 독일과 같은 일부 유럽대륙 국가들이 해당된다(Clasen, 1999 : 65).

주택 분야에 대한 국가의 가장 명백한 개입은 정부에 의한 주택의 직접적 공급 대책이 될 것이다. 영국에서 복지국가의 팽창기에 노동당 정부는 빈곤층 주거지에 대한 슬럼가 정비(slum clearance)를 대대적으로 추진하였고, 지방정부의 공영주택 건설을 대규모로 시행하였다. 이는 정부에 의한 직접적 주거 공급 정책으로서 전형적인 고도의 개입 사례라고 할 수 있다. 하지만 이렇게 높은 수준의 국가 개입은 정부로서는 재정적 부담이 상당하고, 시장 자유주의자에게는 비판의 대상이 되어 왔다. 최근 들어 유럽 국가들은 정부가 직접 주택을 건설하여 제공하는 방식보다는 사회적인 임대 주거 분야(social-rental housing sector)를 선호하고 있으며, 이를 통해 값은 저렴하면서도 보편적으로 주거의 부담을 줄여주는 정책을 추구하는 경향이 있다(Somerville and Springings, 2005 : 24; Clasen, 1999 : 66-67).

위에서 살펴본 주거복지정책의 유형 혹은 단계는 비교적 관점에서 서로 다른 국가 간 혹은 다른 시기별 주택정책의 원인과 경과를 이론적으로 설명하려는 목적을 가진다. 하지만 이는 이론적 구분일 뿐이고, 한 나라에서도 시기별로 서로 다른 주택 개입의 유형이나 혼합된 주택정책이 나타날 수도 있다. 따라서 주택정책 체제의 구분은 이러한 일반화된 이론적 틀을 가지고 국가들이 주거정책을 어떻게 서로 다르게 조직화하는지를 비교적으로 분석하고 더 잘 이해하는 데 도움을 준다.

〈표 7-2〉 OECD 국가들의 공공임대주택 비율 및 공공임대주택 투자비의 비중(GDP 대비)

구분(%)	네덜란드	독 일	영 국	호 주	미 국	한 국
공공비율 (2019 혹은 2020 기준)	34.1	2.7	16.7	4	3.6	7.8
투자비 (2015 기준)	–	–	–	0.28	0.11	0.53

출처 : 국토교통부, 국회입법조사처 『지표로 보는 이슈(2018. 3. 12)』.

주거복지정책은 공공임대주택의 직접적 공급, 주거비용(주택보조금, 주거급여)의 지원, 노숙인 지원 및 주거환경 개선 지원 등으로 구성된다. 〈표 7-2〉에서 보여주는 바와 같이, 우리나라의 공공임대주택 비율은 7.8% 정도로 나타나고 있으며, 이는 OECD 국가들의 평균인 6.9%보다 높은 편이다. 최근 들어 우리나라의 공공임대주택에 대한 투자의 비중이 높아졌고, 선진국들은 공공임대주택에 대한 투자가 그렇게 높지는 않은 편이다. 대신에 네덜란드, 프랑스 등의 유럽 국가에서는 비영리조직이나 주택조합에 의한 주택 공급 역할이 커지고 있으며, 이로 인해 국가나 지자체의 비중은 낮아지고 있는 추세이다. 그로 인해 비영리 부문이 저렴한 사회적 임대주택을 공급하고 있다.

4. 맺음말

본 장에서는 각국의 가족정책, 사회 서비스, 주거정책의 비교연구에 관하여 살펴보았다. 이러한 정책들은 가족의 생계 및 가구별 생활의 유형에 영향을 미칠 수 있는 복지정책의 분야들이다. 가족정책은 가족이라는 사적 영역의 자율성과 국가의 지원정책이라는 공적 개입이 균형을 이루면서 실행되어야 하는 매우 세심한 분야이다. 때로 가족정책은 가치중립적일 수가 없고, 특정한 가족의 이념이나 가족계획, 저출산 등 국가적 목표를 가족에게 강요할 수 있는 소지도 있다. 특히 현재 우리나라에서 가족정책은 주로 저출산이라는 긴급한 국가적 위기 상황을 고려한 정책들이 많다. 이러한 맥락에서 아동수당이나 보육 정책 등은 저출산 대책과 매우 밀접한 관련성을 가지는데, 주의할 점은 이런 정책들의 실효성도 중요하지만 여성의 경제적 참여 대책과 함께 남성들의 가정생활에 대한 참여의 대책도 균형을 이루어야 할 것이라는 점이다. 그래야만 일-가족의 균형 및 가족친화적 정책이 효과를 발휘할 수 있을 것이다.

뿐만 아니라 사회적 서비스를 통한 중앙 및 지방 정부의 역할도 가족에게 큰 영향을 미칠 수 있다. 취약한 가구를 구성하는 한부모 가족, 장애인이나 노인을 돌보아야 하는 가족, 저소득층 가족 등은 소득 지원뿐만 아니라 다양한 돌봄 지원체계도 필요로 할 것이다. 고령화와 가족의 유형이 다원화되어가는 현대 사회에서는 취약한 가족을 지원하는 사회적 서비스에 대하여 국가적 투자가 더욱 절실히 요구된다. 마지막으로 국가적인 주거정책의 맥락은 국가의 개입에 있어 사적 영역의 자율성과의 더 많은 사회적 합의를 요청한다. 오늘날 주거정책은 사회적 공정성의 측면에서 많은 쟁점들이 제기된다. 시장경제에서 국가는 어느 정도 주택에 대하여 개입이 허용되어야 할 것인가? 주거에 대한 사회적 권리와 시장경제의 자유 중에서 어떤 균형점을 찾을 수 있을 것인가? 주거에 있어서 자유와 평등은 어디까지 보장되어야 하는가? 이러한 딜레마에 대해서 주거복지정책은 '복지'뿐만 아니라 사회적 '공정'에 대해서도 합의된 가치를 고려해야만 한다. 이런 어려운 질문들에 대하여, 가족정책과 사회 서비스, 주거복지의 국제적인 비교와 다양한 가치를 공유하려는 연구 및 분석들은 해결책을 모색하는 데 기여하는 방안을 제공할 수 있을 것이다.

CHAPTER

08

각국의 근로연계복지의 비교연구

CHAPTER

08 각국의 근로연계복지의 비교연구

1. 서 론

1980년대 이후 많은 서구 복지국가들은 중단 없는 개혁의 시도를 끊임없이 계속해왔다. 이는 대부분 서구 복지국가들이 지난 20여 년 넘는 기간 동안 세계화와 탈규제의 충격으로 인해 사회적 양극화와 높은 실업률을 경험해 왔기 때문이다. 특히 이러한 문제를 해결하기 위해 고심한 결과로서 적극적 노동시장 정책 혹은 활성화 대책의 도입과 실행이라는 현상이 나타났던 것이다.

우리에게는 사회복지에서 사회투자로의 전환, 신자유주의와 제3의 길, 근로연계복지, 새로운 위험의 도래 등으로 표현되어 온 선진국의 변화들에 대한 다양한 파악과 한국적 현실에 대한 적용의 모색이 시도되어 왔다. 주목해야 할 점은 영국을 비롯한 서구의 상황이 우리와 다를 뿐만 아니라, 이론적으로만 논의된 그러한 변동들이 실질적으로 복지국가의 변화를 가져왔는지 아니면 그저 정치적 담론의 수사학적 변경인지에 대해서 유럽의 학자들 사이에서조차 여전히 논쟁거리라는 사실이다.

사실 서구의 복지국가 전성기 동안에 한국은 고도의 경제 성장기로서, 성장이 곧 고용문제의 해결책인 듯 인식되어져 왔다. 하지만 오늘날 고용 없는 성장이 지속되는 상황에서 국가의 역할은 곧 고용 안정과 실업 방지에 맞추어져야 하는 시대를 맞고 있다. 다시 말해 서구의 관대한 복지국가를 적정화하는 과정으로서 활성화가 선택되고 있는 상황이라면, 우리는 고용불안정시대에 고용 안정을 책임져야 할 정부의 과제가 놓여 있는 것이다.

따라서 서구에서 시작된 근로연계복지 논의의 쟁점이 무엇이고, 최근 20여 년 동안의 정책적 변화가 무엇을 가져다주었는가를 특별히 고용과 빈곤층에게 미친 실제적 영향을 중심으로 살펴보고자 하는 것이 본고의 핵심적 주제이다. 본고는 그러한 개혁들이 가져다준 다양한 결과들에 초점을 맞추어 논의를 진행시키고자 한다. 본론에서는 개혁이 서구 복지국가의 서비스 전달에 준 영향, 그러한 복지국가의 구성 및 성과에 가져온 변화를 살펴보며, 특히 미국과 영국, 네덜란드, 그리고 스웨덴의 네 나라 사례에 초점을 맞추어 비교적으로 검토하고자 한다.

본고는 미국, 영국, 네덜란드, 스웨덴에서 실시되었던 근로연계복지 정책들이 과연 어떠한 정책적 성과들을 거두었는지, 그리고 특별히 빈곤층에게 어떠한 영향력을 미쳤는지에 대하여 검토한다. 본 연구에서 다루고자 하는 연구문제는, '근로연계복지 제도가 고용과 어떤 연관성이 있는가?' '근로연계복지 제도의 도입이 빈곤층에게 어떤 영향을 미쳤는가?' 그리고 '그러한 과정에서 정책목표와 서비스 전달의 역할은 무엇인가?'이다.

2. 근로연계복지 개혁의 정치경제적 배경 및 비교의 전략

1) 국외문헌 검토

1990년대 이후 미국을 비롯한 OECD 국가들에서 발견되는 사회복지정책의 뚜렷한 변화 동향의 하나는 바로 적극적 노동시장 정책(Active Labour Market Policies), 혹은 활성화(activation)라고도 불리는 워크페어(workfare)로의 전환이다. 국가마다 다양한 정책 전환이 시도되고 있기 때문에 용어조차도 나라마다 다르지만, 다음과 같은 한 가지 경향은 매우 뚜렷하게 관찰되고 있다. 즉, 실업 상태의 급여 수급자가 소극적 복지제도에 머무르지 않고 노동시장에 다시 참여하도록 고용 훈련과 기술교육, 상담 등을 통하여 지원하고 수급의 기간을 조건부로 제한하는 것을 골자로 한다(Handler and Babcock, 2006; Dostal, 2008; Lewis, 2011).

이러한 정책들은 각국의 역사적 상황에 따라 서로 다른 정치적 상황하에서 다양한 맥락과 배경으로부터 나타난 산물이었다. 알려진 바와 같이 최초의 적극적 노동시장 정책은 1950년대 스웨덴에서 사회정책적 완전고용 정책의 일환으로 실시되었다. 당시의 적극적 노동시장 정책은 완전고용을 보장하기 위해 재정정책과 임금조정 정책이 결합된 형태였다. 즉, 노동자들은 일자리의 부문/지역 간 이전의 의무를 감수하는 대신 동일한 고용 부문에 동일한 임금 원칙을 확립하는 연대성에 기반한 임금 협상을 그에 대한 균형으로서 제공한 일종의 노조－고용주 간에 협상의 산물이었다. 뿐만 아니라 그러한 국가적 임금 조정(national wage co-ordination) 정책과 함께 전반적인 노동 생산성 향상을 위하여 인적 자본에 대한 투자가 지원되었던 것이다. 따라서 당시 스웨덴의 적극적 노동시장 정책은 고용에 대한 의무가 연대임금 정책 및 인적 자본 투자에 연계되어 있었다는 점에서 현재 논의되는 근로연계복지와는 차원을 달리한 것이 사실이었다(Dostal, 2008 : 24).

한편 1960년대 미국의 닉슨 정부에 들어서 처음으로 워크페어라는 용어가 쓰이기 시작했으며, 1970년대에는 부양자녀가 있는 가족에 대한 공공부조(AFDC : Aids to Families with Dependent Children)의 수급자들에게 일자리 체험 프로그램(WEP : Work Experience Program)을 실시하려는 시도들이 나타나기 시작했다. 이러한 영향으로 1980년대에는 영국에서도 그러한 용어들이 사용되기 시작하는데, 당시 영국의 변화들은 기존 정책의 방향을 바꿀 정도는 아니었고, 불황 시대의 공공사업 프로그램이나 빅토리아 시대의 빈곤 구제와 유사한 경향의 사업으로 평가되었다(Handler and Babcock, 2006; Dostal, 2008 : 22).

기존에 확립된 복지국가의 소득보장 체계를 변화시키고 재조직하려는 이른바 '복지 개혁'은 영미 양국에서 1970~1980년대부터 이미 태동했으나, 우선 미국의 경우는 1996년에 성립된 '개인적 책임 및 근로기회 조정에 관한 법안

(PRWORA : Personal Responsibility and Work Opportunity Reconciliation Act)'이 처음 의회를 통과하면서 본격적으로 가동되기 시작했다. 피부양 아동이 있는 가족에 대한 공공부조(AFDC) 제도는 빈곤가족에 대한 일시적 부조(TANF) 제도로 대체되었고, 복지급여는 근로조건과 벌칙(sanction) 및 수급 기간의 제한이 조건으로 붙음으로써 더 이상 수급을 권리(entitlement)로서 부여하지 않는 것으로 재조정되었다. 이 법안의 통과로 미국에서는 공공부조 수급자의 60%가량이 감소되었고, 영국, 호주, 뉴질랜드를 비롯하여 유럽의 여러 국가들이 조금씩 차이를 보이기는 하지만 유사한 방향으로 개혁을 지향하게 된다(Evans, 2001; Handler and Babcock, 2006; Cawley, Schroeder and Simon, 2006).

영국에서도 역시 1970년대 말부터 실업 급여와 공공부조의 수급이 더 엄격해지는 기조가 지속되었지만, 고용 지원 서비스가 활용되지 않았고 구직 등록이 의무화되지 않았기 때문에 고용에 대한 촉진이 활발히 이루어지지는 못했다. 1997년 신노동당이 집권하자 기존의 실업률뿐만 아니라 경제적으로 활성화되지 못한 수급자들(inactive claimants)의 수준이 높다고 판단하여 다양한 뉴딜 프로그램들(The New Deals)을 실시하게 된다(Evans, 2001 : 260-261). 신노동당은 '일할 수 있는 사람에게 일자리, 일할 수 없는 사람에게 안정(security)'을 주겠다고 공약하였으며, 일자리를 최선의 빈곤정책으로 내세운 바 있다(Waldfogel, 2007 : 2).

물론 최근에 전개된 영국 신노동당의 사회투자적 전환은 단순히 근로연계복지 내지는 활성화만으로 이루어져 있지는 않다. 사회투자라는 용어에서도 감지되듯이, 이러한 정책적 발전에는 인적 자본과 사회적 자본에 대한 투자를 위하여 다양한 보완적 프로그램이 포함된다(양재진, 2007).

미국의 복지개혁은 50개의 주마다 프로그램상의 차이가 다소 있지만, 위스컨신주의 "일자리 우선(work first)" 전략이 가장 대표적인 프로그램으로 손꼽힌다(Wisconsin Works, 혹은 W-2라고도 불림). 클라이언트는 우선 어떤 여하한 일자리든지 가능하다면 우선 취업하여야 하고, 그 다음으로 저임금 초기 진입 단계의 일자리로부터 시작하여 그 보다 좀 더 높은 단계의 다음 일자리로 옮겨

가는 방식으로 사다리(employment ladder)를 타고 이동함으로써 결국 빈곤을 탈출하게 된다는 전략이다(Handler and Babcock, 2006 : 2-7). 이러한 이행 과정의 첫 단계는 우선 개별화된 일자리 계획(individualized work plan)을 수립하고, 복지 사무소에 개인 클라이언트는 각자 자신의 구직 활동의 개요, 구직상의 취약점, 선호도와 목표 사정 등 책임과 의무에 관한 계획이 포함된 계약서를 제출하게 된다. 다음으로 케이스워커는 클라이언트와 함께 적절한 고용 계약과 목표를 조정하고 재정적 지원과 구직 활동 지원 서비스를 제공하는데, 이 과정에서 구체적인 구직의 활동과 계획, 단계별 상담 및 맞춤형의 서비스를 제공해야 한다. 이러한 단계별 과정은 앞서 언급한 바와 같이 주별로 상당히 다르게 실시되고 있으며, 이에 따라 주정부 역할 및 일선 케이스워커의 비중이 프로그램 시행 효과성에 있어서 매우 결정적 변수로 작용한다. 이에 대해서는 다음의 전달체계 관련 문제점들에 관한 논의에서 살펴본다.

이러한 복지 개혁의 과정은 영국에서도 매우 유사하게 실행되었는데, 영국의 신노동당 정부는 경제적으로 비활동 인구라고 할 수 있는 청년 실업과 한부모 가정 및 장기 실업 인구(장애인과 만성 환자 포함)의 활성화 정책들을 실시하게 된다. 여기에는 일자리 정책과 아동 있는 저소득 가정의 소득 증진 대책, 그리고 아동에 대한 직접적 투자 정책이 포함된다(Evans, 2001; Waldfogel, 2007). 영국의 구체적 복지 개혁 정책으로는 미국의 근로 장려 소득세 공제(EITC : Earned Income Tax Credit)와 유사한 근로가족 소득장려 세제 공제(WFTC : Working Families Tax Credit) 및 국민 최저임금제 도입을 꼽을 수 있고, 청년 실업과 한부모 가정 등 장기 실업자에 대한 뉴딜정책 등 구직과 일자리 촉진 정책을 들 수가 있다. 하지만 미국과의 차이점은 영국의 뉴딜정책들이 한부모 가족의 근로조건부 수급의 경우에 일자리 관련 모임에 참석을 조건으로 하지만 훈련과 일자리 취업이 의무적 사항이 아니라는 사실이다. 이러한 사실의 차이점은 이후의 정책 성과 관련 논의에서 다시 다루도록 하겠다. 그 외에도 영국에서는 아동빈곤을 줄이기 위한 아동수당 제도의 도입과 몇 가지 아동에 대한 직접 투자 프로그램들이 강조되고 있다.

한편 네덜란드는 에스핑-앤더슨의 복지체제 유형의 탈상품화 분류에서 유럽대륙 국가들 중에서 벨기에와 더불어 북유럽 사민주의형 복지체제로 분류되어 드물게 보수주의와 사민주의의 중간적 사례이며, 1980년대에 들어서면서 높은 실업률과 생산성의 하강을 겪은 뒤에 보수당의 집권과 함께 급속히 복지국가의 재편을 단행한 국가에 속한다. 특히 네덜란드는 1996년과 2004년 두 번에 걸쳐 전반적인 공공부조 체계의 개혁을 실시함으로써 유럽 국가들 가운데 영미식의 근로 활성화(activation) 정책을 최초로 실행에 옮긴 국가라 할 수 있다(Esping-Andersen, 1990; Finn, 2008; Van Berkel et al., 2008). 이하의 절에서는 미국, 영국, 네덜란드 및 스웨덴의 근로연계정책들의 논리, 실행상의 여러 가지 문제점, 그러한 프로그램의 도입이 가져온 성과를 비교적 측면에서 논의한다.

2) 국내 선행연구

국내의 문헌으로 근로복지 개혁에 대한 선행연구는 상당히 많이 존재하며, 특별히 영국의 근로연계복지 관련 연구는 '사회투자'라는 개념과 관련하여 단일한 국외 사례에 대한 연구로서는 예외적으로 매우 많은 논의를 불러일으켰다(김환준, 2003; 문진영, 2004; 김연명, 2007; 김영순, 2007; 양재진, 2007; 양재진 외, 2008; 김교성, 2008 등). 본고와 관련해서 주목할 만한 대목은 근로연계복지의 성과에 대한 부분, 그리고 구체적인 프로그램과 서비스 전달에 관련된 여러 개별 국가들의 상이점과 공통점에 대한 분석이다. 왜냐하면 정책 실행의 결과는 경험적 성과분석을 통해서 장단점의 객관적 파악이 가능하고, 구체적인 서비스 전달 과정을 파악함으로써 우리에게 적절한 적용 방안의 길을 모색할 수 있도록 해줄 것이기 때문이다.

국내 선행 연구들을 검토해 보면, 특정 국가의 단일사례(특히 영국과 미국)에 연구 경향이 집중되어 있고(김환준, 2003; 문진영, 2004; 김연명, 2007; 김영순, 2007; 양재진, 2007), 그 이외의 나라에 대한 비교적 관점이 결여되어 있어서 하나의 단일사례를 일반화시킬 위험성이 있다. 비교연구인 경우에도 매우 일반적인 양적 연구만이 존재한다. 일반론과 사례비교 모두 장단점이 있지만(자세한 내용은 다음 절에 상술), 일반론의 단점은 추상적인 이론적 논의에 묻혀 개별 국가의 구체적 현실이 어떤 맥락에서 구체적으로 진행되었는지를 간과하기 쉽다는 점이다. 예를 들어, 사회투자 지출과 고용률이 음(−)의 관계로 나타날 때, 이러한 반비례 경향에 대한 해석에서 착오를 범할 수 있다. 즉, 이는 사회투자 지출이 영향을 주어서 고용률이 낮아진 것이라기보다는(이는 논리적으로 납득이 가지 않음), 고용률이 하락하는 경향을 보일수록 사회투자적 지출을 증가시킬 가능성이 높은 것이라고 해석하는 것이 타당할 것이다. 하지만 이 둘 사이의 관계를 계량적으로 밝혀 검증하기는 쉽지 않다. 왜냐하면 고용률은 단지 정부 정책에 의하여 결정되는 지표라고 보기 어렵고, 개별 국가의 다양한 맥락을 고려해야 하기 때문이다(김교성, 2008 : 51).

한편 우리나라의 현재 단계에서 서구 복지국가의 근로연계정책을 적용하고자 할 때 유의할 점은, 한국의 경우에 고용서비스의 발전이 매우 늦은 국가에 속하며, 고용과 복지 서비스의 연계를 통한 수요자 중심의 원스톱 서비스 발전과 고용서비스 전달체계 개선 노력이 절실히 필요하다는 점이다(유길상, 2006). 또한 저소득 근로가구의 소득 증대와 근로동기 강화를 위해 도입된 근로장려세제의 효과를 분석한 연구에 따르면, 국내에서 제도의 시행으로 저소득층 근로소득 증대 효과가 나타난 것으로 보고된 바 있다(박능후, 2011). 하지만 2000년대 초부터 실시된 자활사업의 경우는 그 시행과정에서 지나치게 영리 사업화되면서 복지사업으로서의 원래 취지가 무시되었다고 비판받고 있기도 하다(김수영, 2012).

이처럼 사회투자나 근로연계 정책들은 매우 구체적인 서비스 전달의 과정 속에서 현실적으로 집행되고 실행되며, 그런 점에서 고용 및 복지 서비스 전달체계 발전의 구체적 과정과 맥락은 이러한 정책의 분석에서 매우 중요하다. 따라서 구체적 맥락 탐색을 위해서도 서비스 전달에 대한 비교가 향후 많이 연구되어야 할 것이다. 본 연구는 이러한 측면에 대해서도 영국, 미국, 스웨덴,

네덜란드라는 네 나라에 대한 비교적 관점에서 분석하여 시사점을 도출하고자 한다.

3) 비교의 전략(비교의 분석틀과 비교국가의 선정)

비교의 방법을 사용하는 사회과학적 탐구의 목적은 크게 두 가지 시각이 대립하는데, 첫째는 모든 사회를 하나의 일반화된 이론으로 설명하려는 목적으로 비교를 하는 입장(변수 중심적 분석 방법)이며, 둘째는 사례에 대한 이해를 높이기 위하여 다른 사회를 비교하는 입장(사례 중심적 분석 방법)이다(김용학, 임현진, 2000 : 28-64). 본 연구는 후자의 방법을 택하기로 하며, 이러한 국가 간 비교를 통해 서로 다른 사회구조와 정책제도를 더 잘 이해할 수 있도록 맥락화(contextualization)한다.

비교 정책 분야의 학문적 연구가 가지는 주요 목적은 왜 어떤 정부가 유사한 문제의 해결에서 다른 정부보다 나은가를 배우는 것이라 할 수 있다. 일반화를 추구하는 변수 중심의 연구가 보편적 수준에서 설명력을 획득하기는 유리할지 모르나, 나라마다 복잡한 패키지로 이루어진 정책 수단(예를 들면, 아동을 지원하는 급여의 패키지나 의료서비스 체제, 다양하게 구성된 실업 대책의 복잡성 등)이 어떻게 국가별로 독특한 결합을 이루고 특수한 조건들이 미묘하게 결합하는지 등을 파악하는 데는 소수 사례에 대한 연구가 장점을 가진다. 즉, 사례에 대한 비교를 통해 상이한 맥락에서 상이한 결과를 도출하고 조합하는 방식에 대한 이론과 근거의 대화를 유연하게 촉진할 수 있기 때문이다(Skocpol and Somers, 1980; Heidenheimer and Heclo, 1983; Ragin, 1989). 물론 사례 중심적 방법은 변수 중심의 일반화 방식이 놓치기 쉬운 맥락화를 가능케 하지만, 한편으로는 사례의 수가 적기 때문에 일반이론으로서 적용범위가 좁다는 근본적 한계점을 가진다.

비교적 적은 수의 사례로서 맥락적 배경을 고려하여 공통적인 인과유형을 발견하려는 목적에서 비교될 경우, 밀(John Stuart Mill)의 일치법과 차이법의 분석 방식을 따를 수 있다. 일치법(method of agreement)이란 공통된 현상을 낳는 사례들은 공통된 원인적 요소를 가진다는 전제이고, 차이법(method of difference)이란 서로 다른 현상을 낳은 중요한 다른 요인들을 대조하는 비교의 방법이다(김용학, 임현진, 2000; Skocpol and Somers, 1980; Mill, 1880). 이를 도식으로 나타내면 다음과 같다.

(일치법)	(차이법)	(간접차이법)
X(a, b, c, x) → Z	X(a, b, c, x) → Z	A(a, b, c, d) → Z
Y(d, e, f, x) → Z	Y(a, b, c, Not x) → Not Z	B(a, Not d) → Not Z
x → Z	x → Z	C(b, Not d) → Not Z
		d → Z

또한 두 비교군 사이에 부분적 일치와 부분적 차이를 보일 때 간접차이법을 사용할 수도 있다. 간접차이법 역시 위와 같은 도식으로 나타낼 수 있으며, 위의 형식 논리적 유추 방법은 결론 부분에서 본 연구의 전체 내용으로부터 결과를 유추하는 발견적 도식으로 사용될 것이다(특별히 표 8-5 참조).

본 연구에서는 네 나라를 선정하는 범주와 기준으로서, 우선 시행된 정책의 유형(미국[워크페어], 영국[사회투자], 스웨덴[적극적 노동시장]을 구분하여)에서 대표적인 세 나라를 선별하였고, 또한 네덜란드가 유럽권 국가들 중에서 가장 적극적으로 공공부조 개혁을 단행하고 그러한 트렌드에 동참한 대표적인 나라로서 포함되어 네 나라를 비교하였다. 그리고 그 비교의 대상 지표를 고용률, 빈곤율, 전달체계 등으로 한다(표 8-1 참조). 특히 미국과 영국은 1990년대 이후 근로연계적 정책 유행을 주도한 국가들이었고, 또 한편 스웨덴과 네덜란드는 영미권 국가에 대별되는 유럽권 국가인데 그 중에서도 네덜란드는 에스핑-앤더슨(1990 : 52-53)의 분류에 따르면 사회민주주의와 보수주의의 중간형(hybrid)이면서 동시에 근로연계복지에 있어서는 민영화(신자유주의형)를 도입하여 유럽 국가들 중에서 또한 독특한 사례에 속한다.

〈표 8-1〉

분 류	사회민주주의형	노동주의형	보수주의형	신자유주의형
대표적 사례 국가	스웨덴	영국(신노동당)	미국, 유럽 보수당	영국(1980년대)
시행된 정책의 대표적 유형	적극적 노동시장정책 (ALMP)	사회투자 (Social investment)	워크페어 (Workfare)	고용서비스 민영화 (Contract out)
비교대상 지표	고용률, 빈곤율, 실업률, 전달체계, 정책목표, 프로그램, 타깃 집단 등			

출처 : Dostal(2008)로부터 재구성[1)]

3. 근로연계복지 제도와 고용의 비교에서 쟁점

사회투자의 논리를 설명하는 국내 및 해외 문헌들(양재진 외, 2008; Dostal, 2008; Evans, 2001)의 공통된 이론은, 국가의 사회투자적 정책 개입이 교육과 훈련에 대한 공공 투자를 통해 노동력의 질과 생산성을 향상시키며 노동의 공급을 증대시킴으로써 공급 측면(supply-side) 경제학의 관점에서 경제성장을 촉진시킨다는 가설에 기반한다는 점에서 대체로 일치한다. 또한 사회투자는 일반적으로 "사회구성원의 노동시장 참여의 권리와 기회를 보장하기 위해 국가 차원에서 이루어지는 인적 자본과 사회 서비스에 대한 지출"로 개념화할 수 있다(양재진 외, 2008 : 32).

영국 신노동당의 사회정책은 이른바 전통적 사회복지에 대한 대안으로서 '사회투자'의 개념을 내세운 것으로 매우 잘 알려져 있으며, 심지어 그러한 정책적 경향은 더 이상 집권을 하고 있지도 않은 지금까지도 지속적인 논쟁의 대상이 되고 있을 정도이다(Lewis, 2011). 이러한 사회투자에는 특별히 아동에 대한 투자가 그 핵심적 우선순위를 차지한다(Lister, 2006; Wincott, 2006; Lewis, 2011). '사회투자국가'라는 용어와 관련해서 특히나 강조되었던 것이 아동빈곤

1) 도스탈(Dostal, 1008 : 22-24)에 따르면, 애초에 확연히 달랐던 적극적 노동시장 정책과 근로연계복지 정책의 경계가 점점 애매해지고 있으며, 국가마다 근로연계복지의 내용은 유사하지만 표방하는 규범이나 담론의 수준에서 차이가 더 뚜렷하기 때문에 정책 선택의 패러다임으로서 사민주의형, 노동주의형, 보수주의형, 신자유주의형의 네 가지로 근로연계복지 유형을 구분하는 것이 유용하다고 주장한다.

및 아동에 대한 일련의 정책들이었기 때문이다. 즉 빈곤층에게 직접 경제적 생계를 위한 급여를 지급하던 전통적 복지국가의 대안으로서 주목받은 부분이 바로 인적 자본에 대한 투자, 그 중에서도 '100% 영국의 미래'인 아동과 그 아동의 빈곤을 근절하는 것이 정부 사회정책의 최우선 순위여야 한다는 것이다.

1990년대 중반의 상황을 살펴보면, 영국과 미국의 아동빈곤 수준은 OECD 국가들 중에서 가장 높은 수준으로서(각각 19%와 24%) 그보다 아동빈곤율이 높은 나라는 멕시코와 터키 외에는 없을 정도였다(OECD, 2003 : 52). 그러다가 2000년대 중반에 들어서면 14%와 21%로서 각각 5%와 3%가량이 감소하였고(표 8-4 참조), 뿐만 아니라 영국의 경우 상대적 빈곤율(중위 소득 40% 이하 빈곤가구의 아동 비율)로 비교해 보면 1995년도 8.36%에서 2004년도 5.36%로 30% 이상 감소히였디(LIS data set 참조)는 보고도 있다(Waldfogel, 2007 : 4).

영국 사회투자정책 이론의 핵심적 요소는 오늘날 경제 성장이 그 사회의 지식 및 인적 자본의 수준에 달려 있다는 근거에 바탕하고 있으며, 그러한 투자는 민간 부문과 개인에게만 맡겨둘 경우에 저투자로 연결될 가능성이 높으므로 국가 개입이 정당하다는 논리이다. 하지만 문제는, 인적 자본에 대한 투자가 그 자체로서 저소득층의 고용가능성을 늘리고 소득을 증가시켜 빈곤을 감소시키는 사회적 효과를 가져다줄 수 있을 것인가? 하는 점이다.

루이스(Lewis, 2011 : 535)에 따르면 1990년대 이후 보수당의 신자유주의와 신노동당의 집권을 거쳐 지난 20년 가까운 기간 동안 영국에서는 여야할 것 없이 사회정책적으로 합의된 목적에 도달하였다고 주장하는데, 그것은 다름 아닌 아동빈곤의 근절이며 이를 달성하기 위해 동의된 세 가지 주요 수단이 활용되었다고 보고 있다. 그 핵심은 곧 일자리 강화(work intensification), 재분배(re-distribution), 그리고 숙련도 업그레이드(skill upgrade)이다.

여기서 문제는 정부의 향상된 기술과 노동의 공급 측면 정책들의 성공 여부가 실질적으로는 노동시장에서 고용주들이 투자된 숙련 노동을 얼마나 필요로 하는가, 다시 말해 그러한 노동에 대한 수요에 달려 있다는 점이다. 그런데 현행 노동시장이 고소득 전문 노동과 저소득의 노동으로 양분되어 있으며, 그 중간층의 노동에 대한 수요는 매우 공동화(空洞化)되어 있다는 문제점이 지적된다(Lewis, 2011 : 537-538).

〈표 8-2〉 미국, 영국, 네덜란드의 노동시장 관련 통계 비교

구 분	연 도	미 국	영 국	네덜란드	스웨덴
노동참가율(%)	1994	76.7	76.0	68.6	79.2
	2006	75.5	76.7	75.7	80.2
파트타임 고용률(%)	1994	14.2	22.4	28.9	15.8
	2006	12.6	23.4	35.5	13.4

출처 : OECD Society at a Glance(2002, 2005, 2007); OECD Employment Outlook 2008.

영국의 신노동당은 집권 후 노동가능 인구의 고용률을 안정화 혹은 향상시키는 데 일정 부분 성공하였으며, 특히 한부모 가구의 고용률을 1997년 44.6%에서 56.7%로 끌어올렸다(Ibid. : 539). 하지만 〈표 8-2〉에서 볼 수 있는 바와 같이 전반적인 고용 수준의 개선은 미미한 편이었고, 미국과 영국 모두에서 고용률 변동은 주로 파트타임 고용 수준의 증감에 달려 있음을 알 수 있다.

이런 상황에서 고용훈련을 통해 노동의 숙련도를 높인다고 해서 자동적으로 실업자의 고용률이 높아지리라고 기대하는 것은 지나친 환상일 수 있다. 특히 노동시장이 분절된 상황에서, 더구나 최근 들어 고소득 전문직과 저임금 미숙련 부문만이 증대하는 노동 양극화로 인해 약간의 사회적 투자로 저소득층의 고용가능성이 획기적으로 증가할 것이라고 기대하는 것도 상당한 한계에 부딪힌다. 영국과 미국, 유럽 국가 등에 대한 최근 연구에 따르면 1970년대 이후 최상층과 최하층 각 2개 십분위 직종(two deciles of jobs)의 고용은 기대 이상으로 증가한 반면, 중간층의 6개 십분위 부분은 축소되거나 사라졌다고 보고되고 있다(Lewis, 2011; Dostal, 2008; Spitz-Oener, 2006). 이러한 상황이므로 근로연계적 복지정책으로 수급자를 줄여 노동 공급을 증대시키고, 사회적 투자를 하면 생산성이 높아진 노동이 그 자체로 노동시장의 수요를 창출하여 성장을 가져오고, 따라서 빈곤이 감소할 거라고 보는 관점은 자명한 논리가 아니라

노동시장의 수요에 의존된, 매우 불확실한 이론일 수밖에 없다. 따라서 이러한 프로그램들의 효과는 거시경제적 상황에 따라 매우 제한적이며 향후에도 이러한 사항에 대한 고려를 통해 정책적 개입에 있어서 주의가 요구된다.

앞서 언급했다시피 스웨덴에서 처음 등장한 포괄적인 적극적 노동시장 정책(ALMP)이 완전고용을 목표로 한 거시경제적 임금조정 정책과 부문 간 노동 이동성 지원을 위해 고용 훈련에 국가가 직접 나서는 노동시장 정책을 결합시켰던 반면에, 1970년대 이후 영미권 국가에서 출현하기 시작하고 1990년대에 OECD 국가들에 전면적으로 유행처럼 번지기 시작한 워크페어 정책에는 거시경제적 정책 목표의 결여와 인적 자원 개발의 의미가 희석되어 나타났다 (Dostal, 2008 : 24-26).

따라서 근로(참여 및 고용 훈련)의 조건으로 급여를 지급한다는 핵심에는 공통점이 있으나, 적극적 노동시장 정책과 활성화 및 워크페어는 나라마다 다른 조건으로 실행상에 상당한 차이를 보이며 제각기 다르게 실시되고 있는 것이다. 뿐만 아니라 근로연계복지 개혁의 목적과 그 수단의 실현에 있어서 실제 정책 실행의 몇 가지 서로 다른 이슈들이 존재하는데, 그것은 정책 전달 수행에 있어서 민간 부문의 활용 정도와 어떤 구체적 타깃 목표를 설정할 것인가 등의 쟁점들이다.

다시 말해 거시적인 수준에서 사회적 투자에 대한 이론적 찬반 논쟁에도 불구하고, 다양한 국가의 실제 상황과 정책적 실행의 서로 다른 조건들(각 국가별 고용과 실업의 수준, 정책 수단의 선택, 근로조건의 강도 등)에 따라 근로연계복지의 양상도 다양한 편차를 보일 수 있는 것이다. 그러므로 여기서 주요한 검토의 대상은 바로 어떠한 정책들이 이러한 실행상의 쟁점들로부터 상이한 결과들을 낳게 되는지, 또한 그 정책 실행의 결과는 과연 어떠한가라는 점이다. 이후의 절에서는 그러한 서비스 전달과 개혁의 과정, 그리고 그 정책적 성과를 비교적 관점에서 검토한다.

4. 서비스 전달 과정 변화에서의 주요쟁점

복지개혁이 가져온 가장 큰 변화는, 복지전달체계가 수급자격의 결정으로부터 고용이 중심이 되는 행정체제로 전환된다는 점이다. 일자리를 중심으로 하는 체제에서는 서비스가 고용 지원의 도구로서 활용되어야 하고, 이에 따라 다양한 클라이언트의 특성과 욕구를 파악하는 사례관리(case management)를 필요로 한다. 근로연계복지로의 전환은 현재 고용되지 않은 사람들(실업자이든 수급자이든)에게 일자리를 가지도록 하는 것이 핵심 목표이며, 이에 따라 권리로부터 급여에 대한 책임과 일자리 우선의 적극적 사회정책을 강조하는 정책으로의 재편이다. 하지만 이를 위해서는 그러한 정책이 우선 전달되어야 할 목표 집단(target group)이 설정되어야 하는데, 이 타깃은 나라마다 다르다. 우선 미국은 한부모이며, 다른 나라들은 주로 청년 실업과 장애인고용 등 장기 실업자들로 설정되어 있다. 또한 강제 조항의 적용도 차이가 나는데, 미국은 대부분의 잠재적 수급자들 모두에게 일자리가 복지를 대체하는 방식인 반면에 다른 나라들은 집단의 특성에 따라 다른 적용 기준을 다양하게 적용하고 있는 실정이다. 예컨대, 매우 어린 아동의 한부모나 장애인의 경우에 일자리의 채택은 강제 적용이 아니라 자발적 선택 사항이다. 또한 이러한 근로연계 정책의 적용에 있어 각 나라들이 채택한 복지 혼합(welfare mix)의 양상도 다양한데, 각국별로 공공과 민간이 복지조직과 전달체계에 다양한 비율로 참여한다. 예를 들어, 어떤 나라는 이러한 프로그램을 전반적으로 민간 기관에 하청계약(contract out)하여 민영화시키는 반면, 다른 나라는 선별적으로만 민간 부문이 전달체계에 참여하여 서비스를 제공하기도 한다(Finn, 2008; Millar and Austin, 2006; Peck and Scott Jr., 2006). 이후의 절에서는 미국과 영국, 네덜란드, 스웨덴에서 이러한 사례관리 및 서비스 전달의 다양한 방식과 그 결과들은 어떻게 나타났는가에 관해 논의한다.

1) 미 국

미국에서 복지 개혁의 실행은 1980년대에 자녀들을 가진 미취업 흑인 미혼모들(언론과 정치인들에 의해 소위 welfare queen이라 이름 붙여짐)의 복지 수급 의존성 심화에 따른 정치인들의 도덕적 위기감으로부터 시작되었다. 1990년대에 들어서자 미국의 주정부들은 엄격한 근로조건과 처벌 규정, 민간과 지역에 업무들을 위임하는 다양한 시범 사업들을 시작하게 되고 마침내 1996년에는 개인적 책임과 근로 기회 조정 법안(PRWORA)이 통과된다. 이로 인해 빈곤가족에 대한 소득 지원 프로그램은 큰 변화를 맞게 되는데, 그 변화의 핵심은 지방정부의 복지 프로그램에 대한 재정과 기획의 권한이 대폭 확대된 점과 복지 수급자에게 근로조건을 강화하기 위해 새로운 근로연계 조건에 순응하지 않을 경우 현금 지원을 축소할 수 있는 권한을 확충하였다는 점이다. 또한 이에 따라 공공부조의 수급은 지급 기간 제한이 부과되었고, 수급의 가능 여부는 근로 의무의 병행이 필수적으로 되었다(Handler and Babcock, 2006 : 2-6).

1997년에는 미국 의회가 PRWORA 법안과 TANF 프로그램으로 근로연계복지(welfare to work)를 실행하기 위하여 30억 달러의 기금을 마련하게 된다. 주정부들은 대부분 공공부조제도인 TANF에 수급자격 결정에 대한 통제권을 유지하였지만, 일자리 관련 자격조건과 사례관리 서비스는 민간부문과 계약을 체결함으로써 복지사무소(welfare office) 체계를 재편하였다(Finn, 2007 : 6). 미국에서 이러한 고용 서비스의 민영화 과정은 대체로 그 민간 기관이 독점적인 계약을 맺게 되어 수급자의 관리와 모니터링 및 고용 계획 수립이 제대로 되지 않았고, 서비스 품질의 평가가 어려워 주로 사업이 피상적인 과정적 성과에만 집중되는 경향이 생겼다.

근로연계복지 프로그램들의 실행상에 있어서 과도한 업무와 훈련 부족의 케이스워커가 임의적 재량권을 가짐으로써 수급자에게 낙인이 씌워질 수 있는 심각한 위험성도 발생하였다. 이러한 문제 발생의 원인은 복지 수급자를 위한 새로운 근로조건을 수행하는 과정에서 행정적 불능 때문이다. 다시 말해

PRWORA는 공공부조 프로그램의 초점을 소득 지원으로부터 특정 집단(주로 싱글 마더)에 대한 고용 프로그램으로 전환하였다는 점, 그리고 이러한 전환이 매우 새로운 과업을 야기시켰는데 그러한 과업의 수행은 이중적 과제를 발생시켰다. 이 과제를 수행하기 위해 케이스워커는 여전히 소득 지원 프로그램의 과제를 맡고 있지만 동시에 그들의 개별적인 근로 계약과 고용에까지 이르는 과정을 모니터링하고, 동시에 그들이 불순응할 경우에 처벌까지 해야 한다는 과제가 부과된다. 이러한 어려움 때문에 프로그램은 우선적으로 가장 숙련도와 고용가능성이 높으며, 또한 케이스워커의 시간과 노력도 가장 덜 드는 수급자를 택하여 성공적인 사례로 만드는 데만 집중하게 된다(이러한 현상을 creaming이라 부름). 따라서 정작 그러한 프로그램의 혜택이 가장 필요하고 고용에 가장 중복적 장애를 가진 취약한 수급자들에게는 이 제도 자체가 위험 요소로서 작동하게 되었던 것이다(Handler and Babcock, 2006 : 4-5).

2) 영 국

영국에서 근로연계복지의 발전은, 1997년 신노동당의 집권으로 사회정책의 전면에 대두됨으로써 본격화된다. 이전의 보수당이 복지 축소를 지향한 반면, 노동당은 주로 일자리를 통한 복지를 강조하여 자녀 있는 가정의 소득 증대와 아동에 대한 투자, 일자리 우선 정책(make work pay) 등으로 강조점을 이동하였다.

주요 사업으로는 장기 실업과 청년 실업 및 한부모, 장애인을 위한 여러 가지 뉴딜(New Deal) 프로그램의 도입이 있었고, 1999년에 미국의 근로 장려 소득세 공제(EITC)제도와 유사한 근로가족 세제 공제(WFTC)제도가 도입되었다. 또한 실업수당은 수급기간이 짧아졌고, 명칭도 구직자 수당(Jobseeker's Allowance)으로 변경되었다(Handler, 2004 : 145-147).

뉴딜 프로그램은 그 대상이 청년, 한부모, 장애인, 50세 이상 중노년층, 음악 예술인 등 다양한 타깃 집단을 하위집단으로 설정하고 있다. 구체적인 과정으로는 첫 단계로서 구직 지원과 상담으로 이루어진 게이트웨이(Gateway)에서 최대 16주간, 다음으로 첫 번째 단계에서 구직이 안 된 경우에 보조금을 받는 일자리나 혹은 직업 훈련을 받는 최소한 13주에서 최대 12달까지의 선택적 옵션(option) 프로그램이 있고, 그 이후에도 지원이 필요한 경우에 최종적으로 구직 지원이 이루어지는 추후(follow-through) 프로그램이 있다(Zaidi, 2009 : 2-3).

영국 뉴딜 프로그램의 전달체계는 정부의 일자리센터(Jobcentre) 사무실들로 이루어진 전국적 네트워크에 의하여 운영된다. 이 네트워크를 통해 현금 급여와 고용 서비스가 함께 통합 제공되며, 동시에 1990년대 이후 전개된 주요 행정 개혁 사례로도 손꼽히고 있다(Fletcher, 2000 : 165; Zaidi, 2009 : 2). Jobcentre 네트워크는 고용연금부(Department of Work and Pensions) 산하의 기관으로서 급여 제공 중심의 행정에서 고용 중심의 행정으로 전환하는 데 견인차 역할을 하였다. 이렇게 하여 영국의 복지 개혁은 구직 지원(jobsearch assistance) 중심 노동시장 정책으로 구축된다. 이러한 강조점은 다시 말해서 영국의 정책 변화가 주로 실직자의 구직 행위를 장려하고 모니터링하는 역할을 중심으로 재편되었다는 의미이며, 이로 인해 실질적인 공공부문의 일자리 창출이나 훈련은 다른 유럽 국가들에 비하여 덜 발달된 결과를 가져왔다(Fletcher, 2000 : 166).

영국 프로그램의 특별히 차별화된 점 혹은 장점이라고 할 수 있는 것은, 바로 개별화된 맞춤형 서비스를 제공하며 노동 강제나 처벌 규정이 대상 집단에 따라 매우 유연하게 적용된다는 점에서 찾을 수 있다. 즉, 청년 실업자에게는 책임규정이 엄격히 적용되는 반면에, 한부모 및 장애인 대상자는 강제 규정을 약화시킴으로서 좀 더 니드에 적합한 서비스를 제공한다. 이러한 특별 서비스를 제공하기 위해서는 개별적 대인 조언자(personal adviser)에게 적합한 교육과 훈련이 필요하다.

미국과 영국은 공통적으로 이러한 과정에 사회복지사가 거의 개입하지 않으며, 고용 서비스의 전달은 일반 공공 행정 조직과 민간 기관에 의해 제공된다. 따라서 주로 서류 양식에 의존한 인터뷰와 면접이 매우 형식적으로 이루어졌다는 문제점이 지적되어 왔다(Millar and Austin, 2006 : 6; Handler and Babcock, 2006 : 16).

한편, 영국과 미국은 공통적으로 주요한 근로 장려 급여(In-work benefit) 프로그램을 도입하여 근로연계복지 프로그램과 병행하며 실시한다는 특성을 가진다. 이러한 점이 유럽 국가들에서는 동일하게 적용되지 않고 있다. 많은 유럽 국가들은 이미 매우 높은 임금 수준과 높은 사회보장급여, 그리고 높은 실업률이 동시에 유지되고 있는 실정이어서 따로 그러한 프로그램을 도입하지 않고 사회보장 수준을 유지한 채 활성화 프로그램 참여만을 강제하는 경우도 많다. 따라서 워크페어나 활성화 정책이라고 해서 반드시 급여의 단절이나 축소를 동반하지는 않는다(Eichhorst and Konle-Seidl, 2008 : 10-11).

3) 네덜란드

네덜란드의 일자리 중심(work-based) 복지 개혁은 다른 유럽 국가들처럼 1990년대 활성화(activation) 정책의 도입과 실행으로부터 시작되었으며, 유럽 국가들 중에서 매우 빨리 또한 가장 급격하게 활성화 서비스를 민간 기관화시킨 급진적 민영화 유형의 국가(radical privatizer)에 속한다(van Berkel et al., 2008 : 5).

최근에 '네덜란드의 기적(Dutch Miracle)'이라고까지 불렸던 네덜란드 경제는, 1980년대에 실업률이 12%에 이르렀고 정부재정 적자와 높은 세금 부담에 실업률과 인플레가 함께 계속되는 스태그플레이션을 겪은 바 있다. 경쟁력 제고를 위하여 예산 삭감을 감행하고 긴축 정책이 취해졌다. 처음에는 최저임금이 감축되었고 대신에 저임금 노동자의 세금감면이 실시되었다. 공공부조와 각종 급여들도 동결되었다. 당시 사민당도 이러한 개혁을 선호하였는데, 1990년대 초반에 중도좌파(left-liberal) 연립정부가 들어섰고 이러한 개혁 기조가 계속되었다. 1990년대 들어서면서 실업률은 현저히 줄어들었고(1997년에 5.8%, 2002년에는 2.5%까지 감소), 파트타임의 새로운 일자리들이 많이 창출되어 청년층과 여성 고용이 증대되었다(Handler, 2004 : 169-171).

네덜란드는 이중적인 소득보장 체계를 가지고 있다. 대부분의 피고용 인구를 포괄하는 사회보험 체계가 있고, 이와 조응하여 사회안전망을 제공하는 사회부조 체계가 지방정부에 따로 존재한다. 네덜란드는 사회보장제도를 개혁하면서 이러한 실업급여 기관과 지방 복지 기관들이 모두 민간의 활성화 서비스 기관과 계약을 맺도록(purchase activation services from private providers) 의무화함으로써 근로연계복지 제도를 도입하는 데 급격한 시장화 방향을 펼쳤다. 하지만 동시에 활성화 정책에 들어가는 국가 예산 역시 유럽 국가들 중에서 가장 높은 수준의 지출을 하고 있는 국가이다(2005년 기준으로 네덜란드 GDP의 0.85%를 지출하였고, 이는 EU 평균인 0.52%를 훨씬 상회하는 수준임). 그만큼 네덜란드는 복지 개혁에 가장 적극적이었고, 선도적으로 높은 우선순위를 두고 재편을 진행한 국가이다(Finn, 2008 : 25; Van Berkel et al., 2008 : 5).

이중적인 소득보장 체계하에서 사회보험 기관들과 지방정부 간 네트워크를 조정하기 위해 처음에는 공공 고용 서비스(PES : Public Employment Service) 프로그램이 가동되었으나, 1990년대 중반 이후에 전국적인 일신 사무소들을 네트워크화하는 '원-카운터 체계(one counter system)'인 '일자리 및 소득 센터(CWI : Centres for Work and Income)' 네트워크와 고용 및 급여청(Institute for Employee Benefit Schemes : UWV)을 구축하여 그 조정(co-ordination)과 파트너십(partnership) 업무를 담당케 하고 있다.

네덜란드의 복지 개혁은 1996년과 2004년 두 번에 걸친 새로운 사회부조법안 입법화로 시작되었는데, 그 핵심적인 내용은 일자리 우선(Work before income)과 급여 축소, 그리고 행정과 서비스 조직의 개혁으로 이루어져 있다. 일자리 우선 정책은 수급자의 노동시장 참여 증진과 자립에 그 목표가 있었고, 조직 개편은 개별화된 맞춤형의 사례관리를 통해 서비스 효과성을 높이고 민간 서비스 제공자 및 고용주, 그리고 다른 기관(예컨대, 사회보장 기관, 의료 및 주거 서비스 제공자 및 활성화 서비스를 제공하는 민간 기구들)이 협력 · 통합하도록 만들어졌다(van Berkel et al., 2008 : 12-14).

하지만 현실적으로는 이러한 전달체계상의 여러 가지 문제점들이 지적된다. 일자리 우선 정책과 지방 역할 증대는 일자리의 성격에 대한 충분한 고려 없이 수급자를 더 많이 취업시켜서 수급자 수를 줄이는 데에 초점이 맞추어지는 경향이 나타났다. 수급자를 줄이지 못하면 그 재정적 부담은 지방정부가 떠맡는 구조로 되어 있기 때문이다. 따라서 취업하기에 가장 취약한 계층은 일자리 우선 전략의 고려에 우선순위가 전혀 되지 못하고 근로연계 프로그램에 참여가 지연되거나(소위 parking이라 일컬어짐), 취업하기 쉬운 대상자에게 서비스가 집중되는 현상이 나타났다(Handler, 2004 : 175-177; Handler and Babcock, 2006 : 16-17; Finn, 2008 : 40).

4) 스웨덴

스웨덴에서 적극적 노동시장 정책의 등장은 애초에 스웨덴의 복지국가가 성립된 1930년대로까지 거슬러 올라가며, 스웨덴에서 고용과 복지는 매우 긴밀하게 연결되어 성립되었다고 할 수 있다. 전후 스웨덴 복지국가의 근간은 오랫동안 유지된 완전고용에 가까운 높은 고용률에 기초하고 있었으며, 이로 인해 빈곤율은 선진복지국가들 중에서 가장 낮게 유지될 수 있었다. 1990년대에 들어서면서 이러한 완전고용은 현실적으로 달성되기 어려운 정책목표가 되었으며, 이로 인해 여러 가지 다양한 근로연계적 복지 정책들이 시도되어 온 바 있다.

좌우의 정치적 합의를 통해 고용 서비스 민영화와 근로 활성화 정책을 적극적으로 추진해 온 네덜란드와 달리, 스웨덴은 활성화와 노동시장 개혁의 중요성이 점증해 왔음에도 불구하고 여전히 그에 관련된 정책에 대하여 대중적 합의가 이루어지지 않은 상태이다(Cox, 2009; Thorēn, 2008; Larsen, 2003).

유럽 국가들에서도 미국과 유사한 근로연계복지 개혁이 도입되었지만, 이러한 유럽의 개혁 방향에서 가장 큰 차이점은 바로 수급자에 대한 요구조건이 분명하지 않다는 점을 들 수가 있는데 그 대표적인 나라가 스웨덴이다. 즉, 스웨덴의 노동 활성화 정책은 미국처럼 타깃 집단이나 근로조건, 수급 제한 등이 분명하지 않으며 매우 유연하고 탄력적인 조건들을 적용한다. 결과적으로 활성화 및 근로연계복지 정책의 정책적 목표나 행정적 실행 등이 매우 다양하게 적용되고 있다(Thorēn, 2008 : 14). 이에 대한 정책적 평가는 매우 엇갈리게 나타나는데, 스웨덴의 이러한 경향이 정책적 표류(drift)라는 나쁜 사례로서 평가하는 견해가 있는 반면(Cox, 2009)에, 또 다른 면에서는 스웨덴의 복지국가 특성이 아직 제도적 영향력을 행사하고 있는 사례로서 들기도 한다(Kananen, 2009).

스웨덴은 보편적 복지국가의 대표적인 모델로 잘 알려져 있으며, 미국의 워크페어는 강제적이고 선별적인 복지개혁으로 널리 알려져 있어서 이 두 가지가 어떻게 공존할 수 있는지 의문이 제기될 수 있다. 스웨덴의 근로 활성화 정책은 보편적이지도 강제적이지도 않은 형태로서 도입되었으며, 현재까지도 여전히 정치적 논쟁을 불러일으키고 있다(Thorēn, 2008 : 14-17). 그 특징을 살펴보면 스웨덴 근로 활성화 프로그램은 지방에서 실행되며, 특히 논쟁적인 부분은 그 근로조건이나 처벌 규정이 임의적이어서 강제성 없이 부과된다는 사실이다. 즉, 실업 상태인 공공부조 신청자는 거주하는 지방정부에 급여를 신청하게 되는데, 이때 근로의 부과는 옵션(option)에 해당되며 지방의 일선 행정과정에서 개입 정도가 결정된다.

사실상 중요한 1998년의 스웨덴 사회 서비스 법(Social Services Act) 개정이 이루어지기 전에도, 스스로 생계를 꾸릴 능력이 되지 않는 경우가 아니라면 공공부조 신청자는 구직을 하거나 적극적 노동시장 프로그램에 참여하게 되어 있었다. 하지만 1998년 법 개정의 의미는 중앙정부로부터의 고용 서비스가 제공될 수 없는 상황에서도 지방정부의 책임으로 공공부조 신청자에게 급여 수급의 조건으로 고용 능력 개발 프로그램에 참여하게 강제할 수 있다고 규정하였다는 점이다(Kananen, 2009 : 5).

스웨덴 복지국가가 성립할 수 있었던 오래된 전제는 완전고용 전략과 적극적 노동시장 정책이었으며, 여기에서 주요한 요소로 작용해 온 것이 바로 고용 서비스였다. 스웨덴에서 실업에 처한 국민이라면 누구나 고용 서비스를 통해 고용훈련과 재취업 준비를 할 수 있었으며, 이는 원칙적으로 모든 사람에게 활용될 수 있는 서비스였다. 하지만 이러한 사업이 중앙정부의 실업보험 관련 부처에서 담당하고 있었기 때문에, 지방정부에 의해 운영되는 공공부조의 대상자에겐 실질적으로는 제한적으로만 실시되어 왔다. 역설적이게도 스웨덴에서 활성화와 근로연계복지의 도입은 공공부조 수급자에게까지 적극적 노동시장 정책이 확대 실시되는 상황을 가져오게 되었던 것이다.

이러한 변화의 동향에 대하여 정치권과 학계는 논의에 조심스러운 반면에, 대중의 여론은 훨씬 더 호의적인 것으로 보인다. 스웨덴, 핀란드, 덴마크의 여론 조사에서 '실업 상태인 사람들에게 근로 활성화와 고용훈련을 통해 다시 노동시장으로 돌아갈 수 있도록 하는 정부의 정책들은 이득이 된다고 생각하는가, 아니면 불이익이라고 보는가?'라는 질문에 대하여 90% 이상의 일반인들이 긍정적으로 답하였으며, 장기 실업자 본인들조차도 이러한 정책에 대해 80%가 이득이 된다고 응답했다(Larsen, 2003 : 7-8).

이러한 법 개정 이후 중고령층(55~56세) 실직자들의 실업보험 급여 소진 후 재취업이 10% 이상 증가하였고 임금수준도 변화 없이 유지되었다는 보고가 있으며(Benmarker et al., 2012 : 25), 일찍이 에스핑-앤더슨도 스웨덴의 계층 이동성이 높은 이유로서 직업의 안정성과 소득보장제도 자체보다도 스웨덴 복지국가의 특성인 직업훈련과 성인 교육의 장점이 더 유효하다는 예시를 들기도 했다(Esping-Andersen, 2000 : 356). 또한 그런 맥락에서 아동빈곤의 예방을 위해서는 수당이나 급여보다도 모(母)의 취업이 최선의 길이라는 점을 강조한 바 있다.

또한 스웨덴 근로 활성화 정책의 다른 측면은 바로 점차적인 이민자 가구의 증가로 인해 점증하는 다문화 인구에 대한 통합 정책의 일환으로 적용되고 있다는 점이다(Hedblom, 2008 : 1-5). 이민자들은 고용을 통해 그 사회에 통합될 수 있고, 이러한 비전을 실현할 수 있는 정책적 수단이 바로 근로 활성화 정책이라고 보고 있는 것이다. 하지만 보편적 복지국가로서의 스웨덴이 한편으로는 매우 관용적인 복지와 또 다른 면에서는 선별적이고 강제적인 공공부조를 어떻게 서로 조화시킬 것인가에 대한 불확실성이 제기되고 있기도 하다. 이러한 점들은 근로연계복지가 영미와 네덜란드에서 살펴본 바와 같이, 향후 스웨덴의 지방 차원에서 내려질 일선행정의 정책 결정에서 매우 중요하게 전개될 것임을 다시 한번 일깨워 주고 있다.

5) 복지 개혁의 서비스 전달에서 문제점과 함의점

복지 수급자의 감축과 고용을 증대시키려는 경향들이 공통적으로 나타나고 있음에도 불구하고, 국내적인 정치사회적 요인들이 작용하여 그 절차와 전달 과정 및 정책적 선택에서 국가들 간의 차이점들이 여전히 작동하고 있음을 보여준다.

우선 영국은 노동가능 인구, 특히 청년 실업에 대한 중점적인 근로연계복지를 실시하고 있으며, 아동빈곤의 감축을 주요한 정책적 목표로 설정하고 있어 최근 그에 대한 효과가 나타나고 있다. 행정적으로 핵심 역할을 맡은 조직은 원스톱의 일자리 센터(Jobcentre) 네트워크이며 지방정부는 부차적인 역할을 담당한다. 이러한 원스톱 네트워크를 통해 근로연계복지와 고용 서비스가 전달되며, 그에 따른 급여 행정이 이루어진다.

한편, 미국과 네덜란드의 경우 공통적으로 고용 서비스를 민간 기관과 계약하는 형태로 민영화함으로써 복지 개혁을 단행하였다. 미국에서는 특히 이러한 민간 기관과의 독점적 계약으로 인해 경쟁이 도입될 수 없었으며, 서비스에 대한 질적 관리와 적절한 고용 계획도 부실하게 개발되는 측면이 보고되었다. 뿐만 아니라 복지 개혁이 사회적으로 부정적인 인식으로 촉발되었기 때문에 제한된 인구(주로 자녀를 가진 비근로 수급자 가구들)에 한정되어 실행되었다는 특징을 가지며, 그 외에 대다수의 실업 인구, 장애인 및 고령자에게는 근로연계의 프로그램이 선택적으로만 실시되고 오히려 취업이 매우 어려운 집단에게 엄격한 근로조건이 부과되는 모순이 발생하였다.

〈표 8-3〉 미국, 영국, 네덜란드, 스웨덴 근로연계복지 공통점과 차이점 비교표

구 분	미 국	영 국	네덜란드	스웨덴
공통점	복지 수급 감축 및 고용 증대 목적			
정책의 목표의 포커스	• 복지의존성 감소 및 저소득 아동양육 지원	• 아동빈곤 감소, 청년 실업 등	• 실업 인구의 일자리 우선(활성화) 정책	• 실업 인구의 활성화 및 공공부조 수급자의 근로연계복지
강제조건의 부과 방식	• 강제조건 엄격 적용	• 한부모, 장애인에 유연한 적용	• 실업(구직)자에게만 활성화 적용	• 유연, 탄력적으로 적용
근로의 조건 및 개별 프로그램	• 주정부별 다양 • 근로 장려 세제(EITC)	• 뉴딜(New Deal), 근로가족 장려 세제(WFTC)	• 별도 근로 프로그램 없음, 기존 급여 유지	• 별도 프로그램 없음
타깃 집단	• 편모 가구, 저소득층	• 청년 실업, 저소득 가구	• 청년 실업, 장기 실업 인구	• 실업자, 공공부조 수급자
처벌 규정	• 엄격 적용	• 부분적 적용	• 부분 적용	• 유연 적용
주요 전달체계	• 정부의 복지사무소	• Jobcentre 네트워크	• 일자리소득센터(CWI) 및 고용급여청(UWV)	• 지방정부의 공공부조 전달체계 및 중앙 실업 보험체계
복지혼합(welfare mix)의 방식	• 민간서비스 contract out 적극 활용	• 전국적 정부 Jobcentre 네트워크 재편	• 민간서비스 contract out 적극 활용	• 지방정부 및 중앙정부 전달체계

네덜란드는 사회보험과 사회부조 체계를 일찍이 1980년대 후반부터 개혁해 왔는데, 특히 이러한 노력이 1990년대 후반의 민영화 계획의 출범으로 집중적으로 드러나게 되었다. 즉, 사회보험 기관과 지방정부는 2002년 이후 민간 기관 제공자로부터 고용 및 급여의 통합 서비스를 의무적으로 구매케 하는 주요한 제도적 변화를 겪었다. 하지만 이러한 복지 개혁의 대상자는 미국이나 영국과 상당히 다른 양상을 보여주는데, 그 이유는 근로연계복지의 대상자가 공적부조 수급자만을 의미하지 않기 때문이다. 네덜란드에서는 사회보험인 실업급여 대상자와 자산조사 급여인 실업부조 대상자는 물론이고, 한부모나 장애인, 공공부조 수급자도 넓은 의미에서 실업자로 구분된다. 따라서 네덜란드

의 근로연계 프로그램 타깃 인구(실업보험과 공공부조 수급 대상자 전체에 걸친)는 미국과 영국에 비해 더욱 폭넓은 편이다.

한편 가장 심각한 문제점들 중의 하나는 클라이언트의 니드나 어떤 일자리를 마련할 것인가에 대한 고려 없이 일방적인 계약들이 맺어져 왔다는 점이다. 근로연계복지를 통해 실업 인구를 개선하려는 정책적 시도는 긍정적인 측면도 있으나, 취업에 가장 취약한 계층이 마지막까지 남게 되리라는 사실도 역시 명확해진다. 가장 취약한 계층은 결국 근로연계복지 프로그램의 실패율을 높이는 원인이 될 것이고 정책적으로는 선호대상이 되지 않을 것이다. 결론적으로 클라이언트와 워커의 계약은 개별화된 '맞춤' 서비스가 되기는 그만큼 힘들다는 것이다.

물론 일자리와 고용문제는 사회복지정책이나 단순히 서비스 전달을 어떻게 조직하느냐에만 달려 있는 문제는 아니며, 경제성장과 경기 불황 현상, 노동시장의 변화 등과 밀접히 연관된 매우 복잡한 문제이다. 그럼에도 불구하고 서비스 과정이나 타깃 집단의 설정 등이 다양한 경로로 대상자의 일상 생활을 결정짓고 영향을 줄 수 있다는 점에서 결코 소홀히 할 수 없는 문제이기도 하다.

5. 근로연계복지(Welfare to Work)와 빈곤 관련 정책 성과

최근 영국과 미국의 복지 개혁은 아동 있는 가족의 생활 조건에 많은 변화를 가져왔다. 왜냐하면 미국과 영국의 복지 개혁들이 모두 저소득층 가족의 고용증대와, 특히 근로 없는 공공부조 수급에 대한 지나친 의존을 줄이는 데 초점을 맞춰 왔기 때문이다. 지금까지 상당히 많은 연구와 보고들이 이러한 개혁의 결과들에 대한 것이었고, 특히 최근 들어 그러한 개혁이 저소득층 아동의 기회와 생활 조건들을 얼마나 개선하였는지에 대하여 논의가 계속되고 있다(Waldfogel, 2007 : 1).

1) 근로연계복지 개혁의 고용 및 빈곤 관련 성과 비교

〈표 8-4〉에서도 볼 수 있는 바와 같이, 미국과 영국, 네덜란드, 스웨덴의 1990년대 중반과 2000년대 중반의 노동시장과 빈곤 관련 통계 수치를 비교해 보면 상당히 개선된 상황을 발견할 수 있다. 실업률과 장기 실업률이 모두 감소하였으며, 상대 빈곤율도 줄어들었다. 가장 큰 변화로는 영국의 경우 장기 실업률이 절반으로 줄어들었다는 점이 특기할 만하다. 하지만 노동참가율 자체의 증가가 미미한 수준에 그친 것(영국의 경우이며, 미국은 오히려 줄어듦)과 파트타임 고용률이 증가한 점(영국과 네덜란드의 경우) 또한 간과할 수 없다(표 8-4 참조).

〈표 8-4〉 미국, 영국, 네덜란드의 노동시장 및 빈곤 관련 통계 비교

	Gini Coefficient	상대 빈곤율-총인구 (중위소득 50%)	상대 빈곤율-아동(50%)	실업률	장기 실업률 (1년 이상)
영국 2000년대 중반	34.500	11.566	13.981	5.4	22.1
영국 1990년대 중반	34.400	13.441	19.783	9.7	45.4
미국 2000년대 중반	37.200	17.305	21.201	4.7	10.0
미국 1990년대 중반	35.500	17.820	24.453	6.2	12.2
네덜란드 2000년대 중	26.300	6.306	9.142	4.4	45.2
네덜란드 1990년대 중	25.700	8.069	8.127	6.8	49.4
스웨덴 2000년대 중반	23.700	5.596	4.696	7.1	13.0
스웨덴 1990년대 중반	22.100	6.575	2.621	9.7	25.7

출처 : LIS

미국, 영국, 네덜란드, 스웨덴의 1990년대 중반 및 2000년대 중반 불평등도와 상대 빈곤율을 비교해 보면, 우선 정도의 차이는 있으나 영국과 스웨덴의 패턴이 유사하고(장기 실업률이 대폭 감소하고, 상대 빈곤율과 실업률 소폭 감소) 미국과 네덜란드가 유사한 패턴을 보이는 경향(실업, 장기 실업률 및 상대 빈곤율 모두 소폭만 감소)을 발견할 수 있다(아래의 네 나라의 지표 관련 그래프를 참조).

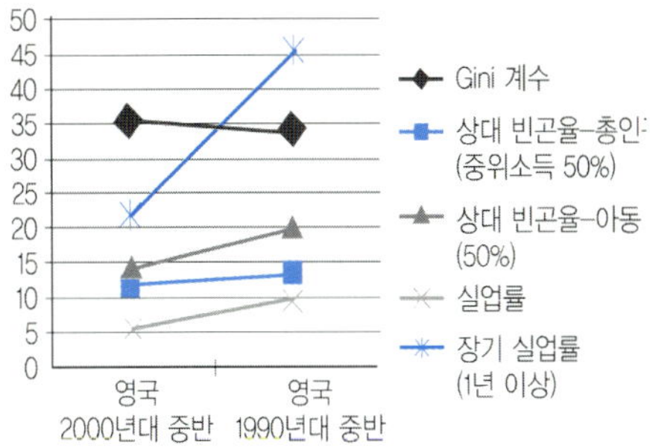

영국

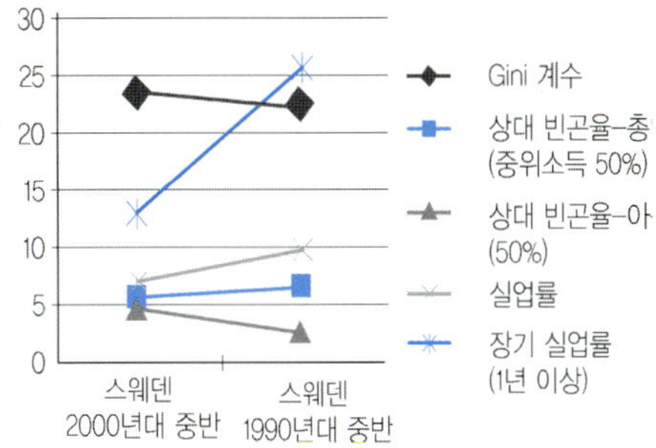

스웨덴

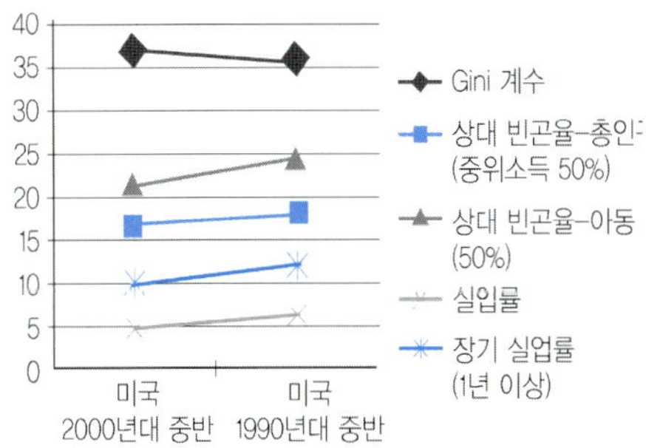

미국

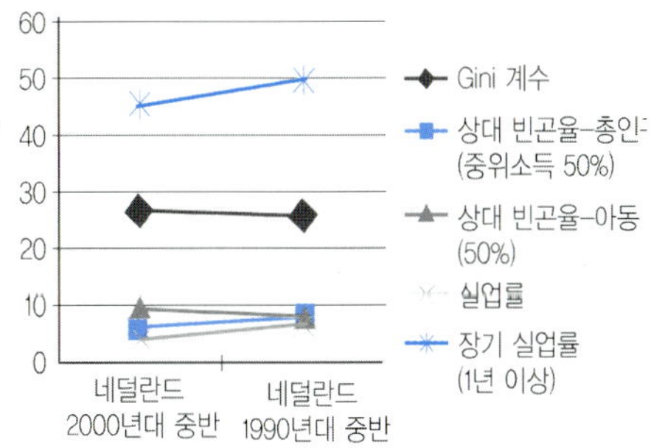

네덜란드

하지만 아동빈곤율에 있어서는 미국과 영국이 공통점을 가지는데, 두 나라 모두 아동빈곤율이 대상 기간 동안 감소하였다(네덜란드와 스웨덴은 아동빈곤 모두 증가). 네 나라 모두 Gini 계수는 큰 변화 없이 소폭 증가되고 있음을 알 수 있는데, 그 수준은 영국과 미국이 유사하고(0.3 대 수준) 네덜란드와 스웨덴이 유사한(0.2 수준) 상황이었다.

2) 복지 개혁의 성과 분석 결과

결과적으로 〈표 8-5〉를 보면, 비슷한 시기 노동참가율은 본문에서도 설명한 바와 같이 주로 파트타임 고용률 변화와 상관이 있었다. 실업은 대체로 모두 감소하였는데, 이는 상당 부분 당시의 경기변동과 관련이 있으며, 한편으로는 비정규직 일자리 비율의 변동과 관련이 있을 것이다(표 8-2 참조). 하지만 이러한 양상은 스웨덴에서만 다른 형태로 나타났다(노동참여 증가와 파트타임 고용 감소가 함께 나타남).

또한 전달체계의 성격은 근로조건의 적용 방식과 관련이 있었는데, 예상과 달리 기존의 혹은 이미 성립된 서비스 조직이(영국과 스웨덴의 경우) 새로이 도입된 민영화된 조직보다 상대적으로 유연하게 근로조건을 적용한 것으로 나타났다(표 8-5의 비교표를 참조).

한편 〈표 8-5〉를 검토해 보면, 실업 및 장기 실업, 소득 불평등도(Gini 계수)와 상대 빈곤은 네 나라가 모두 일치하게 나타났는데, 그 방향은 서로 일치하지 않았다. 그리고 실업과 빈곤은 서비스 전달이나 근로조건의 적용, 혹은 파트타임 고용 등의 변수들과 정확히 조응하지 않았다(8장 2절의 3) 비교분석전략으로부터 일치법과 차이법 참조).

대상이 된 기간(1990년대 중반부터 2000년대 중반까지) 동안 네 나라는 모두 근소하게 소득 불평등도가 증가했다(영국 0.1%, 네덜란드 0.6%, 스웨덴 1.6%, 미국 1.7% 증가함). 하지만 중위소득 50%를 기준으로 한 상대적 빈곤율은 네 나라가 모두 감소하여 전반적인 사회의 소득 불평등도 변화와는 전혀 일치하지 않았다. 이는 사회 하부의 저소득층(중위소득 50% 미만의 빈곤층)에게 사회 전체의 불평등도에 영향을 미친 요소와는 다른 요인이 작용했다고 해석할 수 있다. 즉, 저소득층의 소득을 증대시킨 어떤 요인이 있었다는 의미일 것이다. 그렇다면 그 요인은 무엇이었을까?

네 나라의 또 다른 공통점은 대상이 된 10년 기간 동안에 실업률과 장기 실업률이 모두 감소하였다는 점이다. 이 점이 순전히 의도된 정책적 결과는 아니라 할지라도, 부분적으로 빈곤층의 고용과 소득 증대에 정(+)의 영향을 주었을 것이다. 뿐만 아니라 이러한 결과가 암시하는 바는, 빈곤층에게 노동시장에서의 일자리를 적극적으로 제공하고자 하는 근로연계적 사회정책의 방향과 〈표 8-5〉가 보여주는 변화의 방향이 일치하고 있으며, 이는 이러한 개혁이 변화의 경향에 한 가지 주요한 부분적 요인으로 작용하였음을 유추할 수 있다.

〈표 8-5〉 미국, 영국, 네덜란드, 스웨덴의 1990년대 중반과 2000년대 중반 변화 비교 정리표

국 가	정책목표	전달체계	근로조건	노동참가	파트타임	실업	장기실업	Gini	상대빈곤	아동빈곤
미 국	빈곤가족	민간서비스	엄격적용	감소	감소	감소	감소	증가	감소	감소
영 국	아동빈곤	정부조직개편	유연적용	증가	증가	감소	감소	증가	감소	감소
네덜란드	장기 실업	민간서비스	구직자만	증가	증가	감소	감소	증가	감소	증가
스웨덴	공공부조	공공서비스	유연적용	증가	감소	감소	감소	증가	감소	증가

앞의 〈표 8-2〉, 〈표 8-3〉, 〈표 8-4〉로부터 정리[2]

앞에서 노동참가율이 주로 파트타임 고용 변화에 의해 설명된다고 보았는데, 그렇다면 실업의 감소 및 빈곤층의 상대적 빈곤 감소는 모두 파트타임 및 비정규직 고용의 증가로 인한 결과로 해석하는 것이 옳을 것인가? 부분적으로는 그렇지만, 또한 그렇지 않은 측면도 있다. 즉, 미국, 영국, 네덜란드의 경우는 노동참가율 증감과 파트타임 고용 증감이 일치하기 때문에 그러하다고 할 수 있지만, 스웨덴은 그렇지가 않았다. 노동참가율 증가와 파트타임 고용 감소가 함께 나타났기 때문이다. 이는 스웨덴이 근로 활성화 정책에서 매우 느슨하고 유연하게 강제 조항을 적용했다는 증거와 일치한다. 즉, 스웨덴의 근로 활성화 정책은 복지 급여의 적체를 감소시켰지만, 저소득층이 무리하게 질 낮은 일자리를 강제로 떠맡도록 하지 않는 유연성을 발휘할 수 있었다(Benmarker et al., 2012 : 25). 이로 인해 스웨덴에서는 노동참가율의 증가에도 불구하고 파트타임 고용이 반드시 증가하지는 않았다.

한편 아동빈곤에 근로연계 정책의 초점을 맞추었던 미국과 영국에서는, 두

2) 〈표 8-5〉로부터 도출되는 결과는 8장 2절의 3) 비교의 전략의 간접차이법(부분적 일치와 부분적 차이)에 의한 비교전략으로부터 유추해 보는 것이 가능하며, 이를 간략히 도식화하면 다음과 같이 나타낼 수 있을 것이다.

	파트타임	불평등도	상대 빈곤	정책목표	아동빈곤 감소	실업	장기 실업	노동참가	전달체계	민간	근로조건 엄격
A	(감소	증가	감소	아동)	Y	(감소	감소	감소		y)	Y
B	(증가	증가	감소	아동) ⇨	Y	(감소	감소	증가	Not	y) ⇨	Not Y
C	(증가	증가	감소	Not 아동)	Not Y	(감소	감소	증가		y)	Y
D	(감소	증가	감소	Not 아동)	Not Y	(감소	감소	증가	Not	y)	Not Y

정책목표 ⇨ 아동빈곤 감소　　전달체계 민간 여부 ⇨ 근로조건 엄격 여부

나라 모두 공통적으로 아동빈곤이 감소한 것으로 나타났다. 이는 두 나라의 타깃 집단(아동이 있는 빈곤가족)에 대한 근로연계 정책이 효과를 거두었음을 보여주는 근거라 볼 수 있다.

아동 및 가족에게 준 영향을 측정하는 또 다른 방법으로는 가족의 지출 수준과 패턴을 분석해 보는 방법이 있다. 소득으로 빈곤을 측정하는 방법은 그 가족의 가용한 자원을 측정할 수는 있으나 실제로 그 자원이 아동에게 얼마나 어떻게 쓰이고 있는가에 대하여는 말해주지 않는다는 점에서 결점이 있다. 예컨대, 소득이 증대하더라도 부채가 있거나 식비와 주거비에 대한 지출이 많다면 교육이나 양육에 필요한 지출에 대한 여력이 없어서 아동에게 전혀 영향이 파급되지 않을 수 있으며, 상세한 지출 내용의 분석을 통해서만 아동 발달과 건강에 대한 소득의 영향 부분을 파악할 수 있는 장점을 가진다(Waldfogel, 2006 : 5).

미국의 연구에서는 복지 개혁으로 빈곤층의 고용과 소득이 증가했어도 그 지출 증가분에서 주로 교통비와 주거비가 차지하는 비율이 가장 높아서, 아동에게 돌아가는 부분이 미미했다는 분석이 있다(Meyer and Sullivan, 2006). 반대로 영국의 경우는 소득 증가가 아동의 양육비 증가에 긍정적 결과를 가져왔다고 보고된 바 있다. 이는 소득의 증가가 전체적으로 대부분 지출 항목들의 상승에 연결되었으며, 특히 알코올 및 담배 소비량을 떨어뜨린 결과와 연관된다는 분석이다(Gregg, Waldfogel, and Washbrook, 2005).

위의 사실들을 종합해 볼 때, 미국과 영국의 경우에서 대체로 복지 개혁이 명확하게 아동빈곤율에 정책적 타깃을 설정한 경우에 아동빈곤 감소에 일정한 성과가 있었던 것으로 결론지을 수 있다. 같은 시기 스웨덴과 네덜란드는 노동참가율의 증가와 실업 및 상대 빈곤의 감소를 가져왔다는 점에서 상황을 개선시켰지만, 아동빈곤에는 별다른 변화를 가져오지 못했다. 이 역시 활성화 정책에서 아동빈곤을 특별히 목표 집단으로 설정하지 않았던 점과 일치된다. 한편 정책과정에서 세부적 목표가 애초에 약간씩 달랐던 것은 국가 간에 세밀한 변화의 차이를 가져왔다. 미국은 근로와 구직이 엄격하게 적용되어 고용에 필요한 지출만을 많이 증대시킨 반면, 영국은 저소득층의 근로조건이 유연하게 적용됨으로써 소득 증대가 전반적인 가족생활의 질(質)의 향상, 또한 좀 더 나아가서 아동의 양육에 소비될 수 있었다.

6. 본 연구의 함의 및 시사점

1990년대 이후 전개된 근로연계복지 중심으로의 국제적 재편은, 전지구적 신자유주의에 대하여 복지국가라는 제도가 적응한 결과라고 볼 수 있다. 스웨덴에서 처음 적극적 노동시장 정책(ALMP)으로 시작된 일련의 정책들은 미국적 토양을 거쳐 워크페어(workfare)로 변형되고, 다시 영국을 비롯하여 유럽 여러 국가들(스웨덴에서 이러한 경향의 최근 수용은 8장 4절의 4) 참조)에 활성화(activation) 정책으로 역수입되고 있다. 왜 서구 복지국가들이 잇따라 이러한 정책전환을 시도하고 있는지 그 고민에 담긴 내용을 들여다 보면 우리에게 주는 많은 시사점을 얻을 수가 있을 것이다. 서론에 제기한 세 가지 연구문제, 즉 근로연계복지와 고용과의 관계, 근로연계복지와 빈곤과의 관계, 그리고 이러한 정책과정에서 서비스 전달의 역할이라는 측면에서 본고의 결론을 정리하면 다음과 같이 제시할 수 있다.

우선 첫 번째로 근로연계복지는 고용을 증대시킬 수 있으나 그 관련성은 양가적이다. 다시 말해 네덜란드, 영국, 미국에서 고용률 증가와 파트타임 고용률은 서로 연관되어 있었으나, 스웨덴은 그렇지 않았다. 즉, 스웨덴의 경우 1994~2006년 기간 노동참가율은 1% 증가한 반면에, 같은 기간 동안에 파트타임 고용률은 2% 정도 오히려 감소한 것으로 나타났다(표 8-2 참고). 스웨덴에서도 장기적으로 볼 때는 실질적으로 파트타임 고용이 늘어나긴 했지만, 오히려 이러한 이중 노동시장이 다른 나라들과는 반대방향으로 작용하였다. 즉, 스웨덴의 파트타임 근로자들은 정규직 근로자와 별다른 지위상의 차이가 없으며, 파트타임 고용도 노조에 의해 대표되고 다양한 복지혜택까지 정규직과 별 차이 없이 누리고 있다는 점에서 실질적인 차별이 존재하지 않는다. 뿐만 아니라 활성화 정책이 적용되고 실업 급여의 조건이 엄격해졌더라도 이전의 종사했던 직종과 전혀 다른 노동과 구직을 강요하지 않는다. 그리고 청년 실업층에게는 공공 고용을 증대시키는 정책을 취하고, 지역의 공공 근로 사업을 실시하고 있지만 이 역시 지방정부에 강제 부과를 시키고 있지는 않다.

다시 말해 스웨덴이 완전고용을 우선시하던 예전의 보편주의적 복지국가로부터 후퇴의 모습을 보이더라도 여전히 상대적으로는 고유한 특성을 보여준다는 점, 반면에 미국과 영국은 이전부터 잔여적 특징을 보이던 복지국가이면서 또한 더 앞서 근로연계를 강조하는 복지국가로 가고 있다는 점은 복지국가의 경로의존적 성격이 여전히 유효하다는 사실을 보여준다.

이처럼 다양한 복지국가의 유형이 존재하고, 그만큼 다양한 근로연계복지 프로그램이 가능하다는 측면에서 또 다른 교훈을 배울 수가 있다. 본 연구의 제한된 분석에 의존하면, 다음과 같은 결론을 얻을 수 있다. 근로연계복지 제도의 도입이 국가 전체 고용에 미치는 영향은 측정하기 어렵거나 매우 제한되어 있으며, 반면에 특정하게 목표화된 집단을 정책 타깃으로 할 경우에 적절한 전달체계와 투자가 이루어진다면 그러한 목표가 달성되는 것은 충분히 가능하다는 점이다. 하지만 근로연계복지 자체는 직접적으로 기대되는 바의 목표(예컨대, 고용 증대와 공공 비용의 감축)와 정책전달의 수단 사이에 여러 단계의 과정들이 간접적으로 연결되어 있으며, 뿐만 아니라 근로연계복지는 결코 비용이 적게 드는 정책이라고 볼 수는 없다.

두 번째로 근로연계복지 프로그램은 일할 능력이 있는 저소득층에게 완충제도로서의 효과가 높지만, 가장 취약한 계층에 대해 특별한 관심을 가지지 않는다면 그 혜택이 저변의 빈곤층에게까지 미치지 않을 수 있다. 가장 취약한 계층에게 더욱 엄격하게 근로조건들을 적용한다면 그 효과는 반감되고 말 것이다.

세 번째로, 그런 점에서 전달체계의 민영화는 오히려 역효과를 낼 수 있다는 교훈 역시 배울 수가 있다. 전달체계가 민영화된 미국과 네덜란드는 근로조건을 더욱 엄격히 적용하고 취약계층을 배제하는 경향이 더 심하게 나타났다. 여전히 전달체계의 공공성 강화가 매우 핵심적인 사안이라는 점을 배울 수 있다.

위와 같은 결론으로부터, 한국에서 근로연계복지를 체계적으로 도입하기 위해 권장할 만한 대안은 현재 부족한 고용 서비스 전달체계의 효율적인 확립과, 다른 한편 근로빈곤층 소득의 질을 높일 수 있는 근로 장려 세제 및 실업부조의 도입이 필요하다고 할 수 있겠다.

지방의 일선 케이스 매니저와 상담가, 그리고 지방기관의 재량권이 확대되는 반면 그러한 적절한 역할에 대하여 더 많은 요구가 기대될 것이며, 지역의 다양한 민간 및 비영리 조직들이 개입함으로써 더 복잡한 거버넌스가 펼쳐진다는 점 역시 만만치 않은 도전이 될 수 있다. 또한 민간 기관에 많은 역할이 주어질수록 지방정부나 중앙정부의 담당 부서는 통제권을 상실할 가능성이 커지며, 재정이나 성과를 모니터링할 필요성도 더욱 높아질 것이다. 뿐만 아니라 적절한 모니터링과 평가, 적합한 일자리와 타깃 집단에 대한 사정을 위하여 많은 정보량이 필요하기 때문에 이에 대한 정확하고 일관된 정보 획득이 프로그램의 성패에 큰 영향을 미칠 것이다.

사실상 사회투자는 서구에서 최근 전개된 새로운 사회적 위험들에 대한 반응들로서 제기된 정책적 전환이며, 우선 우리에게 유효한 사회적 위험이 무엇인지를 따져 봐야 우리에게 적합한 근로연계복지 정책을 선택할 수 있다. 우리나라에서 심각한 문제점은, 바로 연금을 비롯한 전통적 사회보장제도의 부실함과 비정규직에 대한 차별 개선의 필요성, 그리고 복지제도 전반으로 파고드는 민영화의 위험성이라고 생각된다. 일자리 정책은 정부정책의 능력에만 달린 것이 아니라 노동시장의 상황에 의해 좌우되는 경향이 크므로, 취약한 노동자들의 지위에 대한 개선과 이를 뒷받침할 노동조건 개선 및 사회보장제도 전반의 향상이 매우 필수적이다. 이러한 점들이 사회투자의 한국적 적용에서 우선적으로 숙고되어야 할 것이다.

CHAPTER 09

각국의 보건의료정책 비교연구

1. 서론 : 보건의료체계의 비교
2. 복지국가라는 제도와 체제의 이론, 그리고 보건의료체계의 탈상품화 지표
3. 비교대상 4개 국가의 정치경제적 환경 변화와 의료 개혁의 과정
4. 결론 : 복지국가의 보건의료 개혁 원인과 성과 비교
5. 고찰 및 후기

CHAPTER

09 각국의 보건의료정책 비교연구

1. 서론 : 보건의료체계의 비교

의료체계는 국가별로 그 역사적 배경에 따라 다양한 형태를 가지게 된다. 영국식과 유사한 국영의료체계를 가진 나라로서 뉴질랜드라든지, 중앙정부가 주된 역할을 담당하는 영국과는 다르지만 또 다른 형태의 국영 방식으로서 지방정부의 역할이 큰 캐나다, 스웨덴, 덴마크 등의 나라들이 있다(문옥륜 외, 2000 : 65). 영국계나 스칸디나비아계 국영의료체계에 더하여, 이탈리아는 1978년, 그리스는 1983년, 스페인은 1986년 등 남부유럽의 복지국가들에도 국영의료체계가 성립되어 왔다(Freeman, 1999).

의료체계의 특징은 어떤 측면을 보느냐에 따라 다른 시각으로 볼 수가 있는데, 무엇보다 특이한 예외적 사례는 영국이라기보다는 미국의 경우라고 할 수 있을 것이다. 미국은 역사상 의료 분야에 사회보험제도의 도입을 한 번도 제도화하지 못한 유일한 선진국이다.

〈표 9-1〉은 선진 7개국에서 공적 제도에 의해 지불되는 의료 서비스 적용을 받고 있는 인구비율을 나타내고 있는 자료이다. 공적 제도가 무엇을 의미하는지는 각 나라마다 다르다. 사회보험, 조세, 의료전달 체계에 있어서의 국영체계 등등이다[1]. 그러나 중요한 것은 그것이 집합적 소비형태로 이루어진다는 점이다. 이러한 점에서도 미국은 단연 예외적 지위를 보여준다.

1) 선진 7개국(G7)에서 의료 서비스의 민관 책임성의 혼합(mix of private and public responsibility)을 분류해 보면 다음과 같은 표가 가능하다(Drache et al., 1999 : 66).

〈표 9-1〉 선진 7개국에서 공공재정에 의한 의료제도 적용범위(coverage : %)

국 가	1960	1975	1997	2019
미 국	20.0	40.0	45.0	37
영 국	100.0	100.0	100.0	100
독 일	85.0	90.3	92.2	89.5
캐나다	71.0	100.0	100.0	100
일 본	88.0	100.0	100.0	100
프랑스	76.3	96.0	99.5	100
이탈리아	87.0	95.0	100.0	100

자료 : OECD Health data 1998, Health at a Glance(OECD), 2021, Moran(1999). p.3 재인용.

따라서 영국은 의료 서비스에 대한 시민의 권리를 보장한 '최초의' 국가로서 역사에 기록되고 있지만, '예외적' 사례로 보기에는 적합하지 않다. 의료 서비스에서 미국처럼 민간 부문의 역할이 주도적인 경향이, 현재의 세계화된 상황에서 어떤 함의를 가지는지에 대해서는 이후의 절에서 좀 더 살펴보겠지만, 의료체계가 어떤 형태를 띠고 있든 간에 국민의 의료에 대한 권리를 공적으로 보장하려는 경향은 선진국에서 일반화된 상황이라는 점을 〈표 9-1〉은 보여주고 있다.

그리고 〈표 9-1〉은 한 가지 또 중요한 사실을 보여주는데, 바로 이러한 국민의 의료 서비스에 대한 공공적 권리를 이미 1970년대에 달성하였다는 점이다. 그 이후 선진국이 지금까지 씨름해 온 과제는 바로 폭증하는 의료비의 상승을 어떻게 유지할 것인가, 즉 '의료비용의 억제(cost-containment)'라는 문제였다(Moran, 1999 : 4).

구 분	공적 서비스 공급(public provision)	민간 공급(private provision)
공적재정 (public finacing)	영국, 이탈리아(프랑스와 독일의 일부)	캐나다, 일본(프랑스와 독일 일부)
민간재정 (private financing)	프랑스, 이탈리아, 일본, 독일(user charge)	미국(Medicare, Medicaid 제외)

〈표 9-2〉 선진 7개국의 총 의료비에 대한 공공 의료비의 비율(%)

국 가	1960	1975	2001	2019
미 국	24.8	42.1	44.4	51
영 국	85.2	91.1	82.2	79
독 일	66.1	79.1	74.9	78
캐나다	42.7	76.4	70.8	70
일 본	60.4	72.0	78.3 (2000)	84
프랑스	57.8	77.2	76.0	77
이탈리아	83.1	84.5	75.3	74

자료 : OECD Health data 2003, Health at a Glance(OECD), 2021.

비교론적으로 볼 때, 조세에 의한 의료 서비스(즉, 영국과 같은 국민보건서비스)는 의료비 상승을 억제하는 데 상당히 효과적이라고 일반적으로 알려져 있다(Schulenburg, 2001 : 13). 이러한 사실은 아래의 OECD 자료를 통해서도 확인된다(표 9-2와 9-3 참조). 즉, 공공 의료비가 가장 낮은 미국은 국민총생산에서 의료비가 차지하는 비율이 가장 높고, 그 반대인 영국은 의료비 지출이 가장 낮게 나타난다.

〈표 9-3〉 국내총생산(GDP)에서 총 국민 의료비의 비율(%)

국 가	1960	1975	2001	2020
미 국	5.2	8.2	13.9	16.5 (2019)
영 국	3.0	5.5	7.6	12.8
독 일	4.8	8.8	10.7	12.5
캐나다	5.5	7.2	9.7	10.8 (2019)
일 본	3.0	5.5	7.6 (2000)	11.0
프랑스	4.2	7.0	9.5	12.4
이탈리아	3.0	6.2	8.4	9.7

자료 : OECD Health data 2003, Health at a Glance(OECD), 2021.
주 : 1960년과 1975년의 독일 자료는 서독만의 자료임

주지하는 바와 같이 선진국의 보건의료체계는 크게 나누어 영국과 같은 국영의 '국민건강서비스(NHS : National health service)방식'과 독일 등의 유럽대륙국가들이 채택한 '사회보험(Social insurance system)방식'으로 대별된다. 그렇다면 이 두 가지 체제 중 어떤 방식이 의료비 억제 면에서 더 효과적이라고 할 수 있을까?

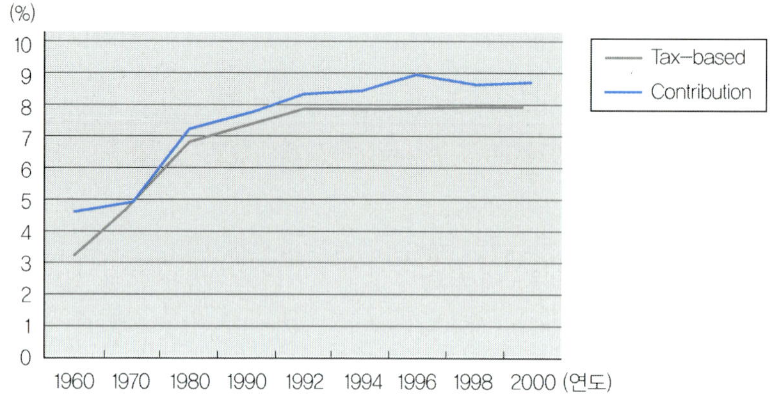

| 그림 9-1 | GDP에 대한 총 의료비 지출(%)의 평균(1960~2000)

자료원 : OECD Health Data 2003으로부터 구성.

위의 그래프는 지난 40년 간 유럽 국가들의 총 의료비 성장률을 두 가지 재정방식['조세방식에 기초한(tax-based) 국민건강체제'와 '기여(contribution)에 기초한 사회보험체제']에 따라 국가들의 평균을 비교하고 있다.[2)] 이 그래프는 1970년대와 1980년대에 들어 급격한 의료비 상승과 그 이후의 완만해지는 각국의 비용 억제경향을 보여주고 있으며, 특별히 재정방식에 따른 두 체제의 그래프 곡선이 서로 분기하면서 일정한 정도의 차이가 좁혀지지 않음을 보여준다. 두 체제의 평균을 통해서 본 그 경향적 차이는, 사회적 기여방식이 국영방식에 비해 지속적으로 높은 의료비 지출을 발생시키고 있다.

위의 분석에서 전 세계 모든 국가들의 자료가 포함되지는 못했지만, 주요

2) 이 그래프를 작성하는 데 포함된 OECD의 자료는, 조세에 기초한(tax-based) 국영의료(NHS)국가로 Greece, Iceland, Ireland, Italy, Finland, Norway, Portugal, Spain, Sweden, United Kingdom, Denmark의 11개국, 기여(contribution)에 의한 사회보험국가로 Austria, Belgium, France, Germany, Luxembourg, Netherlands, Switzerland의 7개국이다.

선진국의 경향으로부터 일반적인 결론은 도출될 수 있을 것이다. 즉 국영의료 방식과 사회보험방식의 사이에 존재하는 평균 의료비의 차이는 두 보건의료 체계의 정부 규제와 개입 형태의 차이에서 유래하였으리라는 점이다. 그러면 이러한 정부의 규제와 개입은 어떻게 이루어지고 있는지, 그리고 그러한 개입이 이루어지는 메커니즘은 무엇인지를 영국의 국민건강서비스 체제의 사례를 통해 살펴보고자 하는 것이 다음 절의 주제라 할 수 있다.

건강은 인간 삶의 조건을 규정짓는 주요한 요소이다. 그리고 건강한 삶의 질을 획득하는 데 있어 의료 서비스에 대해 접근할 수 있는 능력과 의료체계의 성과는 중대한 영향을 미친다. 특히 불평등한 삶의 조건은 부유한 국가보다 빈곤한 국가에서, 그리고 부유한 사회계층보다 가난한 사회계층에게 더욱 열악한 건강 상태의 원인이 된다. 이는 보건의료 서비스의 상품화에 의해 더 한층 가속화될 수 있다(Mackintosh, 2003). 보건의료의 상품화가 진전될수록 저소득층에게는 더더욱 역진적인 영향이 돌아가게 되는데, 이는 부유한 계층보다 빈곤한 계층의 소득에서 보건의료지출이 차지하는 부담의 비중이 더욱 급격히 높아지기 때문이다.

빈곤한 국가들에 있어서 건강과 경제의 연관관계에 관한 연구들을 살펴보면(Wagstaff, 2001; Mishra and Newhouse, 2007), 1인당 소득 수준보다는 1인당 공적 보건 지출이 아동의 건강 상태에 더 큰 상관성을 가지는 것으로 나타나고 있으며, 회귀분석 결과도 1인당 공적 보건 지출의 증대는 아동의 영양 상태와 사망률에 주요한 영향을 미치는 것으로 보고되고 있다. 예컨대, 10%의 1인당 공공의료지출 증대는 영아사망률을 2.4%씩 감소시켰다(Wagstaff, 2001 : 8). 건강 측정의 수단으로써 영아사망률은 기대수명보다 더욱 신뢰성이 높고 더 널리 비교 활용 가능한 건강지표이며, 빈곤 국가들에서 건강과 수명의 주요한 향상을 설명하는 데도 가장 유용한 변수로 평가된다(Mishra and Newhouse, 2007 : 5).

뿐만 아니라, 부유한 산업 국가들(wealthy industrialized countries) 내부에서의 건강 불평등을 비교했을 때도 영아사망률은 공공의료체계(지출수준)와 강한 음(−)의 상관관계를 보여주었다(Macinko et al., 2004 : 286)[3]. 본 연구는 특별히 복지국가라는 제도의 맥락에서, 불평등과 탈상품화라는 정치경제적 환경이 어떤 영향을 주어 보건의료체계의 변화에 어떻게 상호작용하는가를 주로 그 보건의료체계의 세 가지 성과 측면인 형평성, 효과성, 효율성의 측면에서 살펴보았다. 또한 그 구체적인 성과 지표로서는 민간의료비 부담, 영아사망률, 비용 억제라는 세 가지 차원으로 분석하고자 한다(그림 9-1 참고, 특히 영아사망률의 장점과 제한점에 대한 더 상세한 설명은 191쪽 이하에 상술함).

한 표준적인 정의에 의하면(Berman, 1995 : 15), 의료 개혁이란 "보건의료 부문의 효율성, 형평성, 효과성을 향상시키기 위한 지속적이고 의도적인 변화"라고 규정하고 있다. 하지만 지난 20여 년 동안 의료 개혁에 관한 국제적 선행연구를 주도해온 문헌들(World Bank, 1987; WHO, 2000; OECD, 2003; Koivusalo and Mackintosh, 2004)은 주로 공공과 민간의 혼합(mix), 민간의료의 자유화와 민영화 및 정부규제 역할의 축소에 많은 강조점을 두었음을 보고하고 있다. 이처럼 효율성만 지나치게 강조함으로써, 대부분 OECD 국가들에서 시장 중심적 의료체계의 확대가 가져온 결과는 역설적이게도 지속적인 의료비의 상승이었다. 이러한 비용 상승의 원인은 주로 의료기술의 발전에 있었고, 사람들은 누구나 자신의 건강을 위해서라면 실제 감당할 수 있는 것보다 더 많이 돈을 지불하려 하기 때문에 사회 전반적으로 과도한 의료비 부담을 초래하는 경향으로 나타났다.

복지국가의 보건의료 부문을 역사적으로 고찰할 때, 1970년대 초반에 이르기까지는 전 국민에 대한 보편적 의료 서비스의 권리가 발전하였으나, 1980년대 보편주의가 공격받기 시작하면서 복지국가의 개혁이라는 이름으로 부분적인 민영화의 길을 걷게 되었다. 이러한 개혁의 영향은 개별 국가마다 다르게 나타나고 있는데, 이러한 개혁의 과정과 결과를 보건의료의 탈상품화와 연관

3) 이러한 경향을 보여주는 경험적 근거로서, OECD 국가별 1인당 보건의료지출에 대한 1인당 민간의료지출의 2000년도 자료를 영아사망률과 단순선형회귀분석(simple linear regression analysis) 해본 결과, $p<0.05$ 수준에서 통계적으로 유의미하였을 뿐만 아니라, 보건의료의 상품화 정도는 영아사망률의 정도에 대해 49.7%(R2)의 설명력이 있는 것으로 나타났다. 두 변수 간 관계의 패턴은, 보건의료의 상품화 수준이 높아질수록 영아사망률은 높아지는 정(positive)의 연관성을 보여주었다.

시켜 살펴보고자 하는 것이 이 논문의 핵심적 주제이다.

지난 20여 년 동안에 이런 상이한 개혁의 길을 걸어온 원인은 선진 산업국가들이 대부분 급증하는 의료비 증가와 복지국가의 재정적 위기를 겪었기 때문이다. 이는 의료비를 증대시키는 고령화와 좀 더 나은 치료에 대한 환자들의 요구, 의학기술발달로 인해 새로운 약품과 치료방법이 개발됨으로써 초래된 의료 서비스의 비약적 확장이 그 원인들로 꼽힌다. 그리고 이러한 재정 압박에 대해 선진국들의 정책적 대응은 의료 서비스를 위한 재원을 효율적으로 사용하는 방향으로 모아졌다.

하지만 보건의료체계에 대한 재정적 압박에 대응하는 선진 산업국가들의 구체적 대응 방식은 매우 다양한 양상으로 나타나고 있으며, 그러한 대책의 성패 결과 역시 상이하게 드러난다. 이러한 결과의 이유는 각국이 갖추고 있는 보건의료체계의 구조적 틀이 다르고, 공공과 민간의 역할 분담, 각 나라마다의 사회경제적 구조에 따라 서로 다른 제도적 방식(institutional arrangement)으로 결정화되어 있기 때문이다.

이러한 상황에서, 선진 복지국가들의 특성과 사회경제적 환경의 상호작용은, 보건의료를 위한 국가 정책과 그러한 맥락에서 추구하는 효율성의 방향을 상이한 양태의 전략으로 이끌고 있다. 그렇다면 선진 산업국가들에 있어서 복지국가의 특성과 의료 개혁을 추진하게 되는 동기와는 어떤 연관성이 있는가? 또한 각 국가들의 어떠한 정치경제적 요인 및 사회적 특성이 의료 개혁 변화의 방향을 결정하는가? 뿐만 아니라 의료에 대한 시민적 권리를 확대하는 보편주의적 개혁과 복지국가를 재상품화하려는 시장중심적 개혁이라는 수사(rhetoric)가 실질적으로 어떠한 결과를 가져왔는가? 그리고 유럽적 맥락의 의료 개혁과는 예외적으로 다른 길을 걸어온 미국의 사례가 시사하는 바는 무엇인가? 이상에서 제기된 문제들이 주요한 정치사회적 의미를 가지고 있음에도 불구하고, 최근까지 그러한 정치적 영향력과 의료 개혁의 결과에 대해 비교분석한 연구는 드물었다. 이 연구에서는 이러한 문제의식과 연구 질문을 가지고 복지국가의 탈상품화 정도와 의료 개혁이 가져오는 건강 관련 성과와의 관계를 비교적 관점에서 고찰하고, 이러한 보건의료체계의 성과 향상을 위한 목표와 개혁 정책을 영국, 스웨덴, 이탈리아, 미국의 4개 국가의 맥락에서 그 사례별로 비교분석하고자 한다.

2. 복지국가라는 제도와 체제의 이론, 그리고 보건의료체계의 탈상품화 지표

1) 복지국가와 의료 개혁의 비교 이론적 관점 및 비교연구 틀

최근의 선행연구에 따르면(Immergut, 1992; Pierson, 1994, 2001; Bambra, 2005a, b), 복지국가의 축소와 의료체계의 유형에 대한 탐구들 중 상당수는 복지체제의 지속가능성과 복지국가 환경의 변화에도 불구하고 제도의 변화에 제약을 가하는 요인에 관심을 기울여 왔으며, 상대적으로 변화가능성을 설명하는 데에는 소홀한 경향을 보였다.[4] 따라서 그러한 제도의 지속성에 한계는 무엇인지, 만약 내외적 변화의 도전에도 불구하고 변화하지 않는 것이 제도의 속성이라고 할 때, '개혁'이라는 것은 동시에 공존할 수 있는 것인지, 그러한 제도의 내구성은 제대로 측정되었는지, 또한 우리가 관찰할 수 있는 변화의 징후와 개혁의 의도되지 않은 결과는 없는 것인지 등에 관해 검토하는 것이 이 연구의 주제이다.

복지체제(welfare regimes)의 이론은 복지국가라는 제도의 유형이 가진 지속성에 중요한 이론적 출발점을 제공해 왔다(Esping-Andersen, 1990, 1999; 김연명, 2002; 김태성, 2007). 즉, 복지체제론은 사민주의적 성향의 정당이 의회에서 차지하는

4) 이러한 신제도주의적 접근법(new institutionalist approach)의 대표적 연구로는 Immergut(1992)이 있으며, 그 내용은 의료정책적 결정이 관련 개별 행위자들의 의지나 동기에 의해서라기보다 민주적 절차나 정치적 제도에 의해 제약받는 경향이 더 크다는 주장이다. 뿐만 아니라 비용 억제나 형평성의 방향으로 이끌고자 하는 의료 개혁의 전략조차도 이를 둘러싼 의료체계와 정치적 제도가 제공하는 틀 안에서만 건강 정책에 영향을 줄 수 있다고 본다(Giaimo, 2001; Immergut, 1992)

비중이 복지국가의 형성에 영향을 준다는 노동계급의 정치적 권력동원 이론과 그러한 이념적 성향이 차별화된 제도적 체제 유형으로서 지속하는 경향성을 탈상품화 지수로 측정한다.

하지만 최근 들어 이 이론의 타당성 자체에 대한 도전 역시 만만치 않게 제기되었는데, 그 비판의 논점은 우선 복지체제론이 가진 근원적인 결함으로써 체제들의 유형을 소득보장제도에 관한 연구 중심으로 구성하여 이를 모든 종류의 사회정책 전체에 총체적으로 일반화하였다는 비판을 면할 수 없다는 점, 그리고 한 국가 내의 다양한 정책들이 과연 한 가지 이념이나 내적 동질성을 유지하며 반영된다고 볼 수 있을지 의문스럽다는 점(Castles and Mitchell, 1993; Sainsbury, 1994; Kasza, 2002; Bambra, 2005a, 2005b) 등이었다. 즉, 하나의 동일 '체제' 내에 포함된 여러 국가들의 다양성이나 각 국가 내부적으로도 다양한 사회정책 분야들이 점진적(incremental)이고 축적적(cumulative)으로 복지 정책을 형성한다는 역사적 특징(nature of welfare policy making)이 복지체제론의 개념적 전제를 결함 있게 만들 수 있다고 보는 것이다. 그러한 비판의 사례로서는 자유주의 복지국가들 내부적으로도 캐나다나 영국 같은 나라는 보건의료체계에 있어 미국과는 확연히 차이가 나므로 다른 체제로 구별되어야 마땅하다는 주장이 제기된다(Bambra, 2005a; Kasza, 2002; Navarro et al., 2006).

이 논문은 이상과 같은 복지체제론에 대한 비판적 문제제기들을 참고하여 복지국가의 중요한 부분인 보건의료체계 개혁과 건강성과의 연관성에 대해 검토하며, 특히 의료 개혁의 추진 동기와 결과, 성과에 영향을 미치는 요인들을 비교분석한다. 이를 위한 정치와 건강성과의 관련성을 주로 나바로(Navarro et al., 2006)를 참고하여 이 연구를 위한 발견적 분석틀(heuristic framework)로서 ┃그림 9-2┃와 같이 재구성하였다.

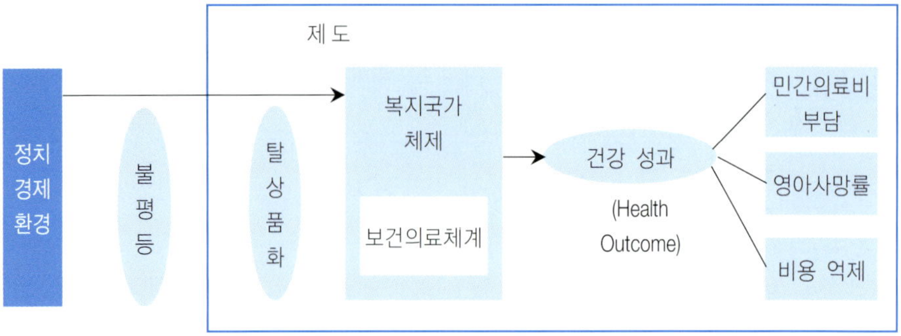

| 그림 9-2 | 정치경제 환경, 탈상품화, 복지국가 및 보건의료제도, 건강성과의 연관성

2) 비교분석 4개 국가 사례의 선택과 Bambra의 보건의료 탈상품화 개념

이 비교연구에 선정된 4개의 국가들을 어떤 근거로 선정하였는지에 관해 설명하면, 연구의 비교국가 선정 기준으로 복지체제론(Esping-Andersen, 1990 : 52)의 탈상품화 점수와 이를 이용하여 최근 보건 지표(health care index)를 구성한 연구(Bambra, 2005c : 36)를 참조하였다. 그 내용을 약술하면 〈표 9-4〉와 같다.

여기서 대상이 된 국가들은 에스핑-앤더슨의 연구에서 대상이 된 동일 18개 국가이고, 연도도 역시 동일한 1980년 자료를 이용해 구성하였다. 방법론적으로도 에스핑-앤더슨의 탈상품화 지표 구성을 원형으로 그 방법을 그대로 적용하되, 다만 그 내용만이 '보건의료'의 탈상품화 관련 지표로 대체되었다. 지표의 구성내용을 보면, OECD의 국제적 보건 조사 자료(health data)로부터 ① 각국의 GDP 대비 민간보건지출 및 ② 국가 총 병상 대비 민간 병상 비율, 그리고 ③ 보건의료체계에 의해 적용되는 인구 비율이라는 세 가지 측정도구를 선정하고 있다. 이들은 보건의료체계에서 시장의 역할을 나타내는 지표로서, 각각 민간보건의료의 재정, 공급 수준 및 적용 범위를 나타내는 요소들이다(Bambra, 2005c : 34-35).

지표 점수의 계산 방법 역시 에스핑-앤더슨의 탈상품화 지표 계산방식을 따르며, ①번과 ②번 지표의 경우에 18개국의 통계 수치들 가운데 가장 낮은

〈표 9-4〉 탈상품화 지표에 의한 복지국가의 순위와 보건 지표에 의한 순위 비교(1980)

Esping-Andersen(1990)		Bambra(2005c)	
호 주	13.0	미 국	8
미 국	13.8	호 주	20
뉴질랜드	17.1	독 일	27
캐나다	22.0	스위스	29
아일랜드	23.3	일 본	30
영 국	23.4	오스트리아	30
이탈리아	24.1	네덜란드	30
일 본	27.1	벨기에	30
프랑스	27.5	프랑스	40
독 일	27.7	아일랜드	40
핀란드	29.2	이탈리아	40
스위스	29.8	캐나다	50
오스트리아	31.1	뉴질랜드	50
벨기에	32.4	덴마크	50
네덜란드	32.4	핀란드	50
덴마크	38.1	노르웨이	50
노르웨이	38.3	스웨덴	50
스웨덴	39.1	영 국	60

탈상품화 정도를 1점, 중간을 2점, 높은 탈상품화 정도를 3점으로 배점하고 있다. 그리고 이 두 점수를 합산한 것에 대해 대상인구 적용범위가 100%인 경우 10, 92%인 경우 9.2를 곱하는 식으로 가중치를 주고 있다. 이는 연금, 실업급여, 상병급여의 적용범위 비율을 가중치로 곱하는 에스핑-앤더슨의 방식을 동일하게 적용한 것이다.

〈표 9-4〉가 보여주는 바와 같이, 보건의료 지표를 적용한 탈상품화 점수는 에스핑-앤더슨의 탈상품화 지표를 전면 부정하는 것은 아니라 할지라도 상당히 다른 양상으로 복지체제의 그룹 분류가 가능함을 보여준다. 특히 에스핑-앤더슨의 복지체제론에서 자유주의적 복지국가들로 분류되었던 캐나다, 아

일랜드, 뉴질랜드, 영국 등이 보건의료 지표로 계산했을 경우에 보수주의적 복지체제 혹은 사회민주주의적 복지체제와 어깨를 나란히 할 만큼 높은 점수를 얻어 약진하는 모습을 보여주고 있으며, 심지어 영국이 18개국 가운데 가장 높은 점수를 획득하고 있다. 이상과 같은 논의와 맥을 같이 하여, 이 연구의 주요 분석 개념인 '보건 탈상품화(health decommodification)'를 민간의료비지출 및 공공의료 적용 비율이라는 측면에서 규정하고, 이와 관련하여 복지국가의 성과를 비교분석하고자 한다.

이 연구에서는 위와 같은 보건의료 지표 분석에서 에스핑-앤더슨의 분석에서와 변함없이 동일하게 최저와 최고 점수를 차지한 두 나라(미국, 스웨덴), 그리고 가장 크게 지위의 변동을 보인 나라(영국), 그리고 에스핑-앤더슨의 지표에서는 자유주의와 보수주의의 경계선상에 위치했다가 보건 탈상품화 지표에서는 보수주의와 사회민주주의의 경계선상으로 이동한 특이한 나라(이탈리아)를 선정하여 총 네 나라의 사례를 중심으로 건강 관련 성과 및 보건 의료 개혁의 과정을 집중 탐구한다.

3) 의료 개혁의 정치와 건강 관련 성과

이 논문은 서로 다른 정치경제적 체제하에서 상이한 복지국가 체제들이 어떠한 의료 정책 및 개혁의 전개를 통하여, 어떠한 국민건강 및 보건체제상의 변화를 가져오게 되었는가를 살펴보고자 한다. 영국, 미국, 스웨덴, 이탈리아는 서로 다른 정치경제 체제 및 복지국가 체제의 맥락에 위치해 있다. 우선 그러한 상이성은 각 나라의 정치와 복지국가를 이끌어 온 재분배 성향의 정당(pro-redistributive parties) 집권 여부 혹은 그러한 정도의 차이에 큰 영향을 받아 형성되었을 것이다.

먼저 스웨덴을 살펴보면 그러한 경향을 가장 뚜렷이 볼 수 있는데, 지난 50년의 정치사(1950~2000년)에서 사회민주당이 집권한 기간이 무려 45년이나 된다(Navarro et al., 2006 : 1033). 따라서 스웨덴의 복지국가는 가장 재분배적 성격이 강하고 높은 보편적 복지 수준을 그 시민들에게 제공하며, 불평등의 정도를 나타내는 지니계수(Gini coefficient)에서도 역시 0.243(2000년)으로서 네 국가들 중 가장 낮은 편이다(OECD, 2007).

한편 이탈리아는 지난 50년 동안의 정치 역사 중에서 41년을 보수적 정당이 집권해 온 역사를 가진 나라이다(OECD : 1034). 이러한 역사는 독일(37년)이나 프랑스(29년)보다도 더 긴 기간이다. 그래서 이탈리아는 탈상품화 정도에 의한 복지체제 분류에서도 보수주의적 복지국가의 성격을 나타내었으나, 다른 한편으로 의료체계로서는 다른 보수주의 국가들과 그 양상을 달리하므로 본 연구에서 주요한 분석 대상이 되었다.

미국과 영국은 에스핑-앤더슨에 의해 유사한 종류의 복지국가 유형(자유주의적 복지국가)에 속하는 것으로 분류되었지만, 의료체계에 있어서는 매우 다른 양상을 보였다(표 9-4 참소). 2000년, 불평등 정도인 지니계수에 있어서 미국은 0.357, 이탈리아는 0.347, 영국은 0.326의 순으로 각각 나타났다(OECD, 2007).

또한 비교분석의 대상으로 선정된 네 국가는 각각 의료체계에 있어서도 대표적 전형성을 가진 국가 형태로 분류될 수 있다. 우선 영국은 모든 국민에게 보편적 의료 접근성을 보장하고 대부분의 의료 재정이 일반조세로서 충당되는 국민건강서비스(National Health Services)의 고전적 사례라 할 수 있으며, 스웨덴 역시 그러한 예이지만 재정의 공적 통제가 훨씬 더 지방화된 유형이다.

한편 미국은 의료의 책임이 개인에게 부과되고, 따라서 의료체계가 개인의 재정 부담에 의존하여 주로 민간의료보험으로 주도되는 유형의 전형적 사례에 속한다. 이탈리아는 공공과 민간의 재원이 혼합된 국가 형태로서, 사회보험의 형태로 유지되다가 1978년의 의료 개혁으로 전 국민에게 보편적 의료 접근성을 보장하는 국영의료로 체제를 전환한 사례이다.[5)]

5) 이상에서 논의된 네 국가가 보여준 바의 정치, 경제 및 보건의료적 특성들을 요약하면 다음과 같다.

구 분	미 국	이탈리아	스웨덴	영 국
정치(복지국가) 체제	자유주의	보수주의	사회민주주의	자유주의
경제적 불평등(Gini)	0.357	0.347	0.243	0.326
보건의료 탈상품화 정도	8	40	50	60

(1) 의료 거버넌스(health care governance)의 역사적 배경

강제적인 의료보험의 도입은, 역사적으로 볼 때 보건의료에 대한 국가 개입의 시작이라고 볼 수 있다. 그러한 개입의 기원은 1880년대 독일에서 이루어졌다. 이후 영국은 뒤늦게 1911년의 의료보험법으로 이러한 대열에 동참하였고, 1946년에는 세금으로 재정이 충당되는 보편적 국민건강서비스(NHS)로 이를 대체한다. 스웨덴은 상당히 일찍부터 의료 부문에 국가가 개입해왔는데, 1860년대 이미 지방 정부들(County councils)이 병원 운영을 책임져 왔다. 하지만 1960년대에 이르러서야 비로소 전 국민을 대상으로 한 보편적 국민건강보험제도가 확립된다. 한편 이탈리아에서 국민건강서비스(SSN)가 1978년 성립될 때까지의 역사적 경험은, 다양한 고용조건 및 재정기관들(funds)에 기반해서 대상범위를 적용하는 사회보험제도로 발전되어 왔다. 이렇게 사회보험 형태에 가깝던 이탈리아의 의료체계는 1978년에 이르러 영국을 모델로 한 국민건강서비스로 새롭게 대체된다(Freeman, 2000 : 15~17).

유럽의 대부분 국가들에서 전 국민에 대한 의료의 권리(health care entitlement)가 거의 보편적으로 보장되기 시작한 것은 1970년대에 들어서면서부터였다. 평균적으로 볼 때, 1930년대의 유럽 국가들에서 전체 노동인구에 대한 의료보험 적용률은 채 50%에 미치지를 못했으나, 1980년대가 되면 이 수치는 대부분 80%에 이르게 된다(Freeman, 2000 : 23~26). 따라서 양차대전 이후부터 1970년대까지의 기간은 유럽 대부분의 국가에서 의료에 대한 접근이 보편화된 시기로 규정할 수 있을 것이다. 이 기간 동안 유럽 국가들의 보건의료체계에서 일어난 일들은 점진적인 공적의료보험의 확대이거나(1970년대까지 이탈리아), 혹은 좀 더 급진적으로 이루어진 국민건강서비스로의 대체로 인한 보편적 의료접근권의 제도화(영국과 1970년대 이후의 이탈리아)로 나타나게 된다. 스웨덴의 경우는 의료의 보편화가 전 국민에 대한 국민건강보험 제공 법제화에 의해 달성된 경우이다.

이러한 과정을 통해 유럽의 선진제국들에 있어서 보건의료 부문은 지속적으로 팽창을 거듭했다. 의료 전문성 및 과학기술, 관료적 합리성이 거의 모든 시민을 포괄하는 인구에 대해 평등하고 보편적인 시민권을 제공한다는 국가 현대성(modernity)의 아이디어와 결합했을 때, 이미 국가는 상당한 권력의 중심적 위치에 자리한 헤게모니적(hegemonic) 기구가 되었다(Moran, 1999). 하지만 정부의 역할은 언제나 재정적 중요성에 그쳤을 뿐이지, 그러한 비용을 감당하는 정도에 상응하는 권한을 실행할 수 있는 지위에 있지는 못했다. 보건의료체계의 성장은 그 자체의 내적 동학, 다시 말해 의료 및 생명과학의 발전이 공급을 이끌고 인구학적 변화가 수요를 낳는 기전에 의해 순환적으로 팽창해 왔지만, 의료라는 산업 자체는 그 발전이 스스로 생산성을 높이지 못하기 때문에 결국 지속적인 투자만을 요구하게 된다. 결국 의료산업은 그 양적 크기와 복잡성을 지속적으로 증대시켜 나가서 종국에는 경제적으로 지속가능한 수준을 넘어서는 한계에 도달하게 된다(Freeman, 2000).

이러한 의료공급 확대에 가장 관대한 정책의 전형적인 예는 미국의 경우이다. 미국의 의료 거버넌스는 유럽적 토양과는 전혀 다른 지형 위에서 성립되었다. 그것은 바로 미국식의 의료공급 국가(American supply state)라고 불릴만한 것으로서, 다시 말해 자본주의적 의료 산업과 의료 전문가들에게 정부가 규제 권한의 주도권을 양도한 결과를 가져 왔다. 미국의 의료적 권력은 약한 국가와 수평적 민주주의의 정치 문화에 기반해 있었다. 19세기 후반부 미국 연방국가의 권력은 약하였고, 연방의 자원은 희소하였다. 의료 거버넌스의 핵심에는 각 개별 주(州)마다 의사면허를 허가하는 면허 위원회(licensing boards)가 자리해 있었는데, 이러한 위원회의 주된 위원들은 미국의사협회(AMA : American Medical Association)의 회원들로 구성되어 있었다. 이에 비해 유럽의 경우 이러한 권위는 주로 대학이나 왕립학술원 같은 전통적 위계에서 유래하였다. 미국의 사협회는 사실상 미국 내에서 유일하게 조직화된 의료제도로서, 20세기에 들어서면서 전국적으로 지배력을 행사하는 의료 통제 기관으로 자리잡게 된다(Moran, 1999 : 41-43).

뿐만 아니라 미국의 과학적이고 엘리트주의적인 의료 교육에 핵심적 영향력을 행사해 온 플렉스너 보고서(Flexner Report)는 1910년에 미국의사협회가 카

네기재단(Carnegie Foundation)과 함께 후원한 연구의 결과물이었다. 이로부터 록펠러재단과 같은 막대한 자본가적 부(capitalist fortune)의 지원을 받는 미국 의료체계의 모델이 형성되었다. 20세기 초반부터 1990년대까지, 80여 년 동안에 미국에서는 전 국민을 대상으로 하는 의료보험을 향한 주요한 개혁의 시도만 여덟 번이 있었으나 모두 실패하였다. 여기에는 의료 전문직의 조직화된 통제와 반대가 개혁의 주요한 걸림돌로 작용하였다는 것이 매우 명백하였다(Moran, 1999 : 44).

이처럼 서로 다른 의료 거버넌스의 영향하에서 발전해 온 복지국가의 의료체계들은 1970년대 초반에 이르기까지 전 국민에 대한 보편적 의료 서비스의 권리를 발전시키려 노력해왔으나, 1980년대 들면서 이러한 보편주의가 공격받기 시작하면서 복지국가의 개혁이라는 이름으로 부분적인 의료 민영화의 길을 걸었다. 그렇다면 지난 20년 가까운 개혁의 기간 동안 보건의료 부문 탈상품화 점수의 변동은 어떠하였을까?

〈표 9-5〉를 살펴보면, 이 연구의 대상이 된 네 나라에서 큰 변화는 나타나지 않은 것으로 보인다. 이는 탈상품화의 측면이 각 국가의 보건의료체계 특성으로서 안정된 측면을 가지며 쉽사리 변화하는 것은 아니라는 것을 알 수 있다. 하지만 다른 한편으로 탈상품화 지표가 가지는 둔감성에서 비롯되는 한계점이라고도 볼 수가 있다. 즉, 탈상품화 점수는 총체적인 측면에서 탈상품화의 정도를 복합적으로 측정하고는 있으나, 각국의 개별적 통계자료를 그 탈상품화 정도에 따라 가장 낮은 탈상품화 정도에 1점, 중간에 2점, 가장 높은 정도에 3점으로 단순화시켜 배점하고 있으며, 이로 인해 의료체계의 세밀한 변화나 차이를 민감하게 감지하기에는 한계를 가질 수도 있다고 생각된다. 따라서 이 논문은 보건의료개혁과 관련하여, 탈상품화 측면과 함께 그것의 역사·제도적이고 체계적인 과정의 다양한 측면을 비교하여 그 변화와 성과를 살펴보고자 한다.

〈표 9-5〉 보건의료의 탈상품화 점수 변화(1980~1998)

구 분	1980	1998
미 국	8	9
이탈리아	40	40
스웨덴	50	50
영 국	60	60
OECD국가들 중 15개 국가의 평균	39	38

출처 : Bambra(2005b, 2005c)

(2) 보건의료체계 개혁의 성과 비교

보건의료체계에 변화를 도입하려는 개혁의 시도들은 그것이 보편주의적이든 신자유주의적이든 상관없이 공통적으로 의료 재정의 통제 필요성에서 촉발되었다 해도 과언이 아니다. 이 점은 모든 의료체계가 제한된 자원에 의해 제약받고, 따라서 의료체계의 효율성이 필수적이라는 당연한 사실에 기인한다. 하지만 동시에 대부분의 사람들에게 의료 서비스의 존재 이유는 바로 생명을 구하고 질병을 고치는 데 있다는 데 누구나 동의할 것이다. 이 점은 바로 의료체계의 효과성(effectiveness)에 관한 질문이다(Armstrong, 1994 : 121-126). 또 한편으로 비용의 억제가 의료정책 결정에 우선순위로 떠오르면서, 어떤 의료체계는 효율성의 향상을 위해 의료를 필요로 하는 사람들에게 의료 서비스를 적절히 분배하는 형평성을 희생시키는 일까지 생기게 되었다(Giaimo, 2001 : 335-339).

그러므로 보건의료 분야에서 정부가 일반적으로 추구해야 할 일반적 목표로는 형평성(equity)과 효율성, 그리고 효과성의 세 가지가 꼽힌다. 그 중에서 효과성은 의료 서비스가 국민의 건강 수준을 향상시키는 정도 혹은 전반적인 의료체계에 대한 만족도 등으로 측정이 될 수 있다. 또한 어떤 나라의 정부든, 그 나라의 시민이라면 누구나 가져야 할 축소될 수 없는 보건의료 서비스에 대한 최소한 접근권의 수준이 있을 것이고, 또한 의료는 소득과 구매력에 의해서가 아니라 그에 대한 필요에 의해 분배되어야 한다는 원칙이 존재한다.

따라서 형평성의 추구도 역시 매우 중요한 보건의료 정책의 목표 중 하나이다. 뿐만 아니라 동일한 정도의 만족도와 의료의 수준을 유지할 수 있다면, 그에 드는 비용은 가능한 최소화되어야 할 필요 역시 존재한다. 그래서 비용의 억제라는 측면에서, 보건의료 부문은 시장의 실패와 지나친 수요 및 공급을 조절하는 기능을 또한 반드시 필요로 한다(Hill, 2006 : 132).

이 연구에서는 위의 세 가지 개혁 목표에 상응하는, 경험적으로 측정 가능하고 비교 가능한 세 가지 지표로서 민간의료비 부담, 영아사망률 및 비용억제의 자료들을 분석하고자 한다. 여기서 형평성의 측면을 민간의료비로 측정한 이유는 의료 재정의 부담이 누진적인가라는 점에서 접근하였기 때문이다. 다시 말해서 의료 재정적 측면에서 볼 때, 동일한 의료 서비스의 적용을 받더라도 낮은 소득을 가진 사람보다 높은 소득을 가진 사람이 더 높은 재정적 부담을 지는 것이 공정한 접근성을 보장하는 길이기 때문이다(Saltman et al., 2004 : 108). 한편 의료체계의 효과성을 영아사망률로 측정하는 이유는, 궁극적으로 그 체계의 실패가 그 체계의 혜택을 받는 사람들이 사망하거나 질병에 걸리는 것으로 실증할 수 있기 때문이다. 이때 그러한 비효과성을 측정하려면 사망률이나 유병률 등을 활용할 수 있는데, 경험적인 데이터의 특성을 검토할 때, 영아사망률이 일반적인 기대수명이나 전반적인 연령층들의 사망률보다 더욱 국가 간 변이가 크며, 우수한 나라들과 열악한 나라들의 다양한 차이를 더 명확히 보여주기 때문이다(Hill, 2006 : 132). 예컨대, 복지체제론의 분류상 사민주의적인 스칸디나비아 국가들의 평균적인 영아사망률 수치는 자유주의적인 복지국가들에 비해 더 우수한 것으로 이미 검증된 바 있다(Bambra, 2005a : 57).

① 민간의료비의 부담

의료의 형평성 개념은 다차원적이고 복잡하여 일목요연하게 정리하기 곤란한 점이 있으나, 공평한 분배라는 측면에서 '동등한 의료 필요에 따른 동등한 접근성의 보장'이라는 원칙이 가장 널리 받아들여진다(Le Grand, 1982; 장동민, 2004).

이러한 측면에서 볼 때, 빈곤과 의료 서비스 이용에 있어서 자기부담(out-of-pocket payment) 및 개인적 의료비 지출 부담은 의료 필요의 형평성을 달성하는 데에 심각한 영향을 줄 수 있다(Xu et al., 2003; Wagstaff, 2002). 빈곤한 가구는 더 높은 유병률을 경험하고, 수명은 더 짧은 경향이 있다. 이처럼 더 많이 아프고 더 빨리 사망하는 경향이 있음에도 불구하고, 빈곤가구가 가계의 파산에 이를 만한 의료비 지출(catastrophic health expenditure)에 처할 위험은 상대적으로 더 높기 때문에 파산하기보다 차라리 의료 서비스를 찾지 않는 길을 택할 가능성도 커진다. 특히 보편적 의료권이 보장되지 않는 경우에 빈곤가구에게 이러한 위험을 높일 가능성도 커지므로, 가구의 개인적 의료부담을 줄여주는 것은 의료 형평성의 실현에 매우 중대한 영향을 주게 된다.

② 영아사망률

보건의료의 탈상품화와 함께, 보건의료체계의 건강 성과(health outcome)가 이 연구의 주요 초점이므로, 여기서는 주로 복지국가의 체제와 건강지표와의 관련성을 검토한다. 의료 서비스의 질(quality)이라는 개념도 역시 복잡하고 다차원적이라서 보편적으로 합의된 단일의 측정도구를 찾기는 어렵다. 어떤 학자(Donabedian, 1973)는 양질의 의료란 접근성, 포괄성, 적절성, 효율성 등을 포함한 것이라고 정의한 바 있고, 또 다른 학자는 의료 서비스의 미충족 내지는 과용이나 오용을 방지하는 것으로 좁게 해석하기도 한다(Chassin, 1997). 하지만 일반적으로 의료 서비스의 질이라고 할 때는 환자에게 최상의 결과를 가져오도록 적절한 방법과 적절한 시간에 의료 서비스를 제공하는 것이라 할 것이다(윤치근, 2004; Chassin, 1997). 특별히 의료 서비스 질에 대한 국가 간의 비교를 할 때는 국민건강의 지위 지표(health status indicators)를 많이 활용하는데, 이는 의료 서비스 질 향상의 궁극적 목표가 국민들의 전반적인 사회적 건강 개선, 즉 다시 말해 그 사회 전체의 성취(overall societal achievement)를 측정하는 것으로 간주되기 때문이다(Mattke et al., 2006).

국민건강수준(population health)과 건강 성과의 지표로는 주로 기대수명(life expectancy)과 영아사망률(IMR : Infant Mortality Rate)이 보편적으로 가장 널리 쓰인다(Murray et al., 2000; Bambra, 2005a; Navarro et al., 2006).[6] 그 중에서도 영아사망률(출생 1000명당 1세 이전 아동사망률)은 영아와 여성의 건강 및 영양 상태, 생활조건, 사회적 복지, 유병률, 경제적 지위 변화, 의료 서비스와 위생에 대한 접근성 간에 연관성을 측정하는 매우 민감한 지표로서, 국제적으로도 비교의 용이성이 탁월한 지표라는 평가를 받고 있다(Mishra and Newhouse, 2007; Reidpath and Allotey, 2003; Murray et al., 2000). 다만 영아사망률이 가지는 몇 가지 제한점(모집단으로부터 소수의 표본을 추출해서 계산된다는 점과 영아사망의 경계가 되는 사례에 대해 국가 간의 미묘한 차이가 존재한다는 점) 때문에 장애-보정 기대수명(DALE : Disability-Adjusted Life Expectancy)이나 건강기대수명(HALE : Health-Adjusted Life Expectancy) 등에 의해 보완되기도 하지만, 이러한 지표들이 국제적으로 비교 가능한 시계열적 통계로서 아직 활용 가능하지 않다는 점에서 본 연구에서는 영아사망률을 중심으로 건강 수준을 측정하였다.

③ 비용의 억제

보건의료에 들어가는 지출에 대하여, 그 비용 대비 효과성(effectiveness)을 추구하는 것도 역시 매우 주요한 의료체계 목표 중의 하나이다. 비용 통제와 큰 연관성을 가진 의료 체계적 특징으로는 바로 구매자 독점력(monopsony power)을 꼽을 수가 있다. 즉, 다수의 공급자에 대하여 소비자들이 독점적 예산제도를 통해 서비스를 구매하는 것으로(Oxley and MacFarlan, 1995 : 22), 현실적으로는 지출과 의사결정의 중앙 집중화 정도에 따라 다양한 방식(국가에 의한 독점적 통제의 형태로부터 준공공기관이나 민간보험회사에 이르기까지)으로 나타난다.

6) 여기서 한 가지 주의할 점은, 보건의료체계가 영아사망률에 미치는 영향은 제한적일 수 있다는 점이다. 즉, 영아사망률은 의료적 요인보다도 더 다양한 비의료적 효과와 거시적 사회 환경, 예컨대 미성년 임신, 여성의 건강 관련 행동(흡연 등), 사회적 불평등에 의해 영향받을 수 있는 것이다. 단적인 예로, 미국 내에서도 백인(출생 1000명당 6명)과 흑인(14.3명)의 영아사망률은 두 배 이상 차이가 난다는 점을 들 수 있다(USDHHS, 2001).

3. 비교대상 4개 국가의 정치경제적 환경 변화와 의료 개혁의 과정

1) 1970년대까지 보건의료 서비스에 대한 보편적 권리의 발전

영국의 국민건강서비스(NHS : National Health Service)는 여러 가지 면에서 국영 의료체계의 전형(the prototype)이라 할 만하다. 재정은 거의 대부분 일반조세로 이루어지고, 공적으로 운영되며, 중앙정부의 집중된 권한도 매우 높은 수준이다. 즉, 1948년에 설립된 이후 1980년대에 이르기까지, 영국의 보건의료체계는 전 국민에게 전달되는 시점에서 포괄적인 의료 서비스를 무상으로 제공하는 자본주의 최초의 보편적 의료체계로서 국제적 명성을 누려왔다(Harrison, 2004 : 30).

스웨덴의 보건의료체계도는 1946년 통과된 국민건강보험법(National Health Insurance Act)에 의해 성립되었으며, 같은 시기 성립된 영국의 국민건강서비스(NHS)에 비해 대단히 분권화된 특징을 가지고 있다(Freeman, 2000 : 35). 따라서 의료 서비스 전달의 가장 주요한 주체는 바로 지방정부라고 할 수 있다. 지역주민에게 보건의료의 책임을 지고 있는 것은 지방정부들이며, 병원과 의료기관을 대부분 소유하고 운영하는 주체도 이러한 지방정부들이다. 이처럼 스웨덴 보건의료체계에서 지배적인 지방정부의 역할은 지방정부협회(Federation of County Councils)를 통해 전국적 차원에서 핵심적 주체로 기능하며, 중앙정부는 보건사회부(Ministry of Health and Social Affairs)를 통해 일반적인 보건 관련 입법기능과 모니터링 및 조정역할을 총괄한다.

1970년부터는 스웨덴 국민건강보험 재정이 대부분 조세로 충당됨으로써 전 국민이 보편적 의료의 권리를 누릴 수 있게 되었다(Saltman et al., 2004; Freeman, 2000). 즉, 보건의료지출의 85%가량이 주로 공공재원으로부터 나오며, 그 재원 구성을 보면 75% 정도가 지방세로부터, 12%는 중앙정부의 보조금, 그리고 3%가 환자의 진료비로 이루어진다(그 외 기타 재원이 10% 정도 차지한다).

또한 1978년 법안의 의회 통과로 성립된 이탈리아의 의료체계는 재정적으로

조세와 사회보험의 혼합으로 운용되며, 지방정부의 자율성 및 서비스 전달의 다양한 혼합으로 특징지어진다. 이로써 이탈리아는 영국과 스칸디나비아 국가들을 제외하면, 유럽대륙 내에서는 처음으로 국영의료서비스(SSN : Servizio Sanitario Nazionale)를 가지게 된 최초의 국가가 되었다(Freeman, 2000 : 32-34).

민간 부문의 피고용자들을 적용범위로 한 건강보험은 1943년에 처음 확립되었고, 이후 1950년대 및 1960년대를 거치면서 자영업자와 공공 부문 피용자 및 기타 직종으로까지 제도가 확대되었다. 이때 당시의 의료체제는 독일과 유사하였으나, 그와 대조적으로 1978년 재탄생한 SSN은 영국의 NHS를 그 모델로 한 개혁을 통하여 새롭게 태어났다.

국영의료체계라고는 하지만, 의료 전문가들이 민간의 시술을 할 수 있는 자유는 영국이나 이탈리아, 스웨덴 모두 법적으로 보장되어 있으며 그 정도에서만 약간의 차이가 있을 뿐이다. 그 중에서도 이탈리아는 그런 면에서 가장 넓은 허용 범위를 보장하고 있다. 일례로 환자가 본인부담(co-payment)하여 제공받을 수 있는 민간 병상의 비율이 이탈리아는 16% 정도 되며, 영국은 7%, 스웨덴은 5%가량 된다(Ibid. : 32-38).

한편 미국 보건의료체계에 있어 국가의 역할은 1960년대에 이를 때까지 매우 주변화된 지위에 머물렀다. 뿐만 아니라, 그나마 국가가 보건의료체계에 미치는 약소한 영향력조차도 유럽의 국가들처럼 국민들의 의료 서비스에 대한 접근성을 보장하려는 데 있기보다는, 주로 질병을 통제할 수 있는 의학기술 공급을 촉진시키는 데 강조점이 주어져 왔다(Moran, 1999 : 46).

1965년의 메디케어(Medicare)와 메디케이드(Medicaid)의 도입은 오랜 기간 동안 계속되어 왔던 미국식 보건의료 형태인 공급 우선 국가로부터 생성된 산물이기도 했고 동시에 보건의료의 정치화라는 새로운 국면으로 이행하는 변화의 전조이기도 하였다. 우선 이 새로운 제도들이 오래된 미국식 보건의료 형태의 산물인 이유는 메디케어(고령층을 위한 병원비용의 강제적 사회보험 프로그램)를 통해 증대하는 고령인구의 입원치료를 국가가 보장하는 사회보장제도의 한 부분으로 확립시켰다는 점에 있다. 동시에 이 제도들은 케네디(Kennedy) 대통령의 대선 당시 공약과 빈곤과의 전쟁 프로그램(메디케이드의 경우), 그리고 케네디 대통령의 암살 이후 그 뒤를 잇는 존슨(Johnson) 대통령의 민주적 정치의 기술에 의해 주로 형성되었다는 점에서 그 후 수십 년 동안 미국에서 보건의료 정치의 변화를 예고하는 주요한 특징이기도 하였다. 이때부터 보건의료의 영역은 미국에서 국민들의 여론을 반영하는 주요한 연방 정치적 장(場)으로서 확립되었고, 연방정부는 보건의료 부문에서 가장 규모가 큰 제3자 지불 기관(the largest third-party payer)으로서 역할하기 시작하게 된다(Moran, 1999 : 46-48). 즉, 연방정부가 국가보건지출에서 차지하는 비중은 1960년에 10%가량에 머물렀던 반면, 그로부터 30년 후에는 그 비중이 30%를 넘어선다.

이로써 미국의 연방정부는 보건의료 영역에 직접적인 이해관계를 가지는 주요 당사자로서 개입하게 된다. 또한 메디케어의 성립은 보건의료체계를 규제할 행정적 기관의 필요성을 제기하게 되는데, 여기서 주요한 역할을 하게 된 것이 바로 보건의료재정청(HCFA : Health Care Financing Administration)이었다. 사회보장제도로서 보건의료체계의 일부를 통합시켰다는 것은, 다른 한편으로 병원들로 하여금 의료비를 관대하게 지출하도록 사실상 면허를 발급한 것이나 다름이 없었다. 따라서 1960년대 미국의 의료 개혁은 이후 상당한 의료비 폭증을 가져왔고, 보건의료재정청(HCFA)은 1980년대와 1990년대 기간 동안 '진단명 기준 질병군(DRG : Diagnosis-Related Group, 혹은 국내에서 '포괄수가제'라는 명칭으로 알려짐)'과 같은 제도들을 통해 미리 특정 의료 서비스에 대한 지불을 준비하도록 의료비용에 대한 원칙의 변화를 가져온다.

2) 신자유주의적 시장 개혁 : 1980~1990년대

케인즈주의의 약화 이후 서구 각국에서 그 모습을 드러낸 신자유주의는 복지국가에 대하여 탈규제화된 시장과 작은 정부의 역할을 강조하였으며, 특히 의료 부문에서의 신자유주의적 시장 개혁은 비용절감을 골자로 한 민영화와 지방정부로의 탈집중화를 기치로 내걸었다. 하지만 모순적이게도, 탈규제와 민영화를 표방하며 나타난 신자유주의는 정부의 개입을 통해서만 그러한 개혁을 실행할 수 있었다. 비교대상인 네 나라의 1980~1990년대 시기 동안 제도적 변화를 살펴보면 다음과 같다.

(1) 미국

미국에서는, 메디케어와 메디케이드가 도입된 이후 보건의료제도에 있어 가장 중요한 변화라고 일컬어지는 1983년의 레이건 행정부에 의한 개혁이 단행되었다. 이는 '경쟁'이라는 정치적 수식과는 달리, 전반적으로 의료에 대한 연방정부의 대대적 개입의 증대를 가져왔다(Moran, 1999 : 79-82). 여기에 연방기구로서 보건의료재정청(HCFA)은 보건의료 서비스 소비를 조정하고 규제하는 매우 주요한 기관으로서의 역할을 다하게 된다.

사실상 미국 정부가 정부 개입을 통해 폭증하는 의료비용 삭감에 나설 수밖에 없도록 만든 이유 중 하나는, 장기적으로 볼 때 의료 서비스의 가격을 높게 유지하고 적용대상범위를 제한해 온 의료산업의 구조 자체가 주요한 역할을 해 왔다(Navarro, 1995 : 196). 따라서 미국 의료체계는 국제적으로 비교할 때 매우 불만족스럽고 낮은 성과를 낳는 고비용 구조를 지속할 수밖에 없었다.

1980년대와 1990년대를 거치는 동안 미국의 의료계는 의료시장의 확대를 주장하는 로비집단에 의해 적극적으로 주도되었으며, 캐나다에서 이미 실시되고 있던 보편적 의료 서비스와 같은 의료 개혁을 주장하던 소수파들은 계속 주변화된 채로 남아 있게 된다.

이처럼 미국에서 경쟁과 의료산업 위주의 보건의료체계가 지속됨으로써 가져온 결과는, 바로 서비스 제공을 선별적으로 부정하는 인센티브(빈곤층에 제공되는 응급서비스 회피나 입원서비스 제공을 최소화하려는 재정적 동기 등)가 활성화되었다는 점이었다. 이러한 경향은 특정 계급과 소득계층에게 차별적인 서비스를 제공하는(creaming) 관리의료(managed care)의 특징을 극명히 드러내게 된다.

(2) 이탈리아

정치 행정적 통합성이라는 측면에서 이탈리아 의료체계는, 1978년의 탄생에서부터 영국과 스웨덴에 비해 취약한 상태였다. 이탈리아 정부는 대체로 단명한 연립정부의 형태로 성립되는 때가 많았고, 중앙정부의 보건부가 가진 행정력 역시 다른 두 나라에 비하면 상대적으로 매우 덜 발달되어 왔다. 뿐만 아니라 취약한 정치 행정적 통합력은 이탈리아가 보여주는 지방과 중앙 간의 관계에 의해 더 한층 약화되는 경향을 보여주는데, 흥미롭게도 1978년의 의료 개혁으로 탄생한 이탈리아의 SSN을 또 다시 개혁한 1992년의 개혁은 행정적 탈집중화(administrative decentralisation)의 한 조치로서도 해석될 수 있다는 면이 그렇다.

다시 말하면, SSN의 확립으로 인해 재정적 통제의 메커니즘은 중앙이 독점한 반면, 그 관리(management)는 지방으로 이전되는 결과를 낳았고, 바로 이러한 행정적 조치가 지방과 중앙 간의 이해관계를 서로 상충되게 만들었다. 즉, 중앙정부는 의료비용을 줄이려는 경제적 효율성의 측면을 강조하는 반면, 지방정부는 지역인구에게 의료 서비스를 제공하고자 하는 법적 책임을 강조함으로써 중앙으로부터 독립적인 조직적 주권을 주장하는 강한 경향을 띠어 오게 된 것이다. 이로 인해 지방의 관리 조직으로서는 자신들의 적자부분에 대해서 책임을 지지 않으려는 경향을 띠고, 중앙정부로부터 더 많은 재정을 얻어내려는 로비에만 지나치게 집중하는 경향을 보이게 됨으로써 역기능을 초래하게 된다.

그래서 1992년의 이탈리아 의료 개혁이 주로 지방 관리조직에게 재정적 책임성을 강조함으로써 영국 의료 개혁 모델을 답습하였음에도 불구하고, 이탈리아가 가진 정치 행정적 통합의 취약성 때문에 보건의료체계가 매우 중앙집권화된 영국의 모델에서는 나타나지 않았던 지방 차원에서의 재정적 위기에 대한 조치를 취할 수밖에 없었던 것이다. 결국 의료재정을 지방으로 이양하고 지역 차원의 관리된 경쟁(managed competition)을 도입하는 것으로부터 시작된 이탈리아의 1992년 의료 개혁은, 마침내 1998년 보건의료 재정의 사회보험적 요소를 지방세로 대체하는 것으로서 일단락된다(Freeman, 2000 : 68-69).

(3) 스웨덴

스웨덴에서 지속적으로 집권을 유지해 온 사회민주당 정부를 1991~1994년 기간 동안 대체하게 된 자유-보수 연합은 시장 지향적 의료 개혁(market-oriented reform)을 단행하였다. 지난 반세기 동안 스웨덴의 복지국가는 지속적으로 성장을 거듭해 왔고, 국민들의 연대감 속에 전 국민에게 보편주의적인 서비스를 제공하는 스칸디나비아형 사민주의 복지국가의 전형으로서 위상을 지켜왔다. 하지만 이러한 스칸디나비아형 복지국가 모델(Scandinavian model)은 1980년대 중반부터 여러 가지 비판에 직면했다(Bergmark, 2008 : 244). 특히 그 비판의 중심에선 스웨덴 복지국가의 핵이라고 할 수 있는 보건의료부문이 지닌 관료주의, 낮은 효율성, 환자들의 선호에 대한 둔감성 등이 자주 언급되었다. 이러한 비판을 주도했던 보수당이 소위 복지국가에 있어서 "선택권의 혁명(choice revolution)"을 약속하며 마침내 집권하자, 시장지향적 개혁은 가속화되었다. 이러한 개혁은 "유사시장(quasi-market)"이 비용을 감소시키고 서비스 이용자에게 더 많은 선택권을 주리라고 믿는 지방 정책결정권자들의 주도로 도입된다.

이러한 개혁은 영국에서 진행되었던 유사한 개혁의 경험으로부터 주로 영향을 받은 것이었고, 비록 1994년에 사회민주당이 다시 재집권함으로써 약화되었으나 그 영향력은 스웨덴의 보건의료 및 복지국가에 민간부문의 역할이 크게 증대되는 계기를 마련한다. 단적인 예로써 스웨덴 보건의료 부문에서 민간 인력(privately employed health-care staff)의 비율은 1993년 4.8%에서 2000년도에 7.2%로 증대되었다. 이러한 민간부문의 역할은 대도시부문에서 특히 급증하여, 그 비율이 15%에까지 이르게 되었다. 이렇게 급증한 민간부문의 대부분은 영리 의료 기관(for-profit care providers)이었다(Blomqvist, 2004 : 145-146).

이렇듯 1990년대 초반의 스웨덴 의료 개혁은, 자칫 스웨덴 보건의료체계가 고소득자 및 높은 사회계층 집단이 이용하는 고급의 민간의료부문과 저소득층만이 남게 되는 질 낮은 공공의료부문으로 양극화 체제(two-tier system)가 되는 것이 아닌가 하는 우려를 낳았다. 물론 대부분 스웨덴 국민들의 여론이 보여준 기대나 객관적인 통계 수치는 그러한 방향으로 크게 위치를 옮긴 것으로 보이지는 않는다. 하지만 향후의 장기적 변화의 방향이 어떠한 형태로 귀결될 것인지는 불확실하다. 그럼에도 불구하고, 1990년대 시작된 개혁으로 지금에 이른 현 상황이 그 이전의 상태로 되돌아가 공공부문의 회복으로 역전되리라고는 볼 수 없게 되었다(Bergmark, 2008 : 257-258). 바로 이러한 점이 가장 보편주의적인 의료체계와 탈상품화된 복지국가의 전형이라 불려 왔던 스웨덴의 의료체계를 현재 쉽사리 낙관적으로만 전망할 수 없게 만드는 요인이라 할 것이다.

(4) 영국

자본주의 국가들 중 최초로 보편주의적 의료체계를 탄생시킨 영국이 가진 아이러니는 시장중심적 의료 개혁의 면에서도 역시 다른 유럽 여러 나라들에세 항후 벌어실 개혁의 본보기로서 실험적 제도들을 도입한 선두적 모델을 보여주었다는 점일 것이다.

대처 정부의 집권으로, 보수당 정부는 당시 영국의 의료체계에 대한 비판을 구체화한 백서 및 주요 법안[Working for Patients(1989), the NHS and Community Care Act (1990)]에 공언한 원칙에 따라 국민건강서비스에 대한 조직 개혁을 단행하였다. NHS의 약점으로 지적된 것은 크게 보아 두 가지로서, 첫째는 성과에 대한 효과적 평가의 결여와, 둘째로 비용, 효율, 서비스의 질에 관한 의료 전문가 및 관리자들의 책임성 실패를 들고 있다.

이러한 관점에서, 보수당의 개혁은 1980년대 중반 일반 행정관리부문의 개혁(general management reforms)에서 시작되었다. 그 내용은 중앙, 지역 및 하부 행정단위에 이르기까지 모든 레벨에서 효율성과 비용억제를 추진하도록 의사결정 과정을 합리화하고, 각 레벨의 매니저들이 측정 가능한 산출(measurable outputs)을 검토함으로써 그러한 성과에 대한 책임을 지도록 하는 것이었다(Harrison, 2004 : 30-31).

1980년대 후반부에 들어서면서 보수당 정부는 또 다른 의료 개혁안을 내놓게 되는데, 이 개혁은 흔히 내부시장 개혁(internal market reforms)이라고 불린다.

새로운 개혁의 요지는 바로 병원들과 일차의료 제공자들에게 경쟁을 도입하여 자원을 효율적으로 배분하도록 인센티브를 주고, 그리하여 서비스의 질을 제고하자는 데 있었다. 여기에는 주로 미국의 경제학자 엔토벤(Alain Enthoven)의 이론이 큰 영향을 준 것으로 잘 알려져 있다. 흥미로운 것은 이 개혁의 목표가 비용억제와 효율성의 향상에 있었음에도 불구하고, 그러한 면에서 가장 모범적인 영국이 가장 실패한 케이스라 할 수 있는 미국으로부터 온 경제학자의 아이디어를 차용하였다는 아이러니이다.

〈표 9-6〉 4개 국가의 주요 보건의료 개혁 연표

미 국	이탈리아	스웨덴	영 국
1965 메디케어와 메디케이드 성립	1978 SSN 확립	1946 NHI 법안통과	1948 NHS 성립
1983 연방정부의 DRG 제도화	1992 의료 개혁	1970 건강보험재정, 대부분 조세로 전환	
1994 클린턴의 의료 개혁안 부결	1998 보험재정 지방세로 대체	1991~1994 시장지향 개혁	1980~1990 대처의 의료 개혁

4. 결론 : 복지국가의 보건의료 개혁 원인과 성과 비교

1) 보편주의적 개혁과 시장주의적 의료 개혁의 원인들

영국과 유럽의 국가들에 있어서 보편주의적 국민건강서비스(national health services)를 창설하기 위한 개혁의 과정은 공통되게 특정 환경을 거치면서 발전해 왔다(Freeman, 2000 : 25-26). 우선 첫째로는 의료체계가 처한 재정난이 그 상황적 맥락으로 작용했다. 영국의 국민건강서비스는 세계대전을 겪은 재난 상황에서 정치 세력 간의 불가피한 합의 속에 탄생하였으며, 그 이전부터도 이미 당시 상당 비율을 차지하던 자선병원들(voluntary hospitals)이 재정난에 처하여 환자들을 지방정부 병원(municipal hospitals)에 떠넘기고 있던 상황이었다. 이로 인해 의료 서비스 제공으로 인한 부담이 지방 재정의 50%에 달하고 있었다. 이탈리아도 비슷한 상황이었다. 1960년대까지 병원서비스는 질적 하락을 거듭하고 있었고, 이러한 상황에서 기존의 보험제도가 부채 위기에 허덕이던 당시 사태로 인하여 결국 1978년의 의료 개혁이 촉발되었다.

두 번째는 친개혁적 세력(strength of pro-reform), 특별히 좌파정당의 우발적 정권 획득이 그 배경으로 작용하고 있었다. 즉, 1946년의 스웨덴과 영국, 1978년의 이탈리아는 정당 간 갈등이 상대적으로 덜한 상황에서 비정상적으로 좌파정당이 득세하게 된 공통적 정치상황에 있었다. 영국의 NHS를 성립시킨 것은 노동당 정부였고, 1947년 스웨덴에서 강제적인 의료보험을 도입시킨 것도 사회민주당 정부였으며, 이탈리아에서 1978년에 SSN이 성립된 배경 역시 이탈리아 공산당이 최초로 연립 정부에 참여했던 상황을 반영하고 있다.

세 번째 요인은, 바로 국가와 의사들 간에 세력의 균형(the balance of power)이 이루어진 데 있었다. 다시 말해 이탈리아와 영국의 경우는 의사 집단이 분열되어 있었던 반면, 국가는 강력했던 시기였다고 말할 수 있다. 또한 스웨덴의 경우는 일단 정부에 의해 정책이 형성되었을 때에, 그에 반대하는 의회의 반대세력이 없었다는 점에서 행정부의 상대적 자율성(relative autonomy)이 중요하였다. 이는 바로 나라마다 개혁에 반대하는 그룹(veto group), 대표적인 예로써 의료 전문직 집단들의 영향력이 달랐기 때문에 의료 개혁의 방향과 정도가 다르게 나타났다는 측면에서 설명이 가능하다. 즉, 반대하는 그룹은 나라마다 그 조직력에서 차이가 날 뿐만 아니라, 서로 다른 정치체제가 그들에게 정책과정에 참여하도록 제공하는 기회도 다르다는 점에서 차이가 났다.

〈표 9-7〉 공공의료의 적용범위(public health care coverage) 확대 추이

국 가	1960	1975	1997
이탈리아	87.0	95.0	100.0
영 국	100.0	100.0	100.0
스웨덴	100.0	100.0	100.0
미 국	20.0	40.0	45.0

출처 : OECD Health Data 1998.

한편 1980년대부터 시작되어 1990년대에 이르는 기간 동안의 의료 개혁은 자유주의적 정부들의 집권과 세계화(globalization)의 영향력으로부터 결코 무관할 수가 없었다. 1970년대까지 이어졌던 높은 경제성장과 낮은 실업률, 그와 함께 지속된 인구의 성장은, 1970년대 중반의 오일쇼크로 급격히 냉각되었다. 이로 인한 경기 침체와 계속되는 실업률의 상승은 고령인구 비율의 증가와 결합하면서 사회보장제도에 관한 이념적 논쟁에 불을 붙이게 된다. 좌파와 우파는 모두 국가의 지배적 역할에 불만을 나타내기 시작했고, 전후 복지국가에 대한 합의(consensus)를 대체하는 국가 역할 축소의 합의가 도래하는 듯 보였다(Marmor and Okma, 1998 : 334-335).

하지만 그러한 변화를 어떠한 방식으로 도입할지에 대해서는 거의 합의된 바가 없었으며, 사실상 복지국가 감축의 노력(retrenchment efforts)은 별다른 성과 없이 유명무실해지고 있었다. 오히려 선진 복지국가들의 관심은 보건의료를 비롯한 복지국가의 지출을 통제할 필요성에 대한 고심을 더 크게 부각시키고 있었다. 미국의 레이건(Reagan)이나 영국의 대처(Thatcher) 행정부의 예를 보더라도, 사회복지 프로그램 감축을 천명하였으나 실질적으로 그러한 감축에 성공한 분야는 매우 제한적이었다. 정치적으로 말해서, 복지의 축소는 복지의 확대보다 훨씬 어려운 임무였던 것이다.

2) 보건의료 개혁의 성과 비교 : 민간의료비 부담, 비용의 억제, 그리고 영아사망률

OECD 국가들을 대상으로 한 복지국가 지출에 관한 연구(Navarro et al., 2004)나 보건의료 탈상품화를 지표화한 연구(Bambra, 2005b; 2005c)에서도 분석된 바와 같이, 대부분의 OECD 국가에서 신자유주의와 세계화가 진전되었던 1980년대부터 2000년 이후까지 복지국가의 지출은 그대로 유지되거나 오히려 증가하는 추세를 보였으며, 보건의료의 탈상품화도 큰 변화를 보이지 않은 것으로 나타났다(표 9-5 참조).

〈표 9-8〉이 나타내는 바와 같이, 지난 10여 년 동안 신자유주의적 개혁에

도 불구하고 미국, 이탈리아, 영국의 민간의료비 비중은 감소해 오는 경향을 보였으며(10% 이상), 스웨덴만이 상당히 증가(43%)하였다.

〈표 9-8〉 총 의료비 지출에서 민간의료비의 비중(% : 자기부담+민간의료보험/증감률)

국 가	1990	2005
미 국	57.6	50(13.2 ▼)
이탈리아	24.1	21(12.9 ▼)
스웨덴	10.5	15(42.9 ▲)
영 국	15.5	13(16.1 ▼)

출처 : UNDP(1993), OECD(2007).

〈표 9-9〉 GDP에서 총 보건의료지출이 차지하는 비중(%)과 그 변화율(1980~2000)

국 가	비중(%)					비중 변화율			
	1980	1985	1990	1995	2000	80~85	85~90	90~95	95~00
미 국	8.7	10.0	11.9	13.3	13.1	14.94	19.00	11.80	-1.50
이탈리아	7.0	7.1	8.1	7.4	8.2	1.43	14.08	-8.64	10.80
스웨덴	9.4	9.0	8.8	8.1	8.4	-4.26	-2.22	-7.95	3.70
영 국	5.6	5.9	6.0	7.0	7.3	5.36	1.69	16.70	4.30

출처 : OECD Health Data(1998, 2003, 2008).

다시 의료 개혁의 결과로서 비용억제라는 측면만을 따로 검토해 보자면, 비용 통제적 성격은 광범위한 의료 개혁들의 공통된 노력에서 중핵을 차지했음에도 불구하고, 각 정부들의 일관된 의도에 합치되는 성과를 가져오진 못했음을 알 수 있다. 즉, 〈표 9-9〉는 비용억제를 향해 시장개혁이 이루어졌던 직후 미국의 1980년대와 영국의 1990년대 초반, 스웨덴의 1990년대 후반에 보건의료지출 변화율이 많이 상승하는 추세를 보여준다. 특히 미국은 대부분의 기간에 비용억제라는 목표에서 실패했으며(1990년대 후반만 제외하고), 영국과 스웨덴은 시장개혁 이후 의료비용이 상승했고, 이탈리아는 SSN 성립 직후(1980년대 초반)와 의료 개혁 직후(1990년대 후반)만 비용억제가 이루어졌으며 그 외의 기간에는 비용 상승이 반복되었다. 대체로 비용억제에 성공적인 국가로는, 꾸준히 낮은 의료지출 변화율을 유지해 온 스웨덴만이 유일한 사례였다.

다른 한편, 영아사망률의 변화를 보면(그림 9-3), 지난 40여 년 동안 전반적으로 꾸준히 감소하는 추세를 보이지만 그 중에서도 특히 이탈리아에서 가장 큰 폭으로 향상되어 왔다는 점을 알 수 있다. 또한 스웨덴은 4개 국가들 중에서 영아사망률이 가장 낮았으며, 지금도 그러한 수준을 유지해 오고 있다. 하지만 1980년대에 접어들면서 4개국의 감소폭은 현저히 둔화되는 경향을 나타내며, 영아사망률의 4개국 간 차이는 많이 줄어든 상황을 보여준다. 어쨌든 미국은 지속적인 영아사망률 감소에도 불구하고 1980년대 중반부터 그 감소폭이 이탈리아에 추월당한 모습이고, 영국 역시 1990년대에 들어서 영아사망률의 향상 정도에 있어서 이탈리아의 개선폭에는 밀려나는 추세를 보인다. 〈표 9-10〉은 이러한 상황을 더 세밀하게 나타내주고 있다.

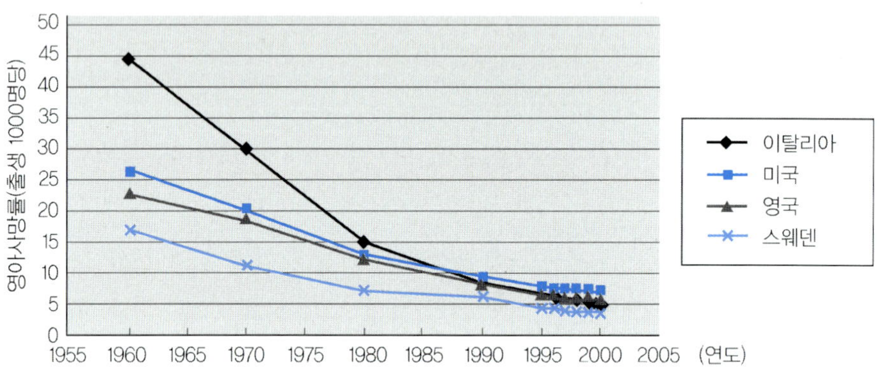

┃그림 9-3┃ 영아사망률의 비교(1960~2000)

〈표 9-10〉 영아사망률과 그 변화율(1960~2000)

국 가	1000명당 영아사망률									사망률 변화율			
	1960	1965	1970	1975	1980	1985	1990	1995	2000	60~70	70~80	80~90	90~00
미 국	26.0	24.7	20.0	16.1	12.6	10.6	9.2	7.6	6.9	-23.08	-37.00	-26.98	-25.00
이탈리아	43.3	35.0	29.0	20.8	14.6	10.5	8.2	6.2	4.5	-33.03	-49.66	-43.84	-45.12
스웨덴	16.6	13.3	11.0	8.6	6.9	6.8	6.0	4.1	3.4	-33.73	-37.27	-13.04	-43.33
영 국	22.5	19.6	18.5	16.0	12.1	9.4	7.9	6.2	5.6	-17.78	-34.59	-34.71	-29.11

출처 : OECD Health Data(1998, 2003).

또 다른 측면에서, 보건의료에 서비스에 대한 대중의 기대(expectation) 수준은 한편으로 그 비용을 증대시키는 수요로서도 작용하지만, 또 다른 한편으로는 그 기대에 대한 만족도를 측정함으로써 보건의료 개혁의 모니터링에 도움이 되기도 한다. 뿐만 아니라 각 국가별 만족도 수준은 한편으로 주관적이라는 한계점이 있기도 하지만, 동시에 보건의료체계에 대한 공중의 전반적 인식을 가늠하는 유용한 지표이기도 하다.

그리고 세계보건기구(WHO)는 각국의 의료체계가 그 이용자 인구의 기대 수준에 부응하는 정도를 나타내는 지표를 개발하여 반응성(responsiveness) 측정도구로 개발한 바 있다. 여기에는 자율성, 비밀보장, 존엄성, 즉각성, 기초적 편의시설의 품질, 사회적 지지망에 대한 접근성, 의료제공자 선택성의 7가지 차원이 포함된다. 이러한 반응성 순위에서 미국은 조사된 국가들 중 1위를 차지했으며, 대체로 그 순위는 1인당 의료비 지출과 강한 상관관계($r^2 = 0.86$, $p < 0.001$)를 가진 것으로 나타났다(Anderson and Hussey, 2001 : 227).

한편 만족도가 매우 낮게 나타난 이탈리아의 경우에 세계보건기구의 전반적 성과 순위는 2위로서, 1위인 프랑스 다음으로 높은 순위를 차지했다. 미국은 이와 반대로 반응성의 순위는 1위였지만, 전반적 성과에 대한 평가에서는 네 국가들 중에서 가장 낮은 결과를 나타냈다. 이처럼 의료의 성과는 매우 측정하기 난해하고, 어떤 잣대로 재는가에 따라 서로 다른 측면에서 측정이 가능하기 때문에 그 기준에 관하여 매우 복잡한 논쟁을 일으킨다[특정한 잣대를 사용함으로써 발생할 수 있는 편향성에 대해서는 Navarro(2001) 참조].

〈표 9-11〉 보건의료 질(quality of health care)에 관련된 성과 및 순위(WHO, 2000)

구 분	보건의료체계에 만족한다는 응답률(%)	(WHO rank) 반응성 (순위)	(WHO rank) 보건의료체계의 전반적 성과(순위)
미 국	40	1	37
이탈리아	20	22~23	2
스웨덴	58	10	23
영 국	57	26~27	18

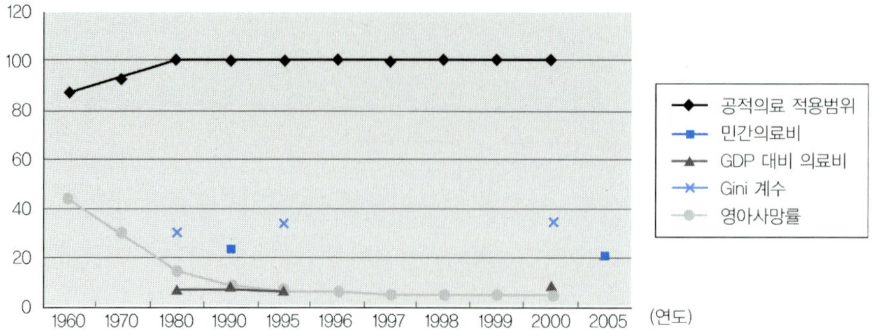

| 그림 9-4 | 이탈리아의 탈상품화와 보건의료성과[7]

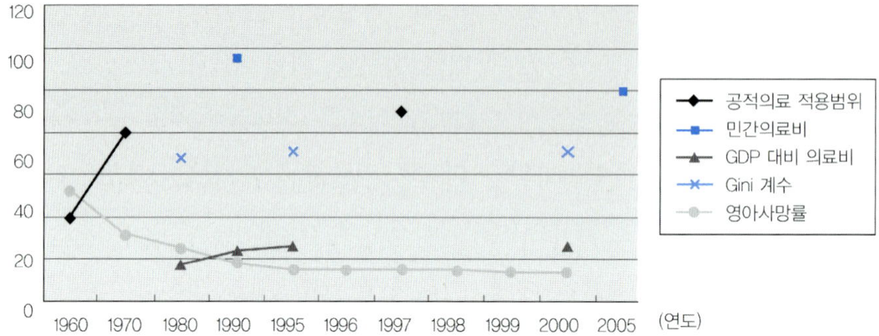

| 그림 9-5 | 미국의 탈상품화와 보건의료성과

| 그림 9-4 | 와 | 그림 9-5 | 는 각각 이탈리아와 미국의 영아사망률, 불평등도(Gini 계수 비율), GDP 대비 의료비 지출비율, 민간의료비 지출비율, 공적의료의 적용범위 변화도를 연도별 추세의 형태로 나타내주고 있다. 여러 가지 통계자료의 제약으로 인해 일부 연도들이 상실됨으로써 명확한 실선들이 잘 드러나지 않고 있음에도 불구하고, 영아사망률의 변화 추이와 공적의료의 적용범위 확대 정도 사이(각각 위로 향한 J자 추세와 아래로 향한 역J 형태로 서로 대조됨)에 눈에 띄는 연관성이 있다는 것을 이 그래프는 가시적으로 잘 보여준다.

이상에서 논의된 내용을 정리하면, 이 논문에서는 서로 다른 복지체제(welfare regime)에 속하는 네 나라에 서로 다른 방향으로 진행된 두 가지 의료 개혁의

7) 영국과 스웨덴의 경우는 이미 1960년대 이전부터 공적의료 보장범위가 100%에 도달하였기 때문에 그래프를 통한 비교를 생략하였다(표 9-7 참조).

국면에 있어 영아사망률과 탈상품화, 의료비용의 억제라는 개혁 목표가 어떠한 패턴으로 달성되거나 변화하였는가를 살펴보았다. 분석의 결론은, 1990년대까지 가장 오랜 기간 평등주의적 정책 지향을 가진 정당(사민주의)이 집권하였던 스웨덴 보건의료의 탈상품화 및 의료 질(영아사망률), 비용억제 성과가 가장 우수하였고, 다음으로 자유주의적 복지체제로 분류되지만 1946년 이후 국영화된 의료체계를 운영해 온 영국이 그 다음 우수한 성과를 보여주었다. 한편 보수주의적 복지체제의 한 국가로서 1978년 이후 보편주의적인 의료의 접근권을 보장해 온 이탈리아도 높은 의료의 탈상품화 정도를 보였을 뿐만 아니라, 애초에 네 나라 중에서 영아사망률이 가장 높았음에도 불구하고 급격히 그 비율이 감소하여 1990년대에는 영국과 미국을 앞서는 정도에 이르는 향상을 보여주었다. 그리고 가장 상업화된 의료제도를 가진 미국은 의료체계의 반응성 측면에서만 우수성을 보였으며, 그 외에 영아사망률이나 의료비 지출의 억제, 탈상품화의 측면에서는 개선의 정도가 네 나라들 중에서 가장 저조하였다.

5. 고찰 및 후기

의료비의 급증은 건강과 의료가 모든 서구 선진국들에서 정부개혁 이슈의 주요한 핵심의제가 되게 만들었고, 주요 선거에서는 정치적 쟁점화까지 되고 있다[8]. 우리는 앞서 보건의료체계에 대한 재정적 압박에 대응하는 선진 산업

8) 오바마(Barack Obama) 대통령의 당선은 미국 의료 개혁의 실현 가능성을 높여주고 있다는 점에서도 언론의 주목을 받은 바 있다. 최근의 타임지(TIME, December 1, 2008) 특집 기사에서도, 미국의 1인당 의료비 지출은 7026달러로서 다른 선진국들에 비해 매우 높은 편이지만[미국 인구는 전 세계 인구의 5%에 불과하지만, 의료비 지출은 전 세계 의료비 지출(약 2.2조 달러)의 절반인 약 1.2조 달러를 소비하는 것으로(Benatar et al., 2003 : 115) 나타남], 그보다 의료비를 1/3 내지 2/3 정도만 쓰고 있는 일본이나 프랑스보다 기대수명과 영아사망률이 훨씬 뒤처진다는 사실을 보도하고 있다. 덧붙여 오바마 대통령의 의료 개혁은 정책 우선순위로서 세 번째를 차지한다는 사실을 언급하면서, 현재 미국에 무보험인 시민들이 4천5백만 명에 달한다는 점을 들어 의료 개혁의 현실화가 매우 가까이 임박하였음을 시사하고 있다. 하지만 오바마의 의료 개혁안이 아동을 제외하고는 의료보험 적용을 모든 미국인

국가들의 구체적 대응 방식을 다양하게 살펴보았고, 결론적으로 그러한 대책의 성패 역시 상이하게 드러나는 것을 분석하였다. 그러한 성과가 차별화되는 이유는 각국이 갖추고 있는 보건의료체계의 구조적 틀과 의료에 대한 접근권이 보편화되는 방식 및 시장화되는 방식, 각 나라의 사회경제적 구조 등에 따라 서로 다른 제도적 방식으로 결정화되기 때문이다. 이러한 선진 복지국가들의 특성과 사회경제적 환경의 상호작용은, 보건의료를 위한 국가 정책과 그러한 맥락에서 추구하는 효율성의 방향을 상이한 양태의 전략으로 이끌고 있는 것이다.

1980년대와 1990년대 신자유주의적 보건의료 개혁들은 건강을 상품화하는 방향으로 진행되어 왔다. 즉, 보건의료(health care) 서비스는 상품이며, 건강(health)이란 사회의 공공 및 사적 영역에서 일하기 적합하고 건강한 인구를 보장해주는 것이라는 의미로 이해되었던 것이다. 하지만 영국에서 이러한 정책적 변화는 주요한 자각을 일깨우는 계기가 되었다. 그 자각이란 바로 신자유주의가 가져온 전반적 사회 불평등의 심화는 건강 수준의 계급 간 불평등을 가져온다는 사실, 그리고 의료를 상품화하는 방향으로의 개혁은 보건의료 서비스에 대한 빈곤계층의 접근을 심대하게 제한한다는 증거들이 드러났다는 점이다. 이러한 경향은 신자유주의적 정책의 근원지였던 주요 선진국에서보다도 개발도상국이나 세계적인 수준에서 더 큰 타격을 주었음이 발견되고 있다. 즉, 신자유주의적 수사(rhetoric)에 비해 복지국가의 탈상품화 기제가 대체로 견지되었던 선진 주요 제국에서보다도, 방어될 의료체계와 강한 복지제도가 부재하였던 여러 국가들에 건강의 상품화는 더 치명적이었던 것이다(Mackintosh, 2003; Burden et al., 2000).

지난 20여 년 동안 거의 모든 선진국들은 보건의료체계의 제도적 구조 변화를 시도해 왔다. 선진 제국에서 현재까지 진행되어 온 의료 개혁은 대체적으로 1970년대 후반부터 시작된 것으로, 보건의료의 비용을 억제하는 데 목적을

들에게 의무화하지 않고 있다(It does not mandate universal coverage except for children)는 점에서 클린턴 대통령의 시도만큼 전면적인(sweeping) 개혁은 아니라고 보도했다.

둔 것이었다. 구체적 정책 수단은 정부의료지출에 대한 규제의 도입과 의료서비스 제공자에 대한 예산상의 상한을 부과하는 것 등이다. 뒤이어 1980년대 후반 이후에는 주로 의료 서비스 제공자들이 서비스의 품질과 비용에 대한 직접적인 책임성을 증대하려는 시도가 이루어졌으며, 주로 환자들의 요구에 대한 반응성(responsive)을 높이려는 데에 중점을 두었다. 즉, 비용억제라는 개혁의 방향을 유지하면서도, 의료 서비스의 품질을 향상하고 더욱 효율적으로 개혁하면서 동시에 유사 시장과 같은 과정을 보건체계에 도입하는 이른바 '시장개혁'을 실행하는 것이었다(Harrison, 2004 : 1-2).

그 시기 동안 연구대상이 된 미국, 영국, 이탈리아, 스웨덴의 네 나라들은 모두 영국식의 내부시장 형태와 미국식의 포괄적 예산 제한 정책을 부분적으로 도입함으로써 서로 공통적인 의료체계적 영향을 주고받은 바 있다(Kimberly et al., 2008; Harrison, 2004). 하지만 이러한 개혁의 성과는 일마가지 못했나. 초기 단계에서는 효율성과 생산성 증가가 나타난 듯 했으나, 이는 합리적이고 새로운 의사결정의 도입 때문이 아니라 단지 병원 관리자들이 더 적은 자원 조건 하에서 더 많은 서비스를 제공하려는 의도된 노력에 기인한 것일 뿐이었다. 곧 의료체계에 대한 대중의 기대와 서비스를 제공할 수 있는 재정 능력 간의 격차는 더욱더 벌어졌고, 이는 서비스 질의 저하로 나타났다.[9)]

이렇듯 시장적 개혁으로 인해 건강 재정 및 보건의료 서비스에 대한 접근성의 불평등이 심화되자, 사민주의적 정부들은 이러한 시장개혁이 가져오게 될 복지국가의 연대성에 대한 손상을 우려하게 된다. 따라서 1990년대 중반에 접어들면서 보건의료 개혁은 세 번째 유형의 국면에 들어서는데, 그 정책적 우선순위는 더욱더 국민들의 공중 보건과 복지에 주어지게 된다. 이는 지난 개혁들이 주로 의료 서비스의 조직에만 변화를 주고자 하였던 것에 대한 반성에서 비롯되었다. 또한 개혁의 측면을 시장 측면뿐만 아니라 규제적 측면과 조

9) 이러한 점이 심각한 정치적 후유증으로 나타난 대표적 경우는 영국인데, 시장중심의 의료 개혁은 1980년대 후반 보수당에 대한 지지도를 떨어뜨려 결국 대처수상의 NHS 재정 재조직화가 포기되기에 이른다. 뒤이어 집권한 신노동당은 2000년대 들어 영국의 보건의료지출을 현행 GDP의 7% 수준에서 유럽의 평균 수준인 8%까지 끌어올리겠다고 공약한 바 있다(Freeman, 2008 : 513).

화시키고자 하였고, 보건의료에 대한 시민권을 재강화함과 동시에 각자가 자신의 건강을 개선하는 데 책임을 강조하도록 하는 등 다양한 측면에 보건정책의 목표를 두기 시작했다.

〈표 9-12〉 총 의료비 지출에서 공공의료비의 비중 및 그 증감비율 (단위 : %)

국 가	1980	2000	2005
미 국	41.5	44.3(6.7 ▲)	45.1(1.8 ▲)
이탈리아	77.6*	73.7(5.0 ▼)	76.5(3.8 ▲)
스웨덴	92.5	85.0(8.1 ▼)	84.6(0.5 ▼)
영 국	89.4	81.0 9.4 ▼)	87.0(7.4 ▲)

출처 : OECD Health Data(2002, 2007).
*1988년 자료.

따라서 의료 개혁에 있어서 단지 비용만이 문제인가에 대해서는 재고가 필요하다. 의료비용의 억제라는 이슈는 물론 중요하지만, 그 이슈가 중요해진 진짜 이유는 그 이슈 자체보다 더욱 숙고해 볼 만한 주제이다. 의료비 통제라고 하면 모범적인 성과를 보여 왔던 영국이 미국으로부터 무언가 배우려고 발벗고 나섰을 때, 미국은 이미 의료비 지출을 억제하는 데 고전(苦戰)과 실패를 면치 못한 지 오래되었다. 이렇듯 의료비 통제를 개혁의 전면에 내세우도록 하는 세력은 바로 의료체계의 바깥으로부터 오는 정치경제적 압력들이다. 의료를 산업화하려는 자본의 힘과 다양하게 이해관계가 얽힌 정치세력들의 로비, 또한 유권자인 소비자들에게 서로 다른 정책적 선택들을 제시해야 하는 민주적 정당구조 자체도 한 몫을 할 것이다. 다시 말해서 의료체계의 재정적 조건과 자원들을 주요한 정책적 의제 우선순위에 올려놓도록 만드는 것은 바로 그러한 정치적 지형의 변화들이 가져오는 징후로서 의료비용 억제라는 이슈가, 표면적으로는 가장 핵심적인 의제로 떠오른다는 것이다.

우리가 의료체계로부터 원하는 것은 공식적으로 '건강의 돌봄(health care)'이라고 말할 수 있다. 하지만 세상의 모든 정부들이 천명하는 명백한 목표는 국가마다 서로 다른 경로로 추구되며, 정작 현실의 일상 속에서 그러한 명백함의 수위는 열어진다. 그런 복잡함의 이유는 건강의 더 넓은 맥락에 주목함으로써만 좀 더 잘 이해될 것이다. 다른 정치사회적 과정들도 그러하겠지만, 의료 개혁은 장기간에 걸친 체계적 변화이다. 그러한 변화는 어떤 특정 시점에서 특정한 이슈로서 정식화되기 쉽지만, 그 표면적 문제틀보다도 한 사회의 장구한 상황에 의해 영향을 받고 있다. 이 연구는 그러한 전체적 맥락에서 탈상품화와 의료 개혁의 정치를 분석하려는 하나의 시도였다.

신자유주의가 맹위를 떨치는 오늘날, 시장적 개혁은 의료체계 전체의 재정구조(국영 중심인가, 민간 중심인가, 혹은 그 둘의 혼합인가라는)에 근본적 변화를 가져오지는 못했다. 이러한 상황은 복지국가 축소의 정치를 제도주의적으로 설명하는 논점이 설득력 있게 보이도록 만든다. 하지만 시장적 개혁의 시기를 겪으면서 행정 제도적 변화가 나타난 것도 사실이다. 그 중에는 의료 서비스 제공자와 정부의 구매자 기능 간 분리라는 계약 제도의 성립이라는 섬도 있고, 이로 인해 매니저의 역할과 경영적 효율성 추구가 일상화되었다는 점도 들 수 있다.[10] 스웨덴의 의료체계가 비용억제에 성공적이었던 이유는 효율성을 추구했던 시장적 개혁 때문이라기보다 그 이전에 구축된 국가적 통제에 의해 가능했던 것처럼, 시장개혁의 변화들이 향후의 어떤 변화들을 준비하고 있을지는 앞으로의 연구과제로 남겨둘 수밖에 없을 것이다.

10) 시장개혁 기간을 거친 후 2000년의 수치를 보면, 미국을 제외한 3개국의 공공의료비 지출은 모두 감소하였고(5~9%), 이후 2005년에는 스웨덴을 제외한 세 나라의 공공 지출이 다시 증가하는 것을 알 수 있다(표 9-12 참조).

CHAPTER

10

복지국가의 정치 비교연구 - 영국과 미국의 복지정치와 사회적 시민권 비교연구

1. 서 론
2. 시민권의 발전과 보편-선별주의적 복지정치의 연관성
3. 복지국가와 정치의 이론
4. 영국과 미국의 복지정치 사례 비교
5. 함의 및 결론

CHAPTER 10

복지국가의 정치 비교연구 - 영국과 미국의 복지정치와 사회적 시민권 비교연구

1. 서 론

지난 몇 년 사이에 일어난 복지국가에 관한 담론들과 보편-선별 복지, 그리고 부상 복지에 관한 논쟁들은 최근 들어 사그라진 것처럼 보인다. 하지만 무상 복지에 대한 관심이 언론의 시야로부터 멀어진다고 해도, 복지에 대한 관심이 사라질 수는 없을 것이다. 떨어질 줄 모르는 자살률과 개선되지 않는 낮은 출산율이 우리의 복지가 뒤쳐져 있음을 방증한다.

일찍이 칼 폴라니(Karl Polanyi)는 자기조절적 시장경제라는 개념이 허구라고 주장하며, 자본주의는 인간의 노동과 공동체를 파괴하기 때문에 필연적으로 경제 체제를 유지하기 위한 필연적 전제조건으로서 복지국가와 같은 또 다른 대책을 필요로 할 수밖에 없다고 보았다. 영국의 사회정책학자인 티트머스(Richard Titmuss)도 자본주의 시장경제에 대항하는, 인간의 기본 욕구를 원리로 하는 사회정책 원칙을 성립시키려 하였고, 독일의 사회학자인 오페(Claus Offe)도 역시 자본주의가 복지국가를 필요로 하지만 또한 동시에 복지국가와 자본주의의 조화로운 공존이 모순을 불러일으킨다고 보았다(Polanyi, 1944; Titmuss, 1970; Offe, 1984). 인간의 기본적 욕구를 공공적 수단에 의해 보장하려는 노력의 출현은 언제나 시장경제에서의 사적 이윤 추구와 모순적 관계를 노정해 왔으며, 이는 긴장 속의 공존을 표시하는 하이픈(-)으로 묶여진 현대의 민주적 복지-자본주의(democratic welfare-capitalism)로 표현될 수 있다(Pinker, 1995; Esping-Andersen, 1990; Marshall, 1950).

영국에서도 제2차 세계대전 이후 보편적 국민보건서비스와 복지국가가 건설되긴 하였지만, 그 이전에는 복지라고 하는 개념이 오직 빈곤층만을 위한 빈민법(poor law, 오늘날 공적부조의 옛 형태) 제도를 그 중심이라 여겨 최저한 생활수준 보장에 그치는 것으로 오랫동안 인식되어 왔다. 그렇다면 오늘날 보편주의를 복지국가의 이상(理想)적 태도로 여기게끔 변화시킨 계기는 무엇이고, 그것의 역사적 의미란 무엇인가?

본고는 시민권과 복지정치의 연관성을 고찰하면서, 미국과 영국의 보편적 시민권 발전이 구체적으로 어떠한 복지국가의 정치적 과정에서 작동하였고, 또 때로는 후퇴하기도 하면서 발전해 왔는지를 비교해 본다. 그로부터 영국과 미국의 보건-복지 개혁 과정에 있어 민주적 선거의 합리적 선택, 권력의 분산/집중, 제도적 거부권과 정당 민주주의적 지도력, 그 외 비제도적 영향력 여부가 사회적 시민권의 달성에 어떻게 기여하는지를 검토하고자 한다.

2. 시민권의 발전과 보편-선별주의적 복지정치의 연관성

시민권(citizenship)은 오늘날 지구화 시대에 사회과학분야에서 보편적으로 통용되는 용어가 되었다(최 현, 2007; 이철우, 2008; 강진연, 2015). 하지만 그 어떤 개념보다 '사회적 시민권'은 시민권 논의의 핵심이라고 할 수 있다. 시민권 논쟁을 촉발시킨 마샬(T. H. Marshall)은 20세기에 시민권의 시대가 도달하였다고 보았는데, 이는 바로 20세기에 들어와서야 사회권, 다시 말해 사회복지의 권리가 영국에 도래하였기 때문이라고 주장한 바 있다(Marshall, 1950; Dean, 1999).

하지만 보편적 복지의 사회적 시민권은 지구적으로도 국가적으로도 결코 전면적으로 보편화된 적이 없다. 왜냐하면 사회권은 항상 정치적 타협의 산물이었기 때문이다. 만(Mann, 1987; Dean, 1999)은 서구 세계의 시민적 정치체제는 18세기 이후부터 시민적 계약에 의한 입헌주의와 연대에 기초한 조합주의라는 두 가지 전략으로 시민권을 발전시켜 왔다고 주장하였다. 영미 국가들은 대체로 전자의 특성이 강하고, 유럽대륙 국가들은 대체로 후자의 사례에 속한다.

자유주의가 지배적 이념이 된 영국과 미국에서는 공민권과 정치적 시민권은 더욱 강화되었지만, 사회적 시민권은 빈곤층에게 단지 생존을 유지하는 수준으로만 허용되었다. 미국에서도 백인남성 노동자 계급은 일찍이 1840년대에 보통 선거권을 획득하여 정치적 시민권은 보장받았지만, 노동조합은 유럽에서와 같은 정치적 세력을 획득하지 못했다. 이로 인해 미국에서 미숙련 노동, 여성 및 인종적 소수 노동자 등은 체제의 아웃사이더가 되고, 사회적 시민권은 주변적 권리로 남겨진다. 다만 영국에서 노동운동은 계급과 이익 집단적 특성이 혼합되어 나타났으며, 전후에는 노동당의 집권으로 미국보다는 조금 더 발전된 사회적 시민권의 양상을 나타내게 된다(Mann, 1987 : 43-46).

그렇다면 우리에게 시민권은 어떠한 상황에 처하였는가? 한국의 민주정치를 "노동 없는 민주주의"로 규정한 바 있는 최장집(2011 : 125-150)은 사회적 시민권이 민주정치의 과정에서 그러한 권리를 필요로 하는 시민들이 정치적 제도화와 절차를 통해 획득해 가면서 구현된다고 보고, 현재 한국 민주정치의 문제는 사회적 시민권의 저발전에 있다고 주장했다. 그렇다면 최근 보편적 복지의 논의와 사회적 시민권은 어떠한 관련성을 가지며, 한국의 복지국가 형성에 시민권 구성은 어떠한 함의를 가질 것인가?

보편주의를 규정함에 있어서, 영국의 사회정책학자인 캐슬린 존스와 존 브라운, 조나단 브래드쇼는 "모든 시민이 평등하게 기여하고, 그로부터 모두가 평등하게 혜택을 받을 수 있게 하는 사회복지서비스"라고 정의한 바 있다(Jones, Brown and Bradshaw, 1978 : 44). 하지만 그러한 원칙이 현실에서 실현되는 방향은 다를 수 있다는 점을 전제로 한 채, 그것은 절대적인 원칙은 아니라고 본다. 왜냐하면 현실에서 보편주의는 선별적으로 재원이 공급되고, 선별적으로만 이용되는 보편적 서비스일 수 있다는 것이다. 사실 지구상의 그 어떤 복지국가도 모든 프로그램을 보편주의 서비스로 운영하지는 않으며, 보편주의는 단지 차원의 문제이지 특정 국가를 보편적 복지국가라고 부를만한 경우는 드물다. 스웨덴은 보편적 복지국가적 특성을 가장 많이 가진 나라이고, 영국은 보편적 국민건강서비스를 운영하지만, 이들 나라들도 선별적 복지 프로그램들을 많이 가지고 있다.

스웨덴의 학자인 베르그(Andreas Bergh)도 보편주의라는 개념의 모호성을 지적한 바 있다. 보편주의는 제도적 복지나 스칸디나비아 복지모델, 사회민주적 복지국가나 포괄적 복지국가와 거의 동등한 개념으로 혼용된다고 보고, 제도적 복지모델은 모든 시민들에게 평등한 혜택을 주는 시민권과 질병, 실업, 은퇴, 산재 등의 근로 중단에 대한 소득보장을 결합한 것이라고 규정했다(Bergh, 2004 : 747). 또한 안토넨과 시필레는 보편주의가 이념형에 가까운 개념으로 스칸디나비아 복지모델도 보편주의로서 완전하지는 않다고 지적하며, 현실에서 진정으로 보편주의적 모델에 부합하는 프로그램으로는 보편적 보건서비스, 보편적 아동수당, 그리고 보편적 기초연금의 세 가지만 실제 존재하는 사례로 들 수 있다고 말한 바 있다(Anttonen and Sipilä; 2009 : 9).

실질적으로 모든 복지국가들은 보편주의 제도와 자산조사 형태의 공공부조 프로그램들의 다양한 결합으로 이루어진다. 예컨대, 영국은 보편적인 국민보건서비스 제도를 갖추고 있지만, 동시에 공공부조 제도의 기원이 되는 빈민법의 발상지로서 다양한 자산조사 급여들을 가진 나라이기도 하다. 따라서 이러한 보편적 제도와 선별적인 급여들의 상대적 비중은 그 나라의 소득 불평등, 특히 빈곤에 중요한 영향을 끼치는 요인이 된다.

그러면 보편주의와 선별주의 둘 중에서 빈곤을 줄이는 데 더욱 효과적인 것은 과연 어떤 쪽일까? 선별주의의 강점을 주장하는 입장에서는 보편주의가 재분배에 많은 비용을 초래하며 시급하지 않은 중산층 이상에게 중복적으로 혜택이 돌아가기 때문에 비효율적이라고 주장한다(Le Grand, 1982 : 128). 하지만 표적 집단에게 자산조사를 통하여 선별적으로 복지혜택을 주는 것은 사회통합을 저해하고, 복지 수급층의 의존성과 수치감을 유발하여 더 많은 사회적 비용을 초래할 수 있다. 이에 대하여 코르피와 팔메는 "빈곤층에게만 복지급여를 지급하면 할수록, 빈곤과 불평등을 감소시킬 수 있는 여지는 더욱더 줄어든다"는 '재분배의 역설'로서 표현한 바 있다(Korpi and Palme, 1998 : 681-682).

사회복지제도의 선별성을 옹호하는 입장은 복지 혜택을 특정 집단에게 제한함으로써 보장의 효율성을 제고하려는 '표적화(targeting)'로서, 다시 말해 욕구가 가장 높은 수급자에 집중화하는 것으로 구체화되어 나타난다.

한편 '보편성(universality)'이란 어떤 복지국가에 속한 모든 시민들에게, 그들의 특성에 상관없이 독립적으로 주어지는 복지 혜택의 두 가지 측면을 의미한다(Bergh, 2004). 즉, 대상적 기준과 소득적 기준 측면에서의 독립성인 것이다. 다시 말해 보편적 수당이나 보편적 무상의료는 개인적인 지불능력(소득적 기준)이나 직업, 성별, 근로능력 유무 등 집단적 특성(대상적 기준)에 상관없이 복지 프로그램의 혜택이 누구에게나 평등하게 제공된다는 특징을 가진다. 하지만 어떤 복지국가도 모든 복지 프로그램을 모든 국민에게 동등하게 제공하지는 않기 때문에, 복지국가들은 복합적인 보편성의 조합으로 이루어진다. 예컨대, 보편성이란 소득적 장벽과 대상적 차별을 얼마나 낮추는가 하는 수준의 문제이며, 모든 국민에게 동일한 혜택을 항상적으로 제공한다는 의미는 아닌 것이다. 무상의료란 의료 서비스를 필요로 하는 사람에게 의료 서비스의 접근성을 보편적으로 제공한다는 의미이지, 모든 국민에게 결과적으로 동일한 혜택을 똑같이 분배해야 한다는 의미는 아닌 것이다.

민주적 정치 체제하에서 재분배적 정책의 변화를 가져오는 개혁의 동기는 무엇일까? 이에 대한 이론으로는, 합리적 선택 이론과 정치 사회학적 분석의 두 가지 입장이 가장 대표적이다. 우선 합리적 선택 이론은 주로 경제학적 배경에서 나온 입장이며, 유권자들의 정치적 성향이 정규분포적인 곡선을 이룬다는 전제하에, 선거에서 득표하기 원하는 정당들은 중위 투표자(median voters)들에 가까운 정책을 채택할 것이라고 가정한다. 또한 중위 투표자들이 중간계층에 가깝다고 한다면, 이러한 경향은 정당들의 재분배 경쟁과 노력이 중산층에게도 이롭게 작용할 것이라고 전제한다. 반면에 정치사회학자들은 정당들이 계급이나 인종, 다양한 계층 간의 사회적 균열을 대변하는 행위자로서 역할한다고 보며, 정당이나 유권자의 경제적 합리성만을 강조하는 입장의 약점을 비판한다(Mule, 2001 : 32-34).

3. 복지국가와 정치의 이론

1) 선거와 제도의 복지정치 : 정당은 어떤 선택을 하며, 정치제도는 어떤 영향을 주는가?

보편주의와 선별주의 사이에는 다양한 유형의 분배 원리가 존재할 수 있으며, 정치적으로 적용 가능한 정책의 유형과 그러한 다양한 정책에 적용할 수 있는 보편-선별의 원리도 다양한 스펙트럼으로 제안될 수가 있다. 따라서 우리가 이론적으로 논의해 볼 수 있는 보편주의는 다차원적이고 연속적인 현실과 달리, 다분히 이념형적이고 도식적으로 단순화될 수밖에 없다.

여기 가상의 한 나라가 있고, 이 나라에는 단 2개의 정당만이 존재한다고 가정해 보자. 한 정당 A는 반빈곤정책(anti-poverty programme) 혹은 폭넓은 재분배적 정책을 강력히 지지하며, 다른 정당 B는 자유방임(no intervention) 혹은 성장위주의 정책을 내세운다. 두 정당이 선거에서 성공할지 여부는 유권자의 정책 선호에 의해 결정되겠지만, 어떤 선택이 정당에 승리를 가져올지 선거의 결과는 불확실하기 때문에 두 정당들은 어느 정도 자신들의 의도된 정책과 반대되는 쪽으로의 수렴을 감행하게 될 것이다. 따라서 선거 승리의 확률을 높이는 쪽으로의 타협이 이루어지는 만큼 두 정당 모두 자신들의 정책 목표를 극대화하기보다는 수렴하는 쪽으로 이동하겠지만, 그 수렴은 완전히 동일해지는 방향으로 나타나지는 않고 대신 두 정당 간의 차별성이 좁혀지는 형태로 드러날 가능성이 높다(Atkinson, 1998 : 116-118).

정당 B는 자신들에 대한 더 광범한 지지를 얻기 위해 정부 지출과 재분배의 최소 기준(예컨대, 빈곤선 기준)을 제시할 것이고, 이렇게 목표를 제시함으로써 복지에 호의적인 표심을 공략하는 데 선거 캠페인의 초점을 맞추려 할 것이다. 구체적인 목표를 명확히 하는 이유는, 유권자들이 집권 후에 재분배 공약을 져버릴지 모른다는 의구심을 불식시키기 위해 최소한의 공약 실천을 부각시키는 전략적 방편이 될 수 있기 때문이다.

한편 정당 A는 어떨까? 거꾸로 정당 A는 증세하지 않겠다는 데 공약의 초점을 더 부각시키려 할 것이다. 유권자들은 정당 A가 선심성 공약들로 증세와 지출의 확대를 가져올 것이라고 우려할 수 있기 때문이다. 어쨌거나 실천 공약을 구체적 목표로 제시하는 정당들의 선택은, 극단적인 양극의 정치적 공세로서의 공약들보다는 유권자들에게 유리할 것이다.

하지만 중위 투표자에 초점을 맞춘 민주화 이론은, 경제 성장의 수준에 의해 복지 수준이 결정된다고 보는 산업화이론이나 기능주의적 수렴이론과 마찬가지로, 대부분 이미 민주화된 사회들에서의 복지수준 차이를 설명하지 못한다. 만약 중위 투표자 이론이 유효하다면 불평등이 심한 민주주의 국가일수록 재분배 정책이 더욱 많이 실시되어야 하겠지만, 현실은 거의 반대의 현상을 보여준다(Van Kersbergen and Vis, 2014 : 57).

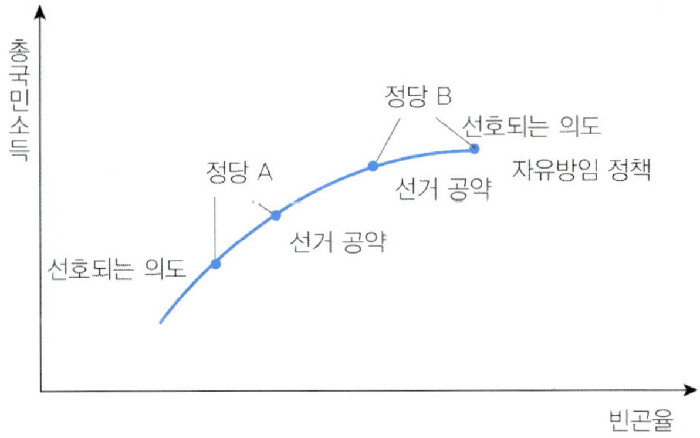

| 그림 10-1 | 정당의 선거 공약 입장 선택 그래프

출처 : Atkinson(1998). p. 117.

이런 경향을 반영하여 정책결정에서 정당정치의 역할에 회의를 가지는 학자들도 있는데 반해, 국가를 둘러싼 복잡한 제도와 연결망의 분석에 초점을 돌리려는 시도도 존재한다. 후자의 입장에서는 정치제도 내부에서 이루어지는 정치가 개인들의 결정이나 정당 간의 타협, 정치 지도자를 선택하는 데 있어서 정치권 내에서 일어나는 다양한 이해관계에 주목해야 한다고 주장한다(Mule, 2001 : 34-35). 즉, 과거의 정치이론은 정당 내부에서 일어나는 정책결정

과정에 거의 주목하지 않았다는 점을 강조하고 있는 것이다. 이러한 과정에서 정치가들은 선거의 표를 최대화하려 노력한다기보다는, 정당 내에서 정치가 개인의 정치적 영향력 혹은 정권의 영향력 확대를 추구하는 경향이 있다고 본다. 다시 말해 정당은 단일한 행위자가 아니라 복합적 개인들의 조직인 것이고, 정당의 지도자는 외부에서의 싸움에서 이겨야 할 뿐 아니라 정당 내부의 주도권 장악에도 고심해야 한다.

본고에 정치제도의 사례로서 분석되는 영국과 미국은 함께 자유주의적 복지체제에 속한 국가들이지만(Esping-Andersen, 1990 : 52), 여러 가지 면에서 심대한 차이점을 보여준다. 우선 영미의 자유주의 복지체제 국가들이 가진 공통점으로는, 개별적 사회 이슈를 중심으로 이익집단에 의한 복지정책 연대가 이루어진다는 점에 있다. 이에 반해 유럽의 친복지 성향 연대는 주로 노동운동 세력과 함께 형성되어 왔다(Bonoli, 2001 : 241). 이러한 측면에서 볼 때, 예컨대 복지국가 확대의 국면에서 국가권력의 집중은 긍정적 영향을 가질까? 반면에 복지국가의 축소 국면에서는 권력의 집중과 분산 중에서 어떤 쪽이 효과적일까? 또한 사민주의 정당의 집권은 복지국가의 확대에 획기적인 변화를 가져올 것인가? 이러한 정치 조직 변화와 복지국가의 재편의 관련성에 대한 질문에 영미 국가들의 비교는 경험적 검증의 측면에서 상당한 시사점을 제공한다.

〈표 10-1〉 영미 정부의 권력분립, 거부권 행사 지점 및 본고에서 분석된 제도

구 분	권력분립	거부권 행사 지점	시기별	공적부조 제도	보건의료제도
영 국	불명확	소선거구 제도 (single member distirict)	보수당	Income support	국민보건서비스 (National Health Service)
			신노동당	복지개혁 (뉴딜정책)	
미 국	명확	대통령 양원제(상원, 하원) 대법원 연방, 소선거구제도	민주당 (클린턴)	TANF 개혁	국민의료보험 (개혁안)
			민주당 (오바마)	TANF, ARRA	오바마 케어

출처 : Bonoli(2001). p. 248; Immergut(2010). p. 233.

한편 영국은 의회에서 다수를 차지하는 정당이 행정부를 선출하는 의원 내각 제도를 채택하고 있기 때문에, 행정부와 의회가 서로 다른 정당에 의해 지배되는 상황에 처하지 않는다. 반면 미국은 행정부와 의회의 권력이 분리되어 있기 때문에, 행정부는 의회의 결정을 통제할 재량권이 매우 제한된다. 이러한 경우에 정책 형성 과정에서 법안 통과를 막을 수 있는 거부권 행사의 지점(veto point)이 정치 조직상 다르게 구조화되기 때문이다(윗글, 238-242).

본고에서는 특히 영국과 미국의 보건의료 개혁과 공적부조의 개혁, 두 사례를 교차적으로 비교하고자 한다. 보건의료 개혁은 두 나라 복지체계의 가장 큰 차이점이기도 하며, 또한 보편적 시민권의 구축에서 정치적 제도가 어떠한 영향력을 주게 되는지를 보여주는 좋은 사례이기도 하기 때문이다. 또 한편으로 공적부조의 개혁 사례는, 두 나라가 공통된 방향으로 유사한 변화를 보여주면서도 사회안전망으로서 잔여적 복지제도가 정치적 결정에 의하여 어떻게 변형되어 가는지의 차이점도 역시 잘 드러내주는 사례이기 때문에 비교의 사례로 검토하고자 한다. 다만 여기서 분석의 기간은, 영국의 경우 1970년대 말 시작된 신자유주의 정부(대처 : 1979~1990, 존 메이저 : 1990~1997)로부터 2010년 막을 내린 신노동당의 집권기(토니 블레어 : 1997~2007, 고든 브라운 : 2007~2010)까지로 한다. 그리고 미국의 경우는 클린턴 정부(1993~2001)로부터 부시의 공화당 정부(2001~2009)를 거쳐 오바마 정부의 집권(2009~2016) 초반기였던 2010년대 초반까지를 대상으로 한다.

2) 보편 복지적 제도로서 사회적 시민권 보장과 자본주의에서 연합의 정치

일반적으로 국내에서 많이 언급된 복지국가의 이론들(산업화 및 기능주의 이론, 권력자원 동원 이론, 제도주의 이론, 복지체제 유형 이론 등) 대부분은 복지국가의 확대를 설명하고자 고안된 이론들이었다. 하지만 이러한 이론이 소개된 이후의 사회정책적 환경은 급변해 왔고, 복지국가의 다양한 재편을 설명해야 될 필요성에 직면하고 있다. 이와 같은 변화를 포착하기 위한 다양한 설명이 논의되어 왔는데, 그 중에는 과거의 이론이 여전히 적용될 수 있을 것인지, 새롭게 적용한다면 어떻게 활용이 가능할 것인지, 새로운 이론은 어떤 경향이 될 것인가 하는 쟁점들이었다(Pierson, 2001; Mule, 2001; Starke, 2008; Bonoli and Natali, 2012; Van Kersbergen and Vis, 2014). 과연 이러한 논의들은 서구 복지국가와 또 다른 환경 속에 있는 우리에게도 적용의 가능성과 시사점이 있을 것인가?

최근 복지국가 축소의 재편 전략을 설명하는 데 가장 유력한 개념 중 하나는 비난 회피(blame avoidance)의 정치라 할 수 있다(Pierson, 2001; Starke, 2008; Bonoli and Natali, 2012). 전통적으로 복지정책은 선거에서 득표를 위한 인기 획득 전략으로 간주되었으나, 최근 정치에서는 예산상의 제약, 고용활성화, 복지권리의 축소가 복지국가들에 전면적으로 채택되면서 복지혜택의 변화를 모호하게 표현하는 것이 주요한 정치적 전략으로 등장하고 있다.

이러한 정치 전략은 다양한 형태로 드러나고 있다. 예컨대, 공적연금을 축소하면서 민간연금을 활성화해서 이를 보상하는 것처럼 보이게 한다든지, 복지급여를 줄이면서 그 혜택의 수준을 복잡하게 재조정하여 그 축소의 수준을 애매모호하게 만들거나 하는 식이다.

1980년대 영국의 대처 정권과 같이 복지국가에 대한 직접적 공격이 감행되던 당시, 영국에서 하나의 희망으로 제시된 것이 바로 시민권과 복지의 권리에 관한 논의였다. 복지의 권리 주장은 국가의 복지제도 축소 전략에 대항하는 도전이었다(Alcock, 1989 : 32-37). 복지국가가 실패하는 지점에서 보편적 권리의 가치를 제기함으로써 분열된 시민의 연대와 시민사회의 통합을 일깨울 수 있었던 것이다.

일반적으로 민주정치가 가능하기 위해서는 자유롭고 공정한 선거제도와 포괄적인 투표권, 피선거권과 선출된 공직자, 표현의 자유와 자유로운 결사권 등이 필요하다. 하지만 불평등과 현실적인 계급이 존재하는 자본주의 사회구조에서, 자원의 불균등한 분배는 정의로운 정치제도는 물론이고 일상적인 시민적 삶조차 공정하게 유지되지 않는 사례가 분명 존재한다. 이러한 상황에서는 시민들의 평등한 기회와 소수 엘리트에게 집중된 권력을 공정하게 견제하고 분배할 사회적 기제가 필요하다.

이러한 상황에서 공정하고 평등한 시민들의 권리를 사회발전의 관점에서 선구적으로 고찰한 이론으로는 마샬의 '시민권론(citizenship)'이 대표적이라 할 것이다. 마샬은 이러한 시민권을 '한 공동체에 대한 완전한 멤버십'이라고 규정하고, 이러한 시민권이 18세기부터 공민권(civil right), 19세기에 정치적 권리(political right), 그리고 20세기에 사회적 권리(social right)의 순서로 발전해 왔다고 논증한 바 있다(Marshall, 1950). 사회적 시민권은 교육권, 주거권, 건강할 권리, 인간다운 생활을 보장받을 권리, 행복추구권 등 모든 시민생활을 전방위적으로 포괄하는 현대 사회 향유의 참여 보장인 것이다.

하지만 마샬의 분석은 한정된 시기에 영국의 특정한 역사적 국면에서만 제한된 이론이라는 비판이 존재하고, 영국이 아닌 다른 나라에서 시민권의 발진과 정치적 갈등의 중요성을 과소평가하였다는 반론도 제기된 바 있다(Turner, 1990 : 203). 따라서 우리의 질문은 형식적 민주주의가 실현된 자유주의 국가 체제에서 시민권의 박탈과 불평등이 어떻게 공존하게 되는가라는 문제다. 특히 왜 미국과 영국처럼 자유주의가 발전한 선진국에서는 빈곤층과 소수인종, 실업자와 홈리스의 문제들이 여전히 풀리지 않는 숙제로 남을 수밖에 없었을까? 그리고 이러한 문제점은 여전히 우리에게 남겨진 과제이기도 하다.

미국의 1930년대 대규모 뉴딜정책과 1960년대 빈곤과의 전쟁 프로그램을 면밀히 검토한 연구들은 미국의 복지 프로그램들이 흑인에 대한 차별 철폐노력의 일환으로 해석될 수 있다고 본다(Roberts, 1996 : 1571; Gordon, 1994; Quadagno, 1994). 즉, 미국적 맥락에서 완전한 시민권을 달성할 수 있는 포괄적 복지국가의 완성은 소수인종과 흑인이 미국 사회경제 전반에 대하여 평등하게 참여할 수 있도록 보장하는 것인데, 인종차별적 여론과 분위기가 미국인들의 온전한 시민권 달성을 막고 있다는 것이다. 이러한 현상은 특히 흑인 여성들이 과대 포함된 공적부조에 대한 인종차별적 반감이 복지 자체에 대한 불신과 함께 나타나는 현상으로 살 느러난다.

여기서 우리는 복지의 계층화가 잘 드러나는 두 가지 개념적 구분인 시민(citizen)과 주체(subject)의 차별에 주목할 필요가 있다. 시민은 복지를 권리(entitlement)로서 수여받는 적극적이고 자발적인 행위자로서 인식되는 반면, 주체는 항상 자산과 도덕의 측면에서 검증받고 감시되는 통제 대상으로서의 복지 수혜자로 나타난다(Roberts, 1996 : 1576). 즉, 대처와 레이건의 신보수주의하에서 복지 수혜자는 근로의욕이 의심되는 무가치한 빈민, 혹은 일하지 않고 복지재정을 축내는 흑인여성으로서 대표되었던 것이다.

다른 한편으로 복지국가의 재편이라는 변화는 단순히 복지국가의 축소라는 일방적 형태로만 나타나지는 않는다. 즉, 자유주의적 영미 복지국가들은 훨씬 더 탈규제, 유연적인 노동시장의 기반 위에 더욱 급변하는 반면, 유럽의 복지국가들은 상대적으로 더욱 탄력성을 가지고 경제적 변화에 적응하는 모습을 보여준다(Hausermann, 2006; Mares, 2003; Baldwin, 1990). 이는 경제 구조의 변화에 따라 고용주와 재계, 혹은 노동-자본의 연합이 새로운 수요에 대하여 적응해 가는 과정을 의미한다. 예컨대, 경제 구조의 새로운 일자리 수요에 대한 대응과 투자, 새로운 기술 발전에 대한 경제적 조절이 일어난다는 것이고, 새로운 요구에는 새로운 계급적 연합이 필요하다는 것이다.

유럽 국가들은 노동-자본의 조합주의적 합의에 기반해 있기 때문에, 신자유주의적 변화에도 더 탄력적이고 복지국가의 정책에 대해서도 현상 유지(status quo)에 협조적이었다. 하지만 노동의 정치적 영향력이 저발전된 영미 국가들의 경우에 사회적 시민권 확대를 위하여 어떠한 개혁 추진의 세력 연합이 가능할 것인가? 이에 대해 코르피(Korpi)는 복지국가의 목적이 서로 다양한 시민들의 집단 간에 소득을 재분배함으로써 노동시장에서 그들의 취약한 지위를 보상해주는 데 있다고 설명한 바 있다(Mares, 2003 : 5; Korpi, 1983 : 83). 이러한 과정에서 다양한 취약계층들의 이해를 대변하는 정당이 고용주 혹은 기업계와의 타협을 이끌어내는 역할을 담당하는 것이 매우 중요할 것이다. 오늘날 보편주의적 복지가 가장 발달하였다고 일컬어지는 스웨덴에서조차도 사민당이 농민들과의 동맹에서 다양하고 이질적으로 혼합된 농민집단의 혜택을 고려한 결과 자산조사 형식보다는 보편주의적 복지의 전략을 어쩔 수 없이 선택하게 되었다고 하며(Mares, 2003 : 6; Baldwin, 1990 : 137), 이러한 점을 보더라도 사회권적 시민권의 발전을 위해서는 중간계급, 자영업자, 소수집단 등의 다양한 취약적 지위들을 아우르는 통합적 제도의 개발이 중요할 것이다.

이후의 절들은 영국과 미국에서 복지의 정치가 시민권의 발전이라는 맥락에서 어떠한 발전과 부침의 과정들을 겪어왔는지 비교함으로써 잔여적 복지와 보편적 복지의 교차점들을 분석할 것이다.

4. 영국과 미국의 복지정치 사례 비교

1) 공적부조와 근로연계복지의 사례 : 잔여적 복지의 변형

(1) 영국

대처가 보수당의 주도권을 행사하기 직전까지 영국 보수당의 이념적 지형은 온건파와 강경파 및 여러 당파들의 스펙트럼이 혼재되어 있는 양상이었다. 우선 한편으로 전통적 보수주의자들(traditional Tories)은 온정주의적 자유방임주의 입장을 대변하였고, 지나친 부의 집중이나 빈곤의 완화를 선호하는 편이었으며, 정부를 일종의 공동체로부터의 권한 위임으로 보는 국가관을 가지고 있어 대체로 전후의 복지국가 합의를 존중하는 입장이었다. 다른 한편으로 시장자유주의자들(liberal and corporate Whigs)은 소유권의 강조와 국가의 시장 개입에 대한 반대, 정부-재계-노조 협력을 통한 경제 성장을 중요시하는 입장을 가지고 있었다. 당시 오래된 보수당의 입장을 대표하는 권력은 당수인 히스(Edward Heath)에게 집중되어 있었다. 새로운 세대를 대표하는 대처가 당권을 주도하기 위한 방법은 히스 주도권에 도전하고, 새로운 비전을 내세워 당내 두 가지 주류의 통합 여부에 달려 있었다(Mule, 2001 : 96-97).

대처가 보수당을 장악할 수 있었던 이유는 보수당 내의 다수의견을 반영해

서였다기보다, 히스 당수의 권력에 가장 강력하게 도전하는 새로운 세대로서 부상하였기 때문이라고 할 수 있다. 대처의 세 가지 주요 가치는 강력한 정부, 자유 기업, 그리고 정치적 지도력(discipline)이었다(윗글, 98). 특히 대처는 자신의 정치적 입장을 당내 온건파(wets)와 강경파(dries)의 대결로 규정하였고, 자신의 집권 내내 온건파와 대치하여 강경한 입장을 견지하였다. 이러한 강경한 입장은 경제정책뿐만 아니라 사회정책에서도 강력하게 주장되었는데, 특별히 실업자와 사회보장 수혜자에 대한 공격과 근로 유인을 저해하는 '의존의 문화'를 확산하는 것으로 지목된 사회보장제도에 대한 강력한 삭감 정책으로 두드러지게 나타났다. 하지만 근로의욕을 감소시키고 정부예산을 낭비한다는 대처정권의 주장과는 달리, 실제 공식적으로 집계된 공공부조의 수급률(take-up rate)은 대처의 집권 전이나 그 후에도 계속 50~60% 정도에 불과해 현실과는 동떨어진 주장이었다.

대처는 집권기 동안 우파 성향의 학자들과 싱크탱크 집단의 연결망을 조직하여 자신의 행정부 및 당내 입지 공고화를 위해 잘 활용하였는데, 사회보장과 재분배 문제에 있어서도 마찬가지로 이러한 조언자들을 통해 자신의 영향력을 강화하려 했다. 특히 대처는 전후 성립된 영국의 사회보장체제에 대해 매우 공격적인 입장을 드러냈는데, 그럼으로써 자신의 강경한 주장을 강조할 수 있었다. 사회보장제도에 대한 대처 집권기의 변화는 매우 이중적인데, 수사적인 공격에 비해 실제 급격한 감축은 이루어지지 않았지만 내부적으로는 매우 중대한 변화가 이루어지고 있었다(Starke, 2008; Mule, 2001; Pierson, 2001).

영국 사회보장제도의 구조는 자산조사 중심의 정액급여인 다양한 공적부조제도와 해당 대상자에게 보편적으로 지급되는 보편적 복지제도(보편적 보건서비스, 보편적 아동수당 등)의 혼합으로 이루어져 있는데, 대처는 특히 보편적 급여의 역할을 대폭 축소시키기를 원했다(Mule, 2001 : 87; Starke, 2008 : 176). 하지만 여론의 반대로 보편적 복지제도를 폐지할 수 없게 되자, 사회보장제도의 소득대체율을 상당 수준 감소시켰고 세제 개편을 통하여 역진적 간접세 비중을 증가시켜 소득의 양극화를 심화시켰다.

이러한 변화는 대처 집권기간의 소득 변화를 통해 잘 드러났다. 즉, 대처가 집권한 1979년부터 1991년 사이에 중간소득 집단의 소득 비중은 지속적으로 감소하여, 1979년 이전까지 현실적으로 지지되었던 중위 투표자 가설은 깨어진 것으로 나타났다(Mule, 2001 : 89).

1997년 집권한 신노동당의 빈곤정책은 "일할 수 있는 사람에게는 일자리를, 그렇지 못한 사람에게는 생활 안정(DfEE/DSS, 1998 : iii)"이라고 요약될 수 있다. 즉, 신노동당의 복지에 대한 철학은 빈곤층의 수동적 의존문화로부터 적극적 근로체계로의 활성화를 의미할 뿐 아니라, 가능한 더 많은 복지 수급자를 근로계층으로 전환시키려는 정부 의지가 적극적으로 표현되고 있다. 특히 복지개혁은 빈곤층, 특히 한부모 가정, 실업자, 장애인 및 노인 가구 등이 가진 문제 해결에 대한 인식에 초점이 맞추어졌다(Hewitt, 1999 : 152-153).

신노동당의 이러한 일자리 중심의 복지개혁은 공동체주의(communitarianism)를 기반으로 한 것으로서, 대처의 신자유주의 노선과 다르지만 동시에 전통적 노동당의 빈곤정책과도 차이가 나는 것이었다. 즉, 신노동당의 빈곤정책이 취약계층의 생활을 안정적으로 보호할 것이라는 주장에서 시장의 경쟁과 복지축소만을 강조하는 신자유주의와는 다르다. 하지만 근로소득을 획득하기 위해 노력할 때에만 복지를 수급받을 가치가 있다고 본다는 점에서, 또한 사회적 권리는 더 이상 무조건적으로 보장되는 것이 아니라는 점에서 보수화되었다. 또 신노동당의 공동체주의는 가족부양의 책임을 강조하지만 사회적 유대나 연대보다는 개인의 도덕적 책임을 더욱 강조한다는 점에서 또한 개인주의적이다. 신노동당은 '워크페어(workfare)'라는 용어의 경멸적인 의미 때문에 자신들의 복지정책에 그 용어를 쓰기 꺼려하지만, 복지 개혁이 지불 노동에 사로잡혀 있다는 사실을 부정하기는 어렵다(Dean, 1999 : 221-224).

(2) 미국

재분배 이슈는 클린턴이 대통령으로 당선되기 직전인 1992년 대선 캠페인에서부터 중심적 의제로 떠오르기 시작했다. 새로운 민주당(New Democrat)이라는 슬로건이 나타내는 이미지를 각인시키는 데 있어, 복지 개혁은 당의 신뢰성을 구축하는 중요 계기로 작용할 것이라 보았기 때문이었다. 이와 함께 중요한 것이 보건의료 개혁이기도 했다(Mule, 2001 : 158).

우선 당시 유일한 연방책임의 사회안전망 제도였던 피부양 가족 지원(AFDC : Aid to Families with Dependent Children)은 이러한 재분배 정책 개혁의 중심적 대상이었다. 1992년의 대선에서 당시 클린턴이 승리할 수 있었던 것은 주로 공화당의 분열(부시와 페로 두 후보의 대결)에 주로 힘입은 것이어서 유권자의 지지기반은 약했던 상황이었고, 이로 인해 공화당과 큰 이미지 차이를 부각시키려던 클린턴 대선 정책은 수정이 불가피하였다. 이러한 과정에서 민주당 내의 재분배 정책은 논쟁거리로 떠오르게 된다. 따라서 클린턴 정부의 공적부조 정책 개혁을 이해하기 위해서는, 그 이전 정권인 레이건 행정부의 빈곤층에 대한 신보수주의적 유산을 살펴볼 필요가 있다.

미국에서 1960년대 흑인의 인권 운동이 격화된 이후, 공화당은 계급적 지지기반보다는 인종적 균열을 더욱 자신들의 정치적 선거에 반영하는 방향으로 옮겨가는 전략을 사용하게 된다. 즉, 전통적인 중산계급지지 중심의 정당으로부터 백인 노동계급에게 호소하고, 흑인에 대한 반감을 이용하는 방향으로의 전환을 꾀하는 선거 전략을 구사한 것이다. 이와 함께 연방 공적부조제도의 주된 수혜자들이 흑인이라는 점이 맞아떨어지면서 반복지적 정서와 인종차별적 감정이 서로 상승시키는 효과를 가져왔다. 레이건 정부는 이러한 정서를 이용하여 복지국가와 공공부조의 복지 수혜자를 동시에 공격하는 캠페인으로 정치적 신보수주의의 입지를 공고화한다(Mule, 2001 : 163-164).[1)]

그렇다면 클린턴의 민주당은 왜 공화당의 입장과 크게 다르지 않은 근로연계적 복지(workfare) 정책을 통과시키게 되었나? 우선 민주당의 자유주의자들(Liberal Democrats)은 빈곤의 원인이 저임금과 불충분한 기회, 인적 자본의 부족에 있다고 보고 이를 극복하기 위한 공공부문의 투자를 통해 빈곤의 재생산을

1) 레이건의 신보수주의 집권기에 복지 축소의 변화가 시작되긴 하였다. 하지만 클린턴-오바마 두 정권의 최근 보건-복지 개혁 주요 국면 전환 동향 대비에 초점을 맞추어 검토하기 위하여, 본고에서는 레이건 집권기를 불가피하게 생략하였다.

끊어버려야 한다고 보았다. 하지만 새로운 민주당을 내세운 클린턴 후보 캠페인 진영은 근로조건과 복지 수혜자들의 책임을 더욱 강조하는 방향으로 기울었고, 특히 재정 적자를 줄이고자 하였다.

클린턴이 이끄는 새로운 민주당 세력은 공화당과의 근소한 차이로 집권에 성공하였고, 특히 1995년에 40년 만의 공화당 우위로 개최된 의회에서 집권 민주당의 열세는 결국 클린턴의 의회 및 당내의 입지가 협상력 성공 여부에 달려있다는 것을 의미하였다(윗글, 169). 결국 민주당 내 자유주의자들 및 흑인 대의원들의 불만에도 불구하고 복지 개혁 법안은 의회를 통과하게 되었고, 그 주된 내용은 실업자들에 대하여 푸드 스탬프 등의 급여를 가혹하게 제한하는 항목과 근로조건 및 급여 혜택 수혜기간의 제한을 포함하고 있었다.

이렇게 제정된 1995년의 빈곤가정에 대한 한시적 부조(TANF : Temporary Assistance to Needy Families)는 1930년대 뉴딜정책의 일환으로 처음 실시된 유일의 연방책임 사회안전망 제도(AFDC)를 철폐시켰고, 이로 인한 결과는 불평등의 증가로 나타났다. 복지 개혁의 시기는 대체로 경기가 좋은 편이었으나, 그보다 경기가 좋지 않았던 1989년에 비해 1996년의 실업률은 거의 동일하게 나타났고, 빈곤율은 좀 더 높아졌다. 또한 복지 개혁의 주요한 요인으로 지목되었던 연방정부의 재정난은 개혁 이후에도 전혀 달라지지 않았다. 사실상 공공부조가 연방정부 재정에서 차지하는 비중은 1퍼센트에 불과하였기 때문에 별다른 영향은 미미하였고, 연방정부 재정의 절반가량을 차지하는 다른 사회보장제도에 대한 조치는 별반 취해진 것이 없었다(Mule, 2001 : 176-179).

새로운 대통령으로 취임한 오바마 행정부가 2009년 집권했을 당시까지도, 그 이전 부시 행정부 시기[2)]에 시작되어 대공황 이후 최대 경제난으로 일컬어지는 2007년 금융시장 위기의 영향력은 계속되고 있었다. 일자리는 급속히 줄어들었고, 금융시장 붕괴에 대한 불안은 커져만 갔다. 오바마 행정부는 대공황을 막기 위해서 시급한 경기부양책의 도입이 불가피하다고 깨달았으며, 오바마는

2) 부시가 대통령으로 선출된 2000년 이후 미국의 정치적 이슈는 2001년 9 · 11테러를 시작으로 해서 이라크 침공, 세금 감축, 낙태 금지 및 동성 결혼 반대 등 보수적 아젠다로 점철되었고, 복지는 거의 사회적 이슈화가 되지 못하였다(Jansson, 2012 : 417).

의회가 미국 경기회복 및 투자법(ARRA : American Recovery and Investment Act)을 조속히 입안하도록 설득했다. 경기부양책은 위장된 복지정책의 일환이라고도 인식되었다. 즉, 통과된 경기회복을 위한 법안은 경기 개선 효과에 초점이 맞추어져 있었고, 많은 재정이 사회복지 프로그램을 지원하는 데 쓰이기로 되어 있었기 때문이었다. 그 구체적인 내용은 경제 회복과 일자리 창출, 불황에 의해 가장 타격이 큰 서민들의 부양책, 교통과 환경 보호, 장기적 경제 효과를 노린 사회적 간접자본에 대한 투자 등을 포함하고 있었다(Jansson, 2012 : 451-455).

주지하다시피 미국에서 계급이나 빈곤 문제는 인종 간의 격차 문제로 환원되기 쉬운 구조를 띠고 있다. 즉, 2007년의 미국 센서스(U.S. Census) 조사에 따르면 흑인의 빈곤율(24.5%)은 백인(8.2%)의 세 배에 달하고, 2007년 서브프라임 모기지(subprime mortgages) 사태 발생 때도 흑인 중산층은 비슷한 소득수준의 백인 중산층에 비하여 평균 다섯 배나 많은 이자율 부담을 떠안고 있었던 것으로 나타났다(Smith and King, 2014 : 103; Jansson, 2012 : 475). 이처럼 경기후퇴의 영향이 흑인이나 소수인종, 빈곤층의 생존을 더 가혹하게 침해하는 상황에서, 오바마 행정부의 정책들은 얼마나 긍정적인 변화를 거두었을까? 일례로 빈곤의 타격을 가장 심하게 받고 있는 한부모 가정과 여성 빈곤자들은 빈곤가족에 대한 한시적 부조(TANF)로 인해서 일자리를 알선받았고, 수급자 비율은 50%가량 줄어들었으나, 노동시장에서 더 좋은 일자리의 기회를 확대할 수 있는 교육의 기회는 부족했던 것으로 드러났다. 이에 대하여 오바마 대통령은 여성 빈곤층에 대한 더 많은 고등 교육 기회 확대와 아동 보육 보조비, 의료비와 교통비 지원 등을 약속하게 된다(Jansson, 2012 : 478). 하지만 인종적 차별의 문제를 해결하기 위해서는 여전히 넘어야 할 많은 장벽들이 남아 있다. 과거에도 많은 인종차별 시정을 위한 적극적 조치(affirmative action)가 시행되어 기회의 평등을 실현하려 노력해 왔으나, 좀 더 구체적인 불평등에 초점을 맞춘 인종인지적 정책으로 전환되어야 할 필요성이 제기되고 있다(Smith and King, 2014 : 112). 예컨대, 주거, 교육, 자가소유, 고용, 고등교육 중퇴의 예방 등 각 분야별로 세분화된 차별 철폐 계획과 세밀한 재원 분배의 노력이 제안되고 있다.

2) 보건정책의 사례 : 보편주의의 구축 혹은 방어

(1) 미국

미국 의료체계의 가장 큰 특징은 바로 모든 국민을 포괄하는 보편적 의료보장제도의 부재라고 말할 수 있다(Giaimo, 2001 : 357). 대신 미국인들은 고용주가 피고용인을 위한 의료보험을 제공하도록 고용주 중심의 부가적 혜택으로서의 의료제공체계를 채택하고 있다. 이러한 상황에서 정부는 노인, 장애인, 빈곤층에 대한 의료제공에만 그 역할이 한정되어 있으며, 노조가 이에 개입할 여지는 매우 협소하다.

이러한 제공자(고용주-민간보험회사) 중심의 의료체계에서 개혁의 여지는 매우 적은데, 1980년대는 의료비 폭증으로 의료비를 부담해야 하는 고용주의 불만이 터져 나오기 시작한 시기였다. 이와 함께 보험료 부담이 없는 무보험 비정규 서비스직 일자리의 증대는 이에 경쟁해야 하는 정규직 직원들이 많은 기업들의 상대적 부담을 가중시켰고, 역설적이게도 이로 인해 피고용인들의 보험료를 부담해야 할 필요를 가진 기업의 고용주들이 정부의 역할에 눈을 돌리게 된다(윗글, 359). 때마침 클린턴 민주당 정부의 공적 의료보험 선호와 이러한 정부역할에 호의적인 보험료 통제의 필요성이라는 이해가 서로 맞아떨어짐으로써 새로운 의료 개혁의 신호탄으로 작용하게 된다.

보건의료의 접근성과 비용 문제라는 두 가지 문제를 동시에 해결하고자, 클린턴 정부의 의료 보장 정책은 영세 업체에게 정부 보조금을 지급함으로써 모든 사업체가 보편적 보험 제공자가 되도록 계획하였다. 이로써 건강 위험의 공동 관리를 달성하고자 하였다면, 동시에 의료 제공자와 보험회사 간에는 시장적 경쟁을 의무화하여 보건의료 비용의 통제를 도입하였다. 이러한 목표의 달성을 위해서는 건강유지조직(HMO : Health Maintenance Organization)이 역할의 중추를 맡을 것으로 기대되었다. 여기서 정부의 역할은 시장에서 보편적 접근성을 주도하고 경쟁의 과정에서 빈곤층이나 더 취약한 환자가 배제되는 것을 사전에 막는 역할에 중점이 주어졌다(윗글, 360).

하지만 클린턴의 건강 보장법은 입법화되지 못한 채 막을 내리고 만다. 고용주들의 비용절감과 연대에 기반을 둔 개혁의 시도는 왜 실패했는가? 클린턴 정부의 개혁안이 나오자 비용에 대한 의문이 제기되었고, 공화당과 보험회사들은 즉각 반대하고 나섰다. 중소기업들과 중산층이 엄청난 세금부담에 직면할거라는 루머가 뒤따랐다. 보험회사들과 의료관련업계는 이러한 주장들을 부추겼다. 결국 기업계는 클린턴의 개혁안을 거부하고 나서게 된다(Jansson, 2012 : 382; Giaimo, 2001 : 362).

2010년 3월 26일에 오바마가 추진한 의료 개혁법안인 『환자보호 및 적정부담 의료법(Patient Protection and Affordable Care Act)』, 소위 오바마케어가 미의회를 통과하게 되었다. 이 법안의 통과는, 1960년대 메디케어와 메디케이드가 만들어진 이후 미국에서 가장 중요한 사회적 입법으로 평가되며, 이로 인하여 무보험자 5천만 명 중 3천5백만 명의 미국인에게 건강보험의 적용이 제공된다. 하지만 이 법안의 도입에 대해서는 아직도 뜨거운 논쟁이 진행 중이다(Feldman, 2012 : xi-xv).

정치적 스펙트럼의 좌파 진영은 정부가 운영하는 단일제공자 중심의 보편적 건강보험이 아니라는 점에서 비판의 목소리를 높이고, 우파들은 대중들 몰래 사회화된 의료에 정부가 재정을 퍼붓고 있다고 비난하고 있다.

오바마케어의 성패에 있어 핵심적 역할을 할 것으로 기대되는 조직은 바로 주정부마다 설치되는 보건의료 거래소(Health Care Exchange)라는 기관이다(Keller, 2015 : 108; Feldman, 2012 : 82-88). 이 기구는 의료보험의 구매와 거래를 지원하고 알선한다는 점에서 보험회사와 같은 역할을 수행하지만, 건강위험이 높은 집단과 낮은 집단 간에 위험의 공동 관리를 통해 행정적 비용을 낮추어 기업과 이용자 부담을 줄이고 보조금을 통해 저소득층에게 보험가입을 지원하는 등의 공적 역할을 한다. 이 기구는 주정부 혹은 주정부와 계약한 비영리기관에 의해 운영된다. 주정부는 연방 재원을 신청하여 거래소를 창설하게 되고, 몇 개의 주정부가 함께 서로 협력하여 거래소를 개설할 수도 있다.

몇 개의 주에서는 이러한 부담적정화의 거래소를 실험적으로 적용하여 커다란 변화를 가져오기도 했는데, 그 대표적인 경우가 바로 오리건과 버몬트 주의 사례다. 예컨대, 버몬트 주에서는 공사협력 파트너십을 통해 전 주민의 보편적 의료 서비스를 달성하는 동시에 재정절감 역시 이루어내었다는 평가를 받고 있다(Feldman, 2012 : 84). 하지만 의료 개혁의 성과는 주에 따라 서로 다르며, 물론 실패한 사례도 있다. 2011년의 루이지애나 주정부처럼 재정적 어려움에 처해 주정부 거래소를 포기하고 연방정부로부터 받은 지원금과 그 운영을 반납한 사례도 있다(윗글, 86).

(2) 영국

영국의 국영의료체계인 국민보건서비스(NHS : National Health Service)에서 가장 큰 역할은 당연히 국가의 몫이다. 하지만 신자유주의 이념을 모토로 내걸은 1979년 대처 정부의 집권은 '큰 정부'와 영국 의료체계에 경멸적 태도를 드러냈으며, 보건은 물론이고 모든 복지국가지출을 긴축 재정의 통제 아래 두고자 하였다.

하지만 대처 정권의 긴축적 이념에 따라 보건지출을 통제하려는 시도는, 의회 및 보건전문가 집단과의 갈등을 해결해야 하는 커다란 정치적 비용을 초래하였다. 우선 보건지출을 줄이려는 시도는 모든 일선의 병원과 의료인들의 반발을 샀고, 보수당의 손에서 국민보건서비스가 더 이상 안전하지 않다는 대중의 판단에 직면했다. 결국 국민의 비판이 한도에 다다르자, 전면적인 보건정책의 재검토가 불가피하였다(Giaimo, 2001 : 345).

1988년에 들어 대처 정부와 관점을 공유하는 외부 학자 및 소수의 정치적 자문들로 구성된 검토단이 비밀리에 구성되었고, 의회의 다수도 여전히 대처 정부의 편에 서 있었다. 하지만 이렇게 유리한 정치적 지형에도 불구하고, 자문단은 현재의 보건체제를 사회보험 혹은 민간보험으로 전환할 경우 감당할 수 없는 정치경제적 비용을 초래할 것이라는 결론에 도달했다. 국민의 건강을 위해서뿐만 아니라 보건비용의 통제를 위해서도 중앙집권적인 단일 지불자의 행정적 예산제도가 더 효율적이라는 것이다(윗글, 346).

과연 무엇이 영국 국민보건서비스의 시장화에 브레이크로서 작용하였는가? 복지국가는 어떻게 신자유주의 정권의 보건 시장화 정책에 제동을 걸 수 있었을까? 우선 영국 보건체제에 제도화된 국민의 보편주의적 시민권이 가장 큰 저항으로 작동했다고 볼 수 있다. 또한 이미 구축된 시민권으로부터 중간계급과 노동계급의 동맹이 창출된 이상, 보건의료의 어떠한 가시적 질 저하와 보편주의의 손상도 선거에서의 패배를 피할 수 없게 한다.

1997년 신노동당이 집권하였을 때, 새로운 집권당은 전후 노동당 집권 기간(1945~1951)에 이룬 자신들의 성과와의 연관성을 강조하였다. 1997년의 노동당 전당 대회에서 토니 블레어 당수는 "국민보건서비스는 1948년에 영국 사회의 등대였습니다. 나는 이를 더 개선시키기 원합니다. (…) 나는 국민보건서비스가 재산에 의해서가 아니라 필요(need)에 의한 제도라는 애초의 원칙으로부터 멀어지길 원하지 않습니다."라고 천명하였다.[3)]

노동당은 영국의 공공의료서비스를 설립하고 공고히 한 장본인이었지만, 대처의 보수당이 18년 동안 집권하는 동안 노동당의 보건의료정책은 그저 보수당 정부의 정책에 수동적으로 대응만 할 수 있을 뿐이었다. 여기에 노동당 보건정책의 딜레마와 고민이 담겨져 있었다. 보수당의 18년 신자유주의 보건정책에 의해 영국 국민보건서비스(NHS)가 무너져 가고 있다는 우려에 대해서 어떠한 변화를 도모할 것인가? 또 한편으로 보수당 18년의 신자유주의적 개혁 시도로 지속적인 내홍을 겪은 국민보건서비스를 새로운 개혁으로 또 다른 불안정을 초래하지는 않을 것인가? 결국 신노동당의 개혁은 보수당의 내부시장(internal market : 유사시장주의 개혁) 정책은 폐지하되, 구매자/제공자 분할 정책을 도입하는 것으로 나타났다. 즉, 국민보건서비스의 조직구조적 분열을 최소화하면서도 신노동당의 '새로움(new)'을 더하고자 한 것이었다. 하지만 이러한 어중간한 개혁이 또 다른 혼란스러움의 여지를 제공할 가능성은 여전히 존재한다. 신노동당에서 영국 국민보건서비스를 위한 새로운 아이디어는 찾기 어

3) The Times, 1997. 10. 1.

렵다. 하지만 옛 노동당의 보편적이고 포괄적인 평등 서비스로서 영국 국민보건서비스는 신노동당에 계승되고 있다(Paton, 1999 : 51-72).

5. 함의 및 결론

보편주의적 사회적 시민권의 구축으로 가는 길은 매우 멀고도 험난한 논쟁과 반발의 극복을 필요로 한다. 영국에서 보편적 무상의료가 성립될 수 있었던 것은, 세계대전의 참화 직후라는 시대적 배경이 거대한 무지의 베일로서 전 영국사회를 뒤덮고 있었기 때문에 가능했다고 주장하는 학자들도 있다. 트럼프의 당선으로 오바마의 의료 개혁도 당분간 완결되지 못한 채 막을 내리게 될 것으로 보인다. 하지만 자본주의 경제의 불안정성이 언제나 서민들의 삶을 좌절시키고 빈곤의 늪으로 끌고 들어갈 수 있다는 점에서, 자유주의적 정치경제에서 보편적 복지제도라는 가능한 대안을 도외시하기에는 그 희생이 매우 크다고 볼 수가 있을 것이다.

본고에서 분석된 복지국가의 맥락에서 정치제도의 특징은, 영국의 경우 권력 집중도가 높은 국가이고 미국은 권력이 분절된 사례이다. 우선 영국의 의회제에서는 다수당이 집권당이 되므로 의회에서의 거부권 위협은 거의 없다. 반면에 미국은, 강력한 대통령의 권한 행사에도 불구하고, 상·하원의 견제를 받으며, 연방제로 인한 권한의 분산, 대법원에 의해서도 법안이 거부될 수 있다는 점에서 권력이 분절되어 있는 경우이다. 클린턴의 전 국민 의료보험 개혁안이 실현되지 못한 것은 분산된 대통령의 권한과 의회의 지지를 받지 못한 이유였다고 볼 수 있다. 하지만 헌법적 권력 기구의 집중/분산만으로는 복지입법 혹은 개혁의 추진력이 잘 설명되지 않는 부분도 분명히 존재한다. 예컨대, 대처의 보건의료 민영화 시도는 국민의 굳건한 지지를 받는 무상의료체계에 대한 시민들과 여론의 저항, 재선에서 패배할지 모른다는 압박 등으로 인해 무산되었고, 매우 제한적인 제도의 변화만을 가져왔다. 따라서 정치제도의 권력 집중/분산은 그에 따르는 정치적 책임과 항상 함께하기 때문에, 제한적이고 양가적으로만 복지정치에 영향을 주는 것으로 나타났다.

하지만 미국과 영국이라는 두 자유주의적 복지국가들을 살펴봄으로써, 복지제도와 사회적 시민권의 형성에 영향을 줄 수 있는 다양한 정치제도 바깥의 요인들을 검토할 수 있었다. 클린턴의 전 국민 의료보험제도를 구체화할 수 있었던 계기가 기업계의 개혁 요구와 부합됨으로써 촉발되었다는 점, 오바마케어가 부분적이나마 실행될 수 있었던 것은 반대파를 설득하는 오바마 대통령의 뛰어난 협상적·포용적 리더십에 의해 가능했다는 점, 영국 국민보건서비스에 대한 전 국민적 호응은 그 어떤 정치적 제도보다 강력하게 사회적 시민권의 제도적 지속성을 보장하는 복지정치의 주요 행위자였다는 점 등이다.

또한 공적부조의 복지정치 사례로부터도 우리는 사회적 권력에 열세인 다양한 집단과 새로운 형태의 사회운동에 주목할 필요성을 배울 수가 있을 것이다. 빈곤층, 소수인종, 한부모 가족 등 다양한 시민들의 연합은 기존의 전통적 자본-노동 계급의 사회적 지위보다 취약하지만 사회적 시민권과 복지정치에서 새로운 연대적 저항권을 이끌어낼 가능성이 충분히 존재한다고 본다. 영국과 미국의 사례는 특히 새로운 정치적 이념 지형과 복지에 대한 새로운 요구라는 점에서 다양한 시민들의 친복지적 연합으로부터 복지정치 제도화의 잠재성은 열려 있다.

최근 몇 년간 우리의 복지 논쟁의 종말은 애석하게도 서구 복지국가 축소의 정치가 보여주는 전례를 답습하는 징후들로 중단되었다. 예컨대, 박근혜 정부는 보편적 기초연금을 공약하였으나 집권 후에 자산조사에 의한 제한된 기초연금으로 말을 바꾸었고, 뿐만 아니라 가장 열악한 기초생활수급 빈곤노인에게는 줬다 뺐는 무혜택 연금으로 변질되었다. 또한 최소한 생존에 기초한 절대적 빈곤선을 현실화하겠다는 명목으로 도입된 상대적 빈곤선도 역시 기초생활 수급자의 급여나 생활수준에는 별 도움이 안 되게 유명무실화되었다.[4)]

4) 프레시안, 2017. 2. 16.

이처럼 복지국가 논의가 만개해 보기도 전에 노동 없는 반공적 국가주의로서 한국적 현실의 한계를 노정하였고, 여전히 사회문제들의 심각성은 해소될 기미가 보이지 않는다.

한국의 민주주의와 복지정치는 얼마나 적극적인 복지의 민주화에 도달하였는가? 우리의 근대는 푸코가 말하는 주체(권력에 의해 통제되는)의 형성에 기여했을지언정, 적극적으로 참여하고 형성하는 행위자로서 시민의 권력을 어느 정도 달성하였는가? 우리는 정치 민주화를 통해 정치적 시민권은 획득했지만, 온전한 민주화는 경제적 지위와 상관없이 사회를 구성하는 모든 개인 간의 상호 평등한 존중의 공동체가 길러진 바탕에서 가능할 것이다. 지금 시민들의 운동은 더 나은 제도의 개선을 향한 열망을 표현하고 있으며, 제도를 움직여 새로운 변화를 탄생시킴으로써 그 의미를 달성할 수 있을 것이다.

미샬은 사회적 시민권이 계급 격차를 완화시키고, 세습되는 특권을 제거하는 데 목적이 있다고 밝히고 있다. 정권과 재벌의 부패와 유착을 목도하고 있는 현 시점에서, 세계적으로 보편화된 민주적-복지-자본주의(democratic-welfare-capitalism) 체제의 어떤 연결고리가 우리에게는 결여된 것인지를 고민해 보아야 할 것이다. 세 가지 다 일지도 모르겠고, 혹은 특권층이 지나치게 누리는 자유로 인해 평등하게 누려야 할 인권은 상실된 것인지도 모른다. 우리는 여전히 시민권과 인권이 보호되지 못하는 내부의 식민지에 빠져있는 것이 아닌지 생각해 보아야 할 것이다.

여전히 한국의 복지문제는 민주적 정치를 통해 풀어나갈 여지를 남겨두고 있다고 생각된다. 이를 위해 비슷하지만 또한 차이를 보여주는 영국과 미국 두 나라의 복지정치는 자유주의적 민주주의를 표방하는 국가들에서 복지국가의 길이 어떻게 가능하고 또한 한계를 가지는지에 대한 하나의 교훈을 보여줄 수 있으리라 생각해 본다.

CHAPTER 11

사회적 포용 정책의 비교연구

1. 서 론
2. 사회적 포용이란 무엇인가?
3. 사회정책과 사회적 포용의 연관성 : 누가 어떻게 포용되어야 할까?
4. 사회적 포용의 사례들 : 비교적 관점
5. 맺으면서 : 함의 및 시사점

CHAPTER

11 사회적 포용 정책의 비교연구

1. 서 론

빈곤과 사회적 배제는 인류 역사에 항상 다양한 형태로 존재해 왔지만, 그 원인에 대한 인식과 대책은 계속 변화하고 발전해 왔다. 즉, 경제적 위기, 인종차별, 실업, 계급, 불평등을 초래하는 서로 다른 국가적, 문화적 맥락으로부터 빈곤과 배제가 발생해 왔던 것이다. 최근의 빈곤정책은 수동적이고 급여제공 중심적 사회정책에서 적극적이고 다면적인 정책 방향으로 전환하고 있다. 이것은 빈곤의 개념에 대한 새로운 논의가 반영된 결과이며, 이러한 빈곤 패러다임의 전환에는 사회적 배제(social exclusion)라는 개념에 대한 관심이 큰 역할을 해왔다고 볼 수 있다.

국내에서는 도시정책, 지리학, 행정학, 사회적 배제의 지표개발(최병두, 2017; 김태수, 2008; 문진영, 2004) 등의 측면에서 사회적 배제에 대한 관심이 대두된 바 있으며, 사회적 포용 전략으로서 적극적 사회정책의 제시는 활발히 논의되지 않았다. 사회적 포용을 위한 정책적 설계는 UNESCO(UNESCO, 2015)나 OECD(OECD, 2009), WHO(WHO, 2010) 등 국제기구를 통하여 다양하게 제시된 제안으로부터 크게 영향받고 있다. 이러한 제안들은 경제적으로 취약한 청년층, 정신 및 신체장애인, 사회적 소수자들을 공통적인 사회적 배제집단으로서 제시하고 있으며, 또한 각 국가별 사회문화적 맥락에 의한 다양한 배제집단에 대하여 포용적인 접근이 필요하다고 권고한 바 있다.

이어지는 다음 2절에서는 우선 사회적 배제/포용을 둘러싼 다양한 쟁점에 관하여 이론적 논의를 검토한 후, 3절에서는 사회적 포용의 관점에서 사회복지정책에 대한 활용 가능성을 살펴본다. 그리고 4절에서는 영국, 아일랜드, 스페인, 호주 등에서의 사회적 포용 전략 사례들을 비교적 관점에서 검토한다. 마지막으로 5절에서 본 연구의 함의 및 시사점을 논의한다.

2. 사회적 포용이란 무엇인가?

사회적 배제는 새로운 빈곤의 대안적 개념으로서 다차원성(multidimensional), 역동성(dynamic), 관계성(relational) 등의 특성을 가진다(UNESCO, 2015 : 4). 한편 사회적 포용(social inclusion)이라는 개념은 사회적 배제에 대한 적극적 대응의 개념으로서 사회 구성원들의 온전한 참여를 통해 경제, 사회, 문화적 장벽을 낮추려는 다차원적 과정을 일컫는다(Baum et al., 2010 : 475; UNESCO, 2015 : 6).

일찍이 영국의 사회학자 기든스(Anthony Giddens)는 불평등의 문제를 배제의 측면에서 바라보아야 할 필요성을 제기한 바 있고, 이러한 사회적 배제의 해결책으로 다양한 사회적 주체들의 상호 협력적이고 지속가능한 포용적 대응을 제안하였다(Giddens, 1998 : 168; Saunders, 2013 : 697). 또한 경제학자 센(Amartya Sen) 역시 빈곤에 관한 논의에서 능력을 개발하는 사회적 포용이 가지는 긍정적 효과를 강조하였다(Sen, 1999; Baum et al., 2010 : 481). 센에 따르면 사회적 배제란 능력의 배제로 볼 수가 있다. 즉, 인간은 자신의 다양한 욕구를 충족시키기 위해 상품들을 필요로 하고, 그러한 욕구의 충족을 위한 다양한 방식들을 기능들(functionings)이라고 규정한다. 여기서 다양한 상품들과 기능들을 선택할 수 있는 개인적 자유를 능력(capability)이라고 정의하는데, 이 능력의 궁극적 목적은 행복이나 자유처럼 매우 보편적인 것에 있다. 하지만 그 능력의 구성 요소들인 상품과 기능들은 사회적 조건에 의해 상대적으로 구성되기 때문에, 특정 사회에서 그 상품들과 기능들을 어떻게 조직화하는지가 결정되어 배제 또는 포용의 조건들로 형성된다. 그렇기 때문에 사회적 배제는 특정한 사회의 관계로부터 생겨나는 다차원적이고, 관계적이며, 역동적인 개념인 것이다. 결국 포괄적인 의미에서 사회적 배제의 개념은 시민들의 기본적 기능에 대한 참여의 불능에서 오는 공민적, 정치적, 사회적 시민 권리의 부정이라는 설명이다(Papadopoulos/Tsaklolou, 2005 : 3-5).

기든스는 제3의 길의 정치와 사회정책을 설명하면서 배제와 포용을 언급한 바 있다(Giddens, 1998 : 166-177; 2002 : 158). 그는 신자유주의적 기회균등 모델에서는 배제된 계급을 만들어낸다고 비판하면서, 새로운 정치의 관점에서 평등을 포용으로, 불평등을 배제로 규정하였다. 또한 센의 사회적 능력 개념을 통해 빈곤과 불평등을 설명하면서, 빈곤이 단순히 물질적 재화의 결핍이라기보다 개인이 소속된 문화와 사회의 맥락에서 자아실현을 위한 능력의 실패라고 보았다. 이러한 측면에서 가장 대표적인 사회적 배제의 사례로는 노동시장과 지역 공동체의 연결망으로부터의 배제이다. 따라서 높은 사회보장 혜택을 받는 사회에서 실직자는 직업이 있는 사람과 비슷한 경제적 수준을 유지할 수 있을지 모르지만, 자존감의 상실, 잉여시간의 문제와 건강 약화 등으로 여전히 낮은 복지수준과 배제의 상황에 처해질 수 있다.

여기서 사회적 배제의 중요한 요소는 참여라고 볼 수 있다. 즉, 빈곤이 소득의 결핍이라면 사회적 배제는 단순한 빈곤보다 더 폭넓은 개념이며 주류 사회로부터의 참여가 결핍된 것이다. 그렇다면 소득은 낮지만 다양한 참여활동에 연결되어 있는 사람은 배제되지 않은 것일까? 이러한 측면에서 사회적 배제 개념이 가진 맹점에 대한 비판이 제기된다. 소득으로부터의 배제야말로 사회적 부의 재분배로부터 배제된다는 점에서 가장 큰 사회적 배제이며, 강압적으로 저임금의 일자리에 대한 참여를 거부할 수 없게 만든다면 이 역시 빈곤층에 대한 통제일 뿐이다(Gough/ Eisenschitz, 2006 : 4; O'Donnell et al., 2018 : 2).

그렇다면 사회적 배제와 빈곤의 개념적 연관성 혹은 차이점은 얼마나 크며, 서로 어떻게 관련되어 있을까? 물론 두 개념은 밀접히 연관되어 있고 차이점도 분명 존재하지만, 뚜렷하게 경험적 근거를 가지고 금전적 빈곤과 사회적 배제/포용의 관계를 연구한 보고는 그렇게 많지 않다. 노동시장으로부터의 배제, 다시 말해 실업은 소득의 부재인 빈곤과 연관되어 있고, 그 외에도 사회적 배제는 필수적 서비스로부터의 배제와 사회적 자본의 부재, 연대성의 결핍과 관련되어 있기 때문에 단순한 빈곤과 차별화된다(Lister, 2004 : 83-85). 하지만 사회적 배제는 빈곤과 얼마나, 어떻게 다른가? 호주에서 호주인구를 대상으로 조사한 노동과 소득 통계 분석결과에 따르면, 빈곤과 사회적 배제 지표 조사결과 두 가지 해당 집단의 연관성은 2/5 정도로(40.3%) 그렇게 높지 않게 나타났다. 빈곤선 이하의 소득을 가진 빈곤인구 중에서 1/3 내지 1/4의 비율만이 서비스로부터의 배제(27.7%), 사회적 고립(33.6%), 경제적 배제(37.4%)에 처해 있는 것으로 조사되었다(Saunders, 2013 : 701-703).

다시 말하자면 사회적 배제와 빈곤은 유사한 개념이지만 단순히 유사함을 넘어서 빈곤의 근본적 원인이 사회적 배제라고 볼 수 있다는 것이다(World Bank, 2013; UNESCO, 2015 : 6). 즉, 빈곤과 사회적 배제는 반드시 일치하지는 않지만, 배제는 빈곤의 다양한 사회, 문화, 경제적 취약성을 가로질러 발생하는 박탈을 설명해주는 핵심개념으로 설명된다. 빈곤으로부터 벗어나지 못하는 집단은 그 사회의 교육, 건강, 사회적 자본 등 공공적 투자와 혜택에 참여하지 못해서 만성적인 빈곤에서 탈출하지 못하는 것이고, 이러한 근원적 배제가 바로 사회적 포용 전략을 통해 복합적으로 대응해야 할 핵심문제인 것이다.

3. 사회정책과 사회적 포용의 연관성 : 누가 어떻게 포용되어야 할까?

한편 캐나다에서는 레이드로 재단(Laidlaw Foundation)의 후원으로 사회적 포용에 관한 연구 결과를 출판하였는데(Richmond/Saloojee, 2005 : 1-5), 이 보고서는 사회적 포용의 개념을 고용, 빈곤 및 불평등의 범위를 넘어서 시민들의 참여와 기회로까지 확장해야 함을 역설하고 있다. 즉, 경제적, 사회정치적, 물리 환경적 복지 등 다양한 영역에 걸쳐서 포용되기 위해서는 자신이 속한 사회구조와 환경에 참여할 수 있는 충분한 자원과 권리, 능력을 필요로 한다는 것이다.

또한 사회적 포용은 빈곤이나 불평등을 대체할 수 있는 개념이라기보다는, 서로 상호의존적 관계에 있다고 본다. 예컨대, 실업과 노동시장에 대한 참여의 부재만을 배제의 원인으로 볼 경우에 반-배제적 해결책은 도덕적으로 필수적인 고용에 참여케 하는 것뿐이다. 하지만 캐나다의 사례를 분석한 결과로는, 고용률이 늘어도 여전히 높은 근로빈곤율은 줄어들지 않았고, 이로 인해 한 가지 배제의 제거는 또 다른 배제로 이어졌다는 사실이 발견되었다. 이에 대한 해결책은 단순히 노동시장에 대한 참여만으로는 안 되고, 그러한 배제의 조건을 만들어내는 사회환경의 변화에 참여시킴으로써 포용의 조건을 창조할 수 있도록 지원해주는 데 있다. 고용, 보건, 교육 제도들은 어떠한 과정과 의도로 이용되는가에 따라서 배제하는 제도로도 혹은 포용하는 제도로도 기능할 수 있다. 예를 들면, 저소득층을 위한 주거정책은 슬럼가를 만들 수도 있고, 사회적으로 다원적인 이웃관계를 만들어낼 수도 있을 것이다.

사회적 포용 정책은 하나의 프로그램이나 제도로 규정되어져 있지 않지만, 사회적 포용은 정책적 실행으로서만 구체화될 수 있다. 사회적 포용이란 배제에 대한 정치적 대응을 의미하기 때문이다. 사회적 포용은 성별이나 인종, 계급, 종교, 장애, 중독, 정신적 건강 등 라이프 스타일이나 정체성으로 인해 사회적 참여에 취약한 사람들의 존엄, 능력, 기회를 향상시키려는 과정이고, 그러기 때문에 그 사회의 규범, 문화, 정치에 뿌리 깊이 내재된 사회구조에 경로의존적 성격을 띠게 된다. 따라서 사회적 포용을 향상시키려는 정책은 더 많은 것을 하려는 것이라기보다는, 더 다르게 실행하는 것이라 할 수 있다(Das et al., 2017 : 8-9). 사회적 포용의 진단과 실행은 ① 누가 배제되는가? ② 어떻게 배제되는가(배제의 과정과 기전)? ③ 왜 배제되는가(발생의 원인)? ④ 그들을 포용하기 위해서는 무엇이 실행되어야 하는가(배제의 제거)? 라는 점들을 단계적으로 해결해 나가면서 실천될 수 있다.

누가 배제되는가? ⇨ 어떻게 배제되는가? ⇨ 왜 배제되는가? ⇨ 포용하기 위해 무엇이 필요한가?

그림 11-1 사회적 포용의 전략과 실천 : 진단부터 행동전략까지

출처 : Das et al.(2017), p. 9.

예를 들어, 취약한 정체성으로 인한 사회적 배제는 편견이나 낙인으로서 그들의 일상적인 포용의 조건에 제한을 가하며, 그로 인해 보건서비스의 접근성에 (예컨대, 정신질환자나 장애인에게) 영향을 주고, 이는 결국 그들의 건강상태에 나쁜 성과를 야기할 것이다. 낮은 서비스 이용률은 그 특정 집단이 서비스 접근의 과정에서 느낀 모욕감이나 자존감의 상처로 인한 기회 박탈일 수 있는 것이다. 따라서 사회적 포용은 보편적 보건 프로그램을 향한 진전에서 정책 설계 및 전달 과정에 매우 필수적이다.

특히 유럽연합은 취약한 주변적 집단의 포용을 위하여 주류 서비스와 기회에 대한 접근성을 증대하고, 차별을 극복하기 위한 법제를 개선하며, 특정 취약 계층의 욕구에 대응하는 표적화된 접근을 취한다(Schiffer/Schatz, 2008 : 8). 그리고 유럽연합의 암스테르담 조약은 회원국들이 사회적 배제에 대응하는 법적 대응을 통한 적극적 역할의 제공을 권고하고 있으며, 2000년의 리스본 조약에서 고용 참여와 자원 및 권리에 대한 접근권 강화, 배제의 위험 예방, 취약계층 지원, 모든 관련 기관들의 동원을 목표로 제시했다.

각국의 사회적 포용 정책 수립에 있어서 유럽연합이나 UN, WHO 등 국제적 기구와의 협력이 여러 측면에서 영향을 주고 있다. 아일랜드는 기존에 실시하던 국가적 빈곤정책의 취약성을 극복하기 위하여, 사회적으로 배제된 집단들에 대한 포괄적 지원으로 전환하고 '사회적 포용을 위한 국가행동계획(National Action Plan for Social Inclusion)'을 수립하기 시작했는데, 이는 유럽연합의 지속가능 포용성장 전략이나 UN의 지속가능 개발 목표에 조응하려는 고려를 반영하고 있다(Department of Social Protection, 2016 : 5-6).

이러한 각국 사회적 포용 전략이 가진 공통요소를 살펴보자면, ① 생애기반

전략, ② 정례적 공공 보고와 정치적 책무성, ③ 정확히 규정된 표적과 성과, ④ 각계각층 정부기관과 지역사회 분야들 간 협력의 개선, ⑤ 근거 중심적 실천, ⑥ 서비스 협력을 개선하기 위한 정부부문 및 기관들 간에 더 나은 정보 공유 등을 특징으로 한다. 또한 표적 집단으로는 아동 및 청소년에 대한 초기 개입, 고용 참여를 지원하는 근로연령 집단, 장애인 집단, 노인 집단, 취약한 지역공동체 집단들(노숙인, 약물중독, 정신보건, 청소년 범죄, 소수자 등)이 공통적 대상이다.

사회적 포용정책을 효과적으로 실행하기 위해서는 '생애 주기적 접근'과 '배제의 장벽 그 자체에 초점을 맞추는 방법'을 강구해야 한다. 우선 생애주기별 접근을 하기 위해서 아동기, 청소년기 혹은 노령기의 연령집단에 표적화된 다기관적 프로그램을 실행하는데, 특히 사회적 배제를 예방하기 위해 생애 초기 개입방법이 선호된다. 또한 사회적 배제에 대하여 보건, 주거, 교육 등의 전문가 분야별 접근을 하기보다는 노숙인, 약물남용, 청소년 등 배제의 문제영역 초점접근을 취하는 것도 중요하다.

또한 사회적 포용의 대상은 그 정의상 실업, 낮은 숙련도, 저소득, 주거 취약성, 나쁜 건강, 범죄 및 가족해체 등 다양한 요인으로 인한 사회적 취약성을 포함한다(Social Inclusion Unit, 2008 : 11-12). 하지만 정부의 부서들은 보건, 교육, 사법 및 경찰, 그리고 복지부 등등의 부서들로 칸막이가 되어 있는 관료적 조직이기 때문에, 복합적이고 다차원적인 사회적 배제에 대하여 제대로 대응하지 못하는 경향이 나타난다. 따라서 사회적 포용에 관한 정책은 기존과 다른 사회적 정책 접근법으로 이에 대처해야 한다는 문제가 제기된다. 즉, 사회적 포용의 전략은 복잡한 문제를 가진 사회적 배제 그룹에 대하여 보건이나 교육, 복지라는 개념 틀로 접근하는 것이 아니라, 노숙인이나 청소년 범죄, 외국인 노동자 등의 주제별로 부서 간에 통합적으로 접근해야 한다는 것이다.

피어슨(Pierson, 2002 : 41-62)은 사회적으로 배제된 개인, 집단, 혹은 지역사회에 다양하게 적용 가능한 사회복지의 다섯 가지 주요 요소를 다음과 같이 설명하고 있다.

① 소득 및 기본적 자원 확보의 최대화
② 사회적 지원 및 네트워크의 강화
③ 지역사회 조직 및 기관들과의 파트너십으로 일하기
④ 이용자, 주민 및 그 조직들을 위한 효과적 참여의 통로를 창조하기
⑤ 전체 지역공동체에 초점을 맞추기

① 사회적 배제의 핵심이 빈곤에 있다는 점에서 사회적 배제를 해결하려는 접근에는 반드시 그들의 소득과 자원을 최대화할 수 있도록 급여체계 및 사회 서비스 지원체계 정보를 알리고 서비스에 접근할 수 있도록 도와야 할 것이다. ② 또한 그러기 위해서 다양한 이웃과 지역조직, 기관, 서비스 제공자들의 맵을 만들고 그들과 최대한 네트워크 형성을 강화하여야 한다. ③ 뿐만 아니라 사회적 배제의 문제는 지역사회와 더 나아가서는 사회구조 전체에 뿌리 깊은 원인을 두고 있기 때문에 중앙정부와 지방정부뿐만 아니라 민간, 자선, 공공 조직의 보건, 주거, 교육, 아동보호, 사회 서비스의 모든 영역이 파트너십을 맺어야 한다. ④ 그리고 이용자뿐만 아니라 모든 지역주민과 시민들의 참여도 활성화해야 한다. 이용자들의 관점이 반영되지 않는다면, 주요한 당사자의 무기력감과 관료주의가 조장될 것이다. 또 시민들이 활발히 참여하지 않는다면 그 자체로서 사회적 배제의 조건이 형성될 수 있다. ⑤ 끝으로 활발한 지역공동체는 자원 활동이나 다양한 이해관계를 대변하는 위원회 활동 등도 활발하지만, 빈약한 공동체는 범죄율, 일자리 기회나 교육의 환경에서도 역시 열악하다는 지역공동체 효과(neighbourhood effects)가 존재하므로, 지역공동체 전체의 주류 속에서 지역사회발전을 통하여 지역의 역량을 강화하는 것이 필요하다.

4. 사회적 포용의 사례들 : 비교적 관점

1) 실제 사례 : 영국, 아일랜드, 캐나다, 호주 및 스페인 등

사회적 포용을 위한 전략들의 정책적 설계와 제안들은 유럽연합(Commission of the European Communities, 2005)이나 OECD(OECD, 2009), WHO(WHO, 2010) 등 국제기구를 통하여 다양하게 제시되고 있다. 이들의 공통된 사회적 배제집단은 경제적으로 취약한 청년층, 장애인, 정신장애를 가진 집단들이 제시되고 있으며, 또 각 국가별로 문화적, 사회적 맥락에 따른 다양한 배제집단에 대하여 포용적인 접근이 필요하다고 볼 수 있다.

그 구체적 사례들을 살펴보자면, 호주 멜버른 주의 빅토리아 시에서는 자폐증 및 정신장애를 가진 청소년 집단이 지역사회 내에서 포용 정책이 매우 필요한 배제집단으로 보고 이들에 대한 지역사회 내 포용 전략을 실시하고 있다. 우선 지역사회센터에 컴포트 존(Comfort Zone)이라는 지역사회 자폐아동 부모들의 자발적 모임을 구성하고 서로간의 페이스북을 통한 의사소통 네트워크를 만들며, 지역사회센터는 협력자로서 지원하고 있다. 여기에 참여하는 부모들은 서로 자녀들을 돌보며 학교환경의 외부에서 자녀들의 사회화 작용을 도와준다(Taket et al., 2014 : 186-189).

북미와 호주 등의 국가들은 이민자들로 이루어진 나라들로서 새로운 이민자들의 정착 문제는 매우 중요한 사회적 이슈이자 공공정책의 대상이다. 특히 캐나다는 새로 이민해 온 청년(newcomer immigrant youth)들을 대상으로 정착서비스(settlement services)를 통해 이들의 언어문제, 가족문화 및 보건사회서비스 등에서 사회적 통합을 위해 지원프로그램을 운영한다(Richmond/Saloojee, 2005 : 160-163). 그런데 이러한 서비스는 재정적으로 국가가 지원하지만 그 서비스 전달에 있어서는 민간부문과 비영리 조직에서 담당하고 있다. 캐나다 온타리오 주의 이민 통합 부서에서는 이러한 이민청년 및 청소년에게 지역사회 민간단체 및 지역학교와 협업하는 사회 포용적 접근 전략을 택하고 있다. 특별히 취약한 새이민자 가족 및 청소년들에게 개별적 상담을 통해 그들의 욕구에 맞는 인권보호와 취업지원, 학비대출 등의 맞춤형 서비스를 제공하고 있다.

또한 호주 빅토리아 시의 '두 케어(Do Care)' 프로그램은 취약한 독거노인들의 고립과 사회적 배제를 막기 위하여, 노인들이 자신의 지역사회에 지속적으로 참여하도록 돕는 사회 서비스를 지원하고 있다. 이 사회 서비스에는 독거노인과 자원봉사자를 일대일로 매치시켜 정기적으로 방문하게 돕거나 다양한 지역사회에서의 활동에 참여시키는 지원, 소집단과의 전화로 친구맺기 등의 프로그램을 포함하고 있다(Taket et al., 2014 : 154-155).

사회적 포용의 어젠다는 사회적으로 배제된 사람들의 특징이 다층적 결핍을 가지고 있고 이를 해결하기 위해서는 총체적 조치를 통한 다차원적 정책 대응을 필요로 한다는 공통점을 가진다고 지적한다. 따라서 사회적 포용 정책은 다양한 각양각층의 정부기구와 서로 다른 시민단체 등이 혁신적인 방식으로 협력하도록 요청한다. 이러한 사회적 포용의 전략을 사회정책적으로 적용한 선구적 사례로는 아일랜드, 영국, 호주, 스페인 정부의 대응 사례를 들 수 있다(Social Inclusion Unit, 2008 : 12-16).

〈표 11-1〉 각국의 사회적 포용 주요 전략 및 특성 비교

국가별	주요 전략	특 성	주요 표적 집단	담당부서
스페인	사회적 포용 국가행동계획	포괄적 정부 계획, 4년 계획	취약계층(노숙인, 장애인 등)	보건, 사회 서비스, 평등부
아일랜드	사회적 포용을 위한 국가행동계획	생애주기 접근, 3년 계획	아동, 노인, 장애인, 지역사회 등	사회가족부 내의 사회적 포용청(OSI)
영 국	사회적 배제 행동 계획	다기관 서비스 전달 중점전략	아동, 가족, 만성적 배제집단	중앙 및 지방정부 협력
호 주	Social Inclusion Initiative,	다기관-정부-주지방정부의 협력	장애인, 노숙인, 원주민, 정신질환자 등	중앙정부 및 주 지방정부 협력
캐나다	Inclusive Cities Project	민관협력	사회적 배제 취약계층	민간재단 및 지방 주정부 협력

출처 : Ministerio de Sanidad, Servicios Sociales e Igualdad(2013), Social Inclusion Unit(2008), Richmond/Saloojee(엮음)(2005) 등 정리.

2) 협력적 사업(Joined-up Work) 및 거버넌스

스페인 정부의 '사회적 포용 국가행동계획(National Action Plan on Social Inclusion for the Kingdom of Spain) 2013~2016(Ministerio, 2013 : 57-60)에 따르면, 사회(복지) 서비스 분야에서 세 가지 행동목표(9, 10, 11)에 걸쳐 사회적 포용 국가행동 계획을 수립하고 있다. 그 주요 내용은 ① 가장 취약한 집단에 대한 지원을 개선하기 위해 사회 서비스의 효과와 접근성 강화, ② 빈곤 및 배제의 위험에서 초래되는 욕구에 적절하게 대응하기 위하여 더 효율적 자원배분과 정보시스템을 개선하기, ③ 교육, 보건 및 사회 서비스의 협력을 강화하는 행동규약을 실행함으로써 아동취약 가족에 대하여 더 신속하고 효과적인 개입을 증강하는 것 등이다(윗글, 49-51). 여기서 자원배분과 정보시스템, 협력의 개선이 매우 중요한 행동목표(operative target)의 우선순위를 차지하고 있다.

이러한 사회적 포용을 위한 전략들에서는 거버넌스(governance)가 매우 중요하고 필수적으로 언급되고 있는데, 이는 사회적 포용이 각계각층의 행정부 각 부서들과 다양한 지방정부들뿐만 아니라 시민사회의 민간 및 자원 단체를 포괄하는 협력을 중요시하기 때문이다(Giddens, 1998; Pestoff, 2009 : 254-280).

또한 보건부문을 위한 사회적 포용 행동목표로는 ① 사회의 가장 취약한 계층을 위한 보건서비스 접근성을 증진하기, ② 서비스의 질과 보호를 형평성 있게 보장하는 보건 및 사회 서비스의 합의에 도달하기, ③ 사회적 배제로 이끌 수 있는 약물남용, 가정폭력 등의 상황에 대하여 보건서비스가 사회 서비스와 협력하여 예방 및 적극적 대응을 하도록 개선하기 등 세 가지 목표를 설정하고 있다(행동목표 16, 17, 18항). 위의 세 가지 행동목표 중에서도 두 가지가 보건 및 사회 서비스의 협력에 직접적으로 초점을 두고 있다.

스페인의 국가보건체제하에서 건강증진 및 질병예방을 위해 서비스에 대하여 더욱 공평한 접근권을 보장하고자, 저소득층에게는 무상 의약품(free medicines)을 제공하는 등 지원 정책을 포함하고 있다. 또한 지속적이고 질 높은 공공서비스를 평등하게 확보하는 보건 및 사회 서비스의 협약에 도달하도록 다양한 정부기구 각계각층 간에 적절한 통로(channel)를 확립하도록 한다. 그리고 사회적 배제에 대한 보건과 사회 서비스의 협력적인 조치(coordinating action)를 취하기 위해 일차 의료팀, 응급서비스, 가정폭력 및 약물 중독 등에 대비하는 사회-보건 서비스 인력을 확보하고, 이에 관하여 효과적인 서비스와 치료를 평가할 수 있는 과정과 절차를 개선하도록 한다.

영국에서는 사회적으로 배제된 집단의 복잡 다양한 욕구에 대응하기 위해 다기관 사업(multi-agency working)을 통한 맞춤형의 서비스 전략을 거버넌스로서 강조하고 있으며, 기관들 간의 파트너십과 정보공유 개선을 강화하였다. 영국에서는 국무조정실(the Minister for the Cabinet Office) 내의 사회적 배제 태스크포스 팀이 정부 간 및 관련 기관 간 조정과 협력을 담당한다. 이 태스크포스 팀은 직접 서비스 전달을 실행하지는 않으나 협력의 우선순위와 활성화에 대한 책임을 지고 있다. 예컨대, 법을 어기고 형무소에 가야 하는 부모를 가진 어린 자녀들을 위해 법무부와 아동서비스 기관들 간에 협조하여 아동을 돌보는 서비스를 맞춤형으로 제공하는 것이 하나의 사례가 될 수 있다. 또한 아일랜드에서는 사회가족부 내에 사회적 포용청(the Office of Social Inclusion)을 두어 정책 조정, 모니터링, 실행과 보고 등에 대하여 책임을 지고 정부의 사회적 포용 어젠다를 강력하게 추진하도록 했다. 한편 호주 정부는 이슈별(예컨대, 노숙인, 이주민 노동자 등) 접근과 타깃 집단별(예컨대, 위험군 아동, 장애를 가진 취약집단 등) 접근을 통해 다기관-정부-주정부 협력으로 대응하고 있다. 특히 각 이슈 및 타깃에 맞추어 그에 적합한 중앙 및 지방정부 부서와 각종 연관 기관이 협력 및 조정되도록 총리 산하(the Department of Prime Minister)의 사회포용부서(the Social Inclusion Unit)가 책임을 지고 있다(Cabinet Office, 2006; Social Inclusion Unit, 2008; Department of Social Protection, 2016)(표 11-1 참조).

사회적 포용 전략에서 보건정책과 복지정책 혹은 그 외에 다른 연관정책과의 협력사업이 가지는 함의는 과연 무엇일까? 그것은 사회적 배제/포용의 진단 및 그에 따라 요구되는 방안 혹은 정책적 함의와 연관되어 있을 것이다. 우선 사회적 포용을 논의하고자 할 때, 우리는 사회적 배제가 일어나는 기전,

다시 말해서 누가 배제되고, 어떻게 배제되며, 왜 배제되었는가를 알아야 하며 그에 따라 정책적 개입이 도출될 수 있다. 그럴 경우에 사회적으로 배제된 집단은 또한 그러한 소속 집단의 특성 때문에 여러 주류적 서비스, 예컨대 의료 서비스로부터의 배제에도 영향을 줄 것이라는 결론에 도달할 수 있다. 따라서 우리는 그러한 배제의 기전을 파악한다면 배제의 영향을 역전시킬 정책적 영향, 다시 말해서 사회적 포용을 증진시킬 포용적 정책의 방향으로 개입할 수 있으리라 논리적으로 기대할 수 있다. 여기에는 보건 재정과 전달체계의 포용적 설계와 개입, 보편적 보건서비스 적용(UHC : Universal Health Coverage) 등이 포함될 수 있다(Das et al., 2017 : 8-9).

사회적으로 취약한 집단에 대한 적절한 의료적 관심의 확보는 그들의 노동시장 참여, 나아가서는 폭넓은 사회적 참여에 대한 공평한 기회를 위해서도 매우 필수적이다. 의료 서비스 접근에 어려움을 가지는 취약계층을 보호하려는 노력은 그들 자신이 의료에 대하여 매우 취약한 계층(예컨대, 장애아동, 약물중독자, 가정폭력 피해자, 이주민이나 인종적 소수자, HIV 환자 등)이기도 하지만, 그들 자녀의 복지를 위해 적극적 참여를 강화하는 수단이 될 수도 있다. 또한 보건서비스에 대한 접근성의 장벽은 건강불평등과도 밀접한 연관성이 있기도 하다. 사회적 배제는 다면적인 성격을 가지고 있어서 한 영역에서의 배제는 다른 영역에서의 배제로 이어지기도 하고 강화하기도 한다. 이런 점에서 건강불평등과 보건서비스, 그리고 배제는 서로 상호 간의 사회적 결정요인으로 연결되어 있으며, 그런 의미에서 사회적 포용은 단순히 장벽을 없애는 것을 넘어서 더 온전하고 공평한 사회적 참여를 모두에게 보장하려는 정치적 의지를 필요로 한다(Schiffer/Schatz, 2008 : 6; Das et al., 2017 : 12).

5. 맺으면서 : 함의 및 시사점

근래 들어 포용 성장, 포용적 복지국가, 포용 도시 등의 용어들이 사회적 배제의 개념과 함께 광범위하게 통용되고 있다. 이러한 관심과 관련하여 사회적 포용의 개념이 가지는 명확한 의미에 대한 심층적 성찰이 사회복지정책 및 실천적 함의의 규명에 도움이 되지 않을까 생각되며, 본 연구는 그러한 의도에서 시작되었다.

최근 빈곤 패러다임의 전환은 사회적 배제라는 개념에 대한 관심이 큰 역할을 해왔고, 이러한 사회적 배제가 빈곤의 원인이라고 보는 관점에서 이에 적극적으로 대응하려는 전략적 변화가 사회적 포용의 전략을 가져왔다. 그런데 사회적 포용이 단순한 정치적 구호로 그치지 않으려면 총체적 계획, 세밀한 실천, 그리고 배제된 집단들을 참여시킬 거버넌스 및 포용의 협력적 방안 마련이 구체화되어야 한다. 사회적 포용 전략 혹은 정책은 기존의 빈곤정책이나 복지정책을 대체하는 것은 아니고, 더 촘촘하게 사회적 안전망을 보완하기 위한 사각지대에 대한 포괄적 대책이라고 보아야 그 정책적 함의가 명확해진다.

본고에서 논의된 사회적 포용 전략의 이론과 사례들에 대한 고찰이 우리에게 주는 함의 및 시사점은 다음과 같다.

첫째로 현행 한국의 사회적 안전망을 더욱 포용적으로 만들기 위해서는 지금의 사회보장제도를 더욱 보편적으로 확대 적용하는 것이 필요하다. 최근 정부에서도 전 국민 고용보험의 추진을 표명한 바 있는데, 이러한 방향이 좋은 사례라 할 것이다. 포용적 전략은 기존의 소득보장과 사회적 안전망의 부실한 측면을 더욱 보완하고 보편적 적용범위로 확대하여 취약계층의 자립과 참여를 도와야 한다.

둘째로 포용적 정책은 다양하게 표적화된 배제 가능 계층을 그 생애주기에 맞추어 보호하고, 참여시키는 전략이다. 따라서 국민 전체를 포괄하는 사회안전망 제도의 적용범위 안에 이들을 포용하는 것이 필요하며, 보편적 사회보장제도를 대체하는 것이 아니라 보완하는 의미를 가진다.

그러기 위해서는 정책적 서비스 네트워크와 거버넌스를 새롭게 재조직화하고, 그에 필요한 재정을 포용적 어젠다에 맞춰 재조정할 필요가 있다. 예컨대, 참여예산제도를 활용한다든가 지방정책의 여러 가지 정책결정에 사회적 취약계층이 참여할 통로를 모색하는 방안이 요청된다. 예를 들면, 신체 및 정신 장애인이나 각종 재해로 인한 피해자들, 시설출소 청소년, 각종 취약계층 등 만성적 배제에 노출될 위험에 처한 집단을 새로운 표적 집단으로 선별 · 인지하는 분석과 욕구의 평가가 요구되며, 그러한 조사에 기반하여 새롭게 연결망을 구축할 필요가 있다. 또한 이러한 정책설계가 지속적으로 사회의 뿌리 깊은 구조까지 변화시킬 수 있도록 장기적 정책변화까지 고려해야 한다. 그러기 위해서 국가적인 장기계획과 각계각층의 중앙 및 지방정부, 시민사회 전 영역에서 참여하는 거버넌스적 변화가 필요할 것이다.

셋째로, 포용정책의 발전을 위해서는 시민사회의 참여를 통한 거버넌스의 형성이 각별히 중요할 것이다. 그러면 어떻게 시민사회의 새로운 거버넌스를 구축할 것인가? 사회적 포용이라는 개념의 딜레마는 배제된 사람들의 참여와 포용이라는 논리적 모순을 어떻게 해결할 것인가 하는 문제로 요약될 수 있으며, 그 때문에 새로운 거버넌스는 기존의 방식과 다르게 접근되어야 한다.

포용이라는 개념 자체가 지시하는 바에서 알 수 있듯이, 포용은 그 사회의 주류로부터 배제된 사람들, 노동시장에서 취약한 사람들, 지역사회 참여에서 소외된 사람들을 대상으로 한다. 그러면 이러한 배제의 패턴을 어떻게 되돌릴 수 있을 것인가? 우선 기존의 복지국가는 이러한 배제를 조건으로 주어지는 혜택을 낭연시하는 체제이기 때문에 기존의 방식으로는 그러한 사람들을 적극적으로 참여하도록 활성화하기에는 한계가 있다. 따라서 포용의 전략은 배제된 사람들에 대한 인정을 기반으로 한다.

사회적 배제에 정책적으로 대응한다는 의미는 사회적 배제의 예방을 위해 노력하고, 배제된 집단들이 다시 사회에 온전히 참여하도록 통합시키며, 서비스 제공에서의 기본적 스탠더드를 보장한다는 목적을 뜻한다. 여기서 기존의 사회보장, 사회 서비스, 일자리 및 고용 서비스들은 적극 활용되고, 더욱 많은 지원이 이루어지도록 자원 발굴과 연계가 강화되어야 한다. 그러므로 사회적 포용 전략에서 취약계층에 대한 소득지원 프로그램이나 사회복지사의 서비스 전달역할은 연계와 조정, 협력을 위해 더욱 중요하며, 취약한 지역의 스탠더드를 보완하기 위해 지방당국과 시민사회의 협조도 더 긴요할 것이다.

요즘 같은 사회적 위기의 시절이 오면 취약계층에 대한 혐오와 배제의 담론이 더 많은 사회적 분열을 가져올 수 있다. 재난이나 감염병 위험의 시기에 더욱 간절히 필요한 것이 투명한 정보의 공개와 위기를 막기 위한 시민들의 자발적 참여일 것이다. 그런 면에서 포용의 의미는 위기의 상황에서도 우리에게 유익한 시사점을 줄 수 있을 것이다. 포용은 곧 교육과 참여를 통한 시민들의 자발성을 이끌어내는 것이기 때문이다.

참고문헌

감신(2007). "의료사각지대의 해소 방안." 『건강보험포럼』 6(2) : 국민건강보험공단. 60-71.

김수현, 이현주, 손병돈(2010). **한국의 가난**, 한울.

김웅진, 박찬욱, 신윤환 편역(1995). 비교정치론 강의 1. 한울.

김연명 편(2002). **한국복지국가의 성격논쟁** I. 인간과 복지.

김영순(1996). **복지국가의 위기와 재편 – 영국과 스웨덴의 경험**. 서울대학교 출판부.

김영범(2001). "요스타 에스핑 안데르센". 현대 비판 사회이론의 흐름, 김호기 엮음, 한울.

김용학, 임현진(2000). **비교사회학**. 나남.

김창엽(2005). **미국의 의료보장**. 한울아카데미.

김태성(2007). **두 개의 예외적인 복지체제 비교연구 : 한국 복지국가 모형의 탐색**. 서울대학교출판부.

김태수(2008). "한국사회에 대한 사회적 배제 가설의 적용가능성 검토-외래인을 중심으로", 『한국행정학회 추계학술대회 발표논문집』, 87-108.

문진영(2004). "사회적 배제의 국가간 비교연구 : 프랑스, 영국, 스웨덴을 중심으로", 『한국사회복지학』 56(3), 253-277.

박광준(2004). **고령사회의 노인복지정책 : 국제 비교적 관점**, 현학사.

박능후 외(2002). **기초보장체계 비교연구**, 한국보건사회연구원.

박병현(2005). **복지국가의 비교**, 공동체.

신섭중 외(2001). **세계의 사회보장**, 유풍출판사.

윤병식 외(2000). **외국의 연금제도 개혁사례 비교연구**, 한국보건사회연구원.

윤치근(2004). "보건의료서비스 질 향상의 가능성과 과제에 관한 일 고찰." 『보건과 사회과학』 16, 5-33.

이규식, 김주경(2005). "의료체계의 반응성과 의료개혁." 『사회보장연구』 21(4), 199-226.

이상이(2008). "한국의 건강보험 문제와 복지국가 전략." 『한국사회와 좌파의 재정립 : 보편주의적 복지국가를 향한 새로운 좌파 선언과 전략』. 시민+복지 기획위원회 엮음. 산책자.

장동민(2004). "전국민의료보험하의 보건의료의 형평성." 『보건과 사회과학』 15, 35-70.

최병두(2017). "관계적 공간과 포용의 지리학", 『대한지리학회』 52(6), 661-682.

뒤르켕, 에밀(1897, 1978). **자살론**(임희섭 역), 삼성출판사.

__________(2001). **사회학적 방법의 규칙들**(The Rules of Sociological Method), 윤병철, 박창호 옮김, 새물결.

반 커스버겐, 키스, 바바라 비스(2017). **복지국가 개혁의 도전과 응전**(Comparative Welfare State Politics), 남찬섭 옮김, 나눔의집.

앨런, 키어런(2010). **막스 베버의 오만과 편견**(The Edition of Max Weber), 박인용 옮김, 삼인.

에스핑-앤더슨, 요스타(2006). **복지자본주의의 세 가지 세계**(The Three Worlds of Welfare Capitalism), 박형신, 정헌주, 이종선 옮김, 일신사.

__________(편)(1999). **변화하는 복지국가**(Welfare States in Transition), 한국사회복지학연구회 역, 인간과 복지.

윌렌스키, H. L. et al.(1992). **비교사회정책**(Comparative Social Policy), 남찬섭 옮김, 한울.

크로우, 그레이엄(1998). **사회변동의 비교사회학**(Comparative Sociology and Social Theory), 박형신, 이혜경 옮김, 일신사.

Alcock, Pete(1989). "Why citizenship and welfare rights offer new hope for new welfare in Britain." *Critical Social Policy, 26*, 32-43.

Anttonen, Anneli and Jorma Sipilä(2009). "Universalism : an idea and principle in social policy," (http://www.nova.no/asset/3723/1/3723_1.pdf).

Atkinson, Anthony B.(1998). *Poverty in Europe*, Oxford : Blackwell.

Armstrong, D.(1994). *Outline of Sociology as Applied to Medicine*. Oxford : Butterworth-Heinemann.

Anderson, G. and P. S. Hussey(2001). "Comparing health system performance in OECD countries." *Health Affairs*, May/June 2001, 219-232.

Baldwin, Peter(1990). *The Politics of Social Solidarity*, Cambridge : Cambridge University Press.

Bambra, C.(2005a). "Health status and the worlds of welfare." *Social Policy & Society, 5*(1), 53-62.

__________.(2005b). "Cash versus services : 'worlds of welfare' and the decommodification of cash benefits and health care services." *Journal of Social Policy, 34*(2), 195-213.

__________.(2005c). "Worlds of welfare and the health care discrepancy." *Social Policy & Society, 4*(1), 31-41.

__________.(2006). "Decommodification and the worlds of welfare revisited." *Journal of European Social Policy, 16*(1), 73-80.

Baum, Fran/Newman, Lareen/Biedrzycki, Katherine/Patterson, Jan(2010). "Can a regional government's social inclusion initiative contribute to the quest for health equity?" *Health*

Promotion International, 15(4), 474-482.

Benatar, S., A. Daar and P. Singer(2003). "Global health ethics : The rationale for mutual caring." *International Affairs, 79*, 107-138.

Bennmarker, Helge, Oskar Nordstrom Skans and Ulrika Vikman(2012). *Workfare for the old and long-term unemployed*, Working Paper 2012 : 7, Uppsala : The Institute for Labour Market Policy Evaluation(IFAU).

Bergh, Andreas(2004). "The Universal Welfare State : Theory and the Case of Sweden." *Political Studies*, Vol. 52, 745-766.

Bergmark, A(2008). "Market reforms in Swedish health care : Normative reorientation and welfare state sustainability." *Journal of Medicine and Philosophy, 33*, 241-261.

Berman, P. A.(1995). *Health Sector Reform in Developing Countries : Making health development sustainable*. Boston : Harvard School of Public Health.

Blank, R. and V. Burau(2004). *Comparative Health Policy*. Basingstoke : Palgrave.

Blomqvist, P.(2004). "The choice revolution : Privatization of Swedish welfare services in the 1990s." *Social Policy & Administration, 38*(2), 139-155.

Bonoli, Giuliano(2000). The Politics of Pension Reform, Cambridge University Press.

______________(2001). "Political Institutions, Veto Points, and the Process of Welfare State Adaptation." Paul Pierson(ed.), *The New Politics of the Welfare State*, Oxford : Oxford University Press.

Bonoli, Giuliano and David Natali(ed.)(2012). *The Politics of the New Welfare State*, Oxford : Oxford University Press.

Borsch-Supan, Axel H. and Meinhard Miegel(2001). Pension Reform in Six Countries : What can we learn from Each Other?, Berlin : Springer-Verlag.

Burden, T., C. Cooper and S. Petrie(2000). *Modernising Social Policy*. Aldershot : Ashgate.

Bussemaker, Jet(eds.)(1999). Citizenship and Welfare State Reform in Europe, Routledge, London.

Cabinet Office(2006). *Reaching Out : An Action Plan on Social Exclusion,* London : HM Government.

Commission of the European Communities(2005). *Working Together, Working Better : a new framework for the open co-ordination of social protection and inclusion policies in the European Union,* Brussel : the European Economic and Social Committee and the Committee of the regions.

Castles, F. G. and D. Mitchell(1993). "Worlds of welfare and families of nations," in F. G.

Castles(ed.). *Families of Nations : Patterns of Public Policy in Western Democracies*. Dartmouth : Aldershot.

Cawley, John, Mathis Schroeder, and Kosali Simon(2006). "How Did Welfare Reform Affect the Health Insurance Coverage of Women and Children?" *Health Research and Educational Trust*. *41*(2) (April 2006), 486-506.

Chandler, J. A.(2000). Comparative Public Adminstration, Routledge.

Chassin, M.(1997). "Assessing strategies for quality improvement." *Health Affairs 16*(3), 151-161.

Clasen, Jochen(1999). Comparative Social Policy : concepts, theories and methods, Blackwell.

Cox, Robert Henry(2009). "Ideas and Politics of Labour Market Reform". in Irene Dingeldey and Heinz Rothgang(eds.). *Governance of Welfare State Reform*. Cheltenham : Edward Elgar. 200-218.

Das, Maitreyi Bordia/Evans, Timothy Grant/Palu, Toomas/Wilson, David(2017). *Social Inclusion : What Does It Mean For Health Policy and Practice?*, Washington : World Bank.

Dean, Hartley(1999). "Citizenship," Martin Powell (ed.), *New Labour, New Welfare State? : The 'third way' in British social policy*, Bristol : The Policy Press, 213-234.

Donabedian, A.(1973). *Aspects of Medical Care Administration : Specifying requirements for health care*. Cambridge : Harvard University Press.

Department of Social Protection(2016). *Updated National Action Plan for Social Inclusion 2015-2017* (Dublin : Department of Social Protection).

Dostal, Jorg Michael(2008). "The Welfare Illusion : Re-examining the Concept and The British Case." *Social Policy & Administration, 42*(1), 19-42.

Esping-Andersen, Gosta(1990). *The Three Worlds of Welfare Capitalism*. London : Polity Press.

____________________(2000). *Social Foundations of Post-Industrial Economies*. Oxford : Oxford University Press.

____________________(2000). "Multi-dimensional decommodification : a reply to Graham Room". *Policy & Politics, 28*(3), 353-359.

Evans, Martin E.(2001). Britain : moving towards a work and opportunity-focused welfare state? *International Journal of Social Welfare, 10*, 260-266.

Evers, A. et al.(1994). Payments for Care : A Comparative Overview, Avebury.

Eichhorst, Werner and Regina Konle-Seidl(2008). *Contingent Convergence : A Comparative Analysis of Activation Policies*. IZA Discussion Paper No. 3905. Bonn : The Institute for the Study of Labor(IZA).

Feldman, Arthur M.(2012). *Understanding Health Care Reform : Bridging the Gap Between Myth and Reality*, New York : Taylor & Francis.

Finn, Dan(2008). *The British 'welfare market' : Lessons from contracting out welfare to work programmes in Australia and the Netherlands*. Bristol : Joseph Rowntree Foundation.

________.(2007). *Contracting out welfare to work in the USA : delivery lessons*. Research Report No. 466. Department for Work and Pensions. Norwich : HMSO.

Flora, P., P. de Jong, J. le Grand and J. Y. Kim(eds.)(1998). *The State of Social Welfare*. Aldershot : Ashgate.

Freeman, R.(2000). *The politics of health in Europe*. Manchester : Manchester University Press.

__________.(2008). "A national health service, by comparison." *Social History of Medicine, 21*(3), 503-520.

Gal, John(2004). Decommodification and beyond : a comparative analysis of work-injury programmes, *Journal of European Social Policy, 14*(1), 55-69.

Gauthier, Anne Helene(1996). The State and the Family : A Comparative Analysis of Family Policies in Industrialized Countries, Oxford : Clarendon Press.

Giaimo, S.(2001). "Who pays for health care reform?" in P. Pierson(ed.). *The New Politics of the Welfare State*, Oxford : Oxford University Press.

Giddens, Anthony(1998). *The Third Way : The Renewal of Social Democracy,* Cambridge : Polity Press.

_________________(2002). *The Third Way and Its Critics*, Cambridge : Polity Press.

Goodin, Robert et al.(2000). The Real Worlds of Welfare Capitalism, Cambridge University Press.

Goodman, Roger et al.(1998). The East Asian Welfare Model-Welfare Orientalism and the State, Routledge.

Gordon, Linda(1994). *Pitied But Not Entitled : Single Mothers and the History of Welfare*, New York : The Free Press.

Gordon, Margaret(1988). Social security policies in industrial countries-A comparative analysis, Cambridge University Press.

Gough, Jamie/Eisenschitz, Aram(2006). *Spaces of Social Exclusion*, London : Routledge.

Gregg, P., J. Waldfogel, and E. Washbrook(2005). "That's the Way the Money Goes : Expenditure Patterns as Real Incomes Rise for the Poorest Families with Children." in J. Hills and K. Stewart(ed.). *A More Equal Society? New Labour, Poverty, Inequality and Exclusion*. Bristol : The Policy Press.

Hague, Rod et al.(1992). Comparative Government and Politics, Macmillan.

Handler, Joel F. and Amanda Sheely Babcock(2006). "The Failure of Workfare : Another Reason for a Basic Income Guarantee." *Basic Income Studies*, Vol. 1, Issue 1, 1-22.

________________(2004). *Social Citizenship and Workfare in the United States and Western Europe : the paradox of inclusion*. Cambridge : Cambridge University Press.

Harrison, M. I.(2004). *Implementing Change in Health Systems : Market reforms in the United Kingdom, Sweden, and the Netherlands*. London : Sage.

Hausermann, Silja(2006). "Changing coalitions in social policy reforms." *Journal of European Social Policy, 16*(1), 5-21.

________(2010). The Politics of Welfare State Reform in Continental Europe(복지국가 개혁의 정치학, 실리아 호이저만, 남찬섭 옮김, 2015, 나눔의집), Cambridge University Press.

Hedblom, Agneta(2008). "Differentiation and Diversity in practising public policy-hindrance or possibility?" (http://forumonpublicpolicy.com/archivespring08/ hedblom.pdf).

Heidenheimer, Arnold J. and Hugh Heclo(1983). *Comparative Public Policy : The Politics of Social Choice in Europe and America*. New York : St. Martin's Press.

Hewitt, Martin(1999). "New Labour and social security," Martin Powell(ed.), *New Labour, New Welfare State? : The 'third way' in British social policy*, Bristol : The Policy Press, 149-170.

Hill, Michael(2006). *Social Policy in the Modern World*. Oxford : Blackwell.

______(2000). Local Authority Social Services, Blackwell.

______(1996). Social Policy : a comparative analysis, Prentice Hall.

Hvinden, Bjorn(1994). Divided Against Itself : A Study of Integration in Welfare Bureaucracy, Scandinavian University Press.

Immergut, E. M.(1992). *Health Politics : Interest and institutions in Western Europe*. Cambridge : Cambridge University Press.

Jacint, Jordana and David Levi-Faur(eds.)(2003). The Politics of Regulation, Elgar : Manchester.

Jansson, Bruce S.(2012). *The Reluctant Welfare State*. Belmont : Brooks/Cole.

Jones, Kathleen, John Brown and Jonathan Bradshaw(1978). *Issues in Social Policy*. London : Routledge & Kegan Paul.

Kananen, Johannes(2009). *Rationales and Ideas behind 'Workfare' Reforms in Denmark, Sweden and Finland since the early 1990s*. Helsinki : Centre for Nordic Studies.

Kasza, G.(2002). "The illusion of welfare regimes." *Journal of Social Policy, 31*(2), 271-287.

Keller, Morton(2015). *Obama's Time : A History*. New York : Oxford University Press.

Kennett, Patricia(2004). A Handbook of Comparative Social Policy, Edward Elgar.

Kimberly, J., G. de Pouvourville and T. D'Aunno(2008). *The Globalization of Managerial Innovation in Health Care*. Cambridge : Cambridge University Press.

Koivusalo, M. and M. Mackintosh(2004). *Health Systems and Commercialisation : In Search of Good Sense*. in the UNRISD programme on Social Policy and Development. Draft. March 2004. Geneva : UNRISD.

Korpi, Walter and Joakim Palme(1998). "The Paradox of Redistribution and Strategies of Equality : Welfare State Institutions, Inequality, and Poverty in the Western Countries," *American Sociological Review*, *63*(5), 661-687.

Korpi, Walter(1983). *The Democratic Class Struggle*. London : Routledge.

Larsen, Christian Albrekt(2003). *Blessing or Blame? Public attitude to Nordic 'workfare' in the 1990s*. Aalborg : Centre for Comparative Welfare Studies(CCWS).

Le Grand, Julian(1982). *The Strategy of Equality : Redistribution and the Social Services*. London : Allen & Unwin.

Ledwidge, Mark, Kevern Verney and Inderjeet Parmar(ed.)(2014). *Barack Obama and the Myth of a Post-Racial America*. New York : Routledge.

Lewis, Paul(2011). "Upskilling the Workers will not Upskill the Work. Why the Dominant Economic Framework Limits Child Poverty Reduction in the UK." *Journal of Social Policy*, *40*(3), 535-556.

LIS(Luxembourg Income Study). "Inequality and Poverty Key Figures dataset." (http://www.lisproject.org/key-figures/kf-workbook.xls)

Lister, Ruth(2004). *Poverty*. Cambridge : Polity.

Macinko, J. A., L. Shi and B. Starfield(2004). "Wage inequality, the health system, and infant mortality in wealthy industrialized countries, 1970～1996." *Social Science & Medicine*, *58*, 279-292.

Mackintosh, M.(2003). *Health Care Commercialisation and the Embedding of Inequality*. Geneva : UNRISD.

Mamor, Th. R. and Kieke G. H. Okma(1998). "Cautionary lessons from the West : What (not) to learn from other countries' experience in the financing and delivery of health care." in Flora et al.(eds.). *The State of Social Welfare*. Aldershot : Ashgate.

Mann, Michael(1987). "Ruling class strategies and citizenship," *Sociology*, *21*(3), 339-354.

Marshall, T. H.(1950). *Citizenship and Social Class and Other Essays*. Cambridge : Cambridge University Press.

Mares, Isabela(2003). *The Politics of Social Risk*. Cambridge University Press.

Mattke, S., A. Epstein and S. Leatherman(2006). "The OECD health care quality indicators projec t : History and background." *International Journal for Quality in Health Care*. September 2006, 1-4.

Meyer, B. and J. X. Sullivan(2006). *Consumption, Income and Material Well-being after Welfare Reform*. NBER Working Paper 11976. Cambridge, MA : NBER.

Mill, J. S.(1888). "Two Methods of Comparison, A System of Logic." in A. Etzioni and F. L. Dubow(eds.)(1970). Comparative Perspectives : Theories and Methods. Boston : Little, Brown & Company.

Millar, Jane and Michael J. Austin(2006). "The Role of Social Workers in Welfare-to-Work Programs : International Perspectives on Policy and Practice." *The Journal of Policy Practice*, *5*(2/3), 149-158.

Ministerio de Sanidad, Servicios Sociales e Igualdad(2013). *National Action Plan on Social Inclusion for the Kingdom of Spain 2013-2016*. Spain : Gobierno de Espana.

Mishra, P. and D. Newhouse(2007). *Health Aid and Infant Mortality. IMF Working Paper*(WP/07/100). Washington : International Monetary Fund.

Moran, M.(1999). *Governing the Health Care State*. Manchester : Manchester University Press.

Mule, Rosa(2001). *Political Parties, Games and Redistribution*. Cambridge : Cambridge University Press.

Murray, C., J. Salomon, C. Mathers(2000). "A critical examination of summary measures of population health." *Bulletin of the World Health Organization*, *78*(8), 981-994.

Navarro, V., C. Muntaner, C. Borrell, J. Benach, A. Quiroga, M. Rodriguez-Sanz, N. Verges and M. I. Pasarin(2006). "Politics and health outcomes." *The Lancet 368*, 1033-1037.

______. J. Schmitt and J. Astudillo(2004). "Is globalisation undermining the welfare state?" *Cambridge Journal of Economics*, *28*(1), 133-152.

______(2001). "World Health Report 2000 : responses to Murray and Frenk." *The Lancet 357*, 1701-1702.

______(1995). "The politics of health care reform in the United States, 1992~94 : A historical review." *International Journal of Health Services*, *26*, 185-201.

O'Donnell, Patrick/O'Donovan, Diamuid/Elmusharaf, Khalifa(2018). "Measuring social exclusion in healthcare settings : a scoping review," *International Journal for Equity in Health*, *17*(15), 1-16.

Offe, Claus(1984). *Contradictions of the Welfare State*. London : Hutchinson.

OECD(2009). *Focus on Citizens : public engagement for better policy and services*. Paris :

OECD.

_____(2014). *Society at a Glance 2014 : OECD Social Indicators*. Paris : OECD.

_____(2014a). *Social Expenditure Update - Social spending is falling in some countries, but in many others it remains at historically high levels* O. Paris : OECD. (http://www.oecd.org/els/soc/oecd2014-social-expenditure-update-Nov2014-8pages.pdf 2015.6.7.검색)

_____(2007). *Health at a glance 2007*. Paris : OECD.

_____(2003). *OECD Health Data*. Paris : OECD.

_____(2003). *Society at a Glance 2002*. Paris : OECD.

_____(2005). *Society at a Glance 2005*. Paris : OECD.

_____(2007). *Soceity at a Glance 2006*. Paris : OECD.

_____(2008). *Employment Outlook 2007*. Paris : OECD.

Oxley, H. and M. MacFarlan(1996). *Health Care Reform : Controlling Spending and Increasing Efficiency*. OECD Economic Studies 24. Paris : OECD.

Papadopoulos, Fotis/Tsakloglou, Panos(2005). *Social Exclusion in the EU : A capability-based approach*, Working Paper 2005. London : European Institute.

Paton, Calum(1999). "New Labour's health policy : the new healthcare state," Martin Powell(엮음), *New Labour, New Welfare State? : The 'third way' in British social policy*. Bristol : The Policy Press, pp. 51-76.

Peck, Laura R. and Ronald J. Scott Jr.(2005). "Can Welfare Case Management Increase Employment? Evidence from a Pilot Program Evaluation". *The Policy Studies Journal*. Vol. 33, No. 4. 509-533.

Pestoff, Victor A.(2009). *A Democratic Architecture for the Welfare State*. London : Routledge.

Pierson, John(2002). *Tackling Social Exclusion*. London : Routledge.

Pierson, P.(1994). *Dismantling the Welfare State? Reagan, Thatcher, and the Politics of Retrenchment*. Cambridge : Cambridge University Press.

_________(ed.)(2001). *The New Politics of the Welfare State*. Oxford : Oxford University Press.

Pinker, Robert(1995). "T. H. Marshall." Vic George and Robert Page(ed.), *Modern Thinkers on Welfare*. Hertfordshire : Prentice Hall, pp. 102-118.

Polanyi, Karl(1944). *The Great Transformation*. New York : Rinehart.

Powell, Martin(ed.)(1999). *New Labour, New Welfare State? The 'third way' in British social policy*. Bristol : The Policy Press.

Quadagno, Jill(1994). *The Color of Welfare : How Racism Undermined the War on Poverty*.

New York : Oxford University Press.

Ragin, Charles(1989). *The Comparative Method.* CA : University of California Press.

Rapport, F. L. and C. J. Maggs(2002). "Titmuss and the gift relationship : altruism revisited," *Journal of Advanced Nursing, 40*(5), 495-503.

Reidpath, D. and P. Allotey(2003). "Infant mortality rate as an indicator of population health." *Journal of Epidemiology and Community Health, 57,* 344-346.

Richmond, Ted/Saloojee, Anver(ed.)(2005). *Social Inclusion : Canadian perspectives.* Halifax : Fernwood.

Roberts, Dorothy E.(1996). "Welfare and the Problem of Black Citizenship," *Yale Law Journal, 105,* 1563-1602.

Rothstein, Bo(2001). "The Welfare State as a Social Dilemma," *Rationality and Society, 13*(2), 213-233.

Rueschemeyer, Dietrich and Theda Skocpol(eds.)(1996). State, Social Knowledge, and the Origins of Modern Social Policies. New Jersey : Princeton University Press.

Sainsbury, D.(1994). *Gendering Welfare States.* London : Sage.

Saunders, Peter(2013). "Reflections on the Concept of Social Exclusion and the Australian Social Inclusion Agenda", *Social Policy & Administration, 47*(6), 692-708.

Saltman, R. B., R. Busse and J. Figueras.(2004). Social health insurance systems in western Europe. Berkshire : Open University Press.

Schiffer, Katrin/Schatz, Eberhard(2008). *Marginalisation, Social Inclusion and Health,* sponsored by the European Commission and the Dutch Ministry of Health, Welfare and Sport(VWS), Amsterdam : Foundation RegenboogAMOC.

Schmid, Gunther(2018). *Inclusive Growth : The Case of Germany,* IZA Policy Paper No. 139. Bonn : IZA Institute of Labor Economics.

Sen, A. K.(1999). *Development as Freedom.* New York : Anchor Books.

Silver, Hilary(2015). *The Context of Social Inclusion,* UN/DESA Working Paper. New York : United Nations.

Social Inclusion Unit(2008). *A Social Inclusion Strategy for Tasmania.* Tasmania : State of Tasmania.

Skocpol, Theda and Margaret Somers(1980). "The Uses of Comparative History in Macrosocial Inquiry", *Comparative Studies in History and Society, 22,* 174-197.

Smith, M. Rogers and Desmond S. King(2014). "Barack Obama and the Future of American Racial Politics," Mark Ledwidge et al.(ed.). *Barack Obama and the Myth of a Post-Racial*

America. New York : Routledge, pp. 102-115.

Somerville, Peter and Nigel Springing(2005). Housing and Social Policy, Routledge.

Spitz-Oener, A.(2006). "Technical change, job tasks and rising educational demands : looking outside the wage structure". *Journal of Labour economics, 24*, 235-270.

Starke, Peter(2008). *Radical Welfare State Retrenchment : A Comparative Analysis*. Basingstoke : Palgrave.

Taket, Ann/Crisp, Beth/Graham, Melissa/Hanna, Lisa/Golding, Sophie/Wilson Linda(엮음)(2014). *Practising Social Inclusion*. London : Routledge.

Tam, Henry(1998). Communitarianism-A New Agenda for Politics and Citizenship. New York : New York University Press.

Thorēn, Katarina(2008). *"Activation Policy in Action" : A Street-Level Study of Social Assistance in the Swedish Welfare State*. Göteborg : Växjö University Press.

Titmuss, Richard(1997). *The Gift Relationship*. London : LSE Books.

Tomasson Richard(1995). Comparative social research, JAI Press.

Turner, Bryan S.(1990). "Outline of a Theory of Citizenship," Bryan Turner and Peter Hamilton(ed.), *Citizenship : Critical Concepts*. London : Routledge.

UNDP(1993). *Human Development Report 1993*. Oxford : Oxford University Press.

UNESCO, UNESCO(2015). *Analytical Framework for Inclusive Policy Design*. Paris : UNESCO.

USDHHS(2001). *Preventing Infant Mortality*. HHS Fact Sheet, April 18, 2001, U.S. Department of Health and Human Services(USDHHS).

Van Kersbergen, Kees and Barbara Vis(2014). *Comparative Welfare State Politics : Developments, Opportunities, and Reform*. Cambridge : Cambridge University Press.

Van Berkel, Rik, Paul van der Aa, and Nicolette van Gestel(2008). *New welfare, new frontline workers? Redesigning case management in Dutch local welfare agencies*. Paper presented at the EGPA conference 2008. Rotterdam : Erasmus University.

Wagstaff, A.(2001). *Child Health on a Dollar a Day : Some Tentative Cross-Country Comparisons*. Draft(Unpublished). Brighton : The University of Sussex.

Waldfogel, Jane(2007). *Welfare Reforms and Child Well-Being in the US and UK*. Centre for Analysis of Social Exclusion(CASE). London : CASE.

World Health Organization(WHO)(2000). *World Health Report 2000*. Geneva : WHO.

_________________________(2010). *Poverty, social exclusion and health systems in the WHO European Region*. Copenhagen : WHO.

World Bank(2013). *Inclusion Matters*. Washington, DC : World Bank.

__________(1987). *Financing Health Care in Developing Countries*. Washington D.C. : World Bank.

__________(1994). Averting the Old Age Crisis, Washington D.C. : World Bank.

Xu, K., D. Evans, K. Kawabata, R. Zeramdini, J. Klavus and Ch. Murray(2003). "Household catastrophic health expenditure : A multicountry analysis." *The Lancet* 362, 111-117.

Zaidi, Asghar(2009). *Welfare-to-Work Programmes in the UK and Lessons for Other Countries*. Policy Brief October 2009. Vienna : European Centre for Social Welfare.

저/자/소/개

■ 이상일

현 서울시립대학교 사회복지학과 교수

* 한국보건사회연구원 연구위원
* 런던대학교(University College London) 박사(Ph. D)
* 1870년 이후의 빈곤과 자본주의-영국에서 대불황 전후 빈곤 담론의 형성과 변화의 역사(2011), 건강위험과 보건정책(2018), 사회적 포용을 위한 거버넌스(2020) 등 외 저서 및 논문 다수

비교사회복지론

|저자| 이상일

|1판 1쇄| 발행 2023년 9월 10일

|발행인| 김동훈
|발행처| 공동체

|주소| 경기도 고양시 일산동구 호수로 358-39, 동문타워 1차 905호(백석동)
|전화| 031)814-3000(대표)
|팩스| 031)814-3100
|홈페이지| http://www.compub.co.kr
|전자우편| compub@naver.com
|출판등록| 2005년 10월 6일
|등록번호| 제396-2005-36호

|ISBN| 979-11-6725-428-3
정가 18,000원